陕西师范大学优秀学术著作出版资助
陕西省社科基金项目"陕西省师范生TPACK能力培养模式创新研

师范生整合技术的
学科教学知识（TPACK）
发展实践模式研究

郑志高　著

陕西师范大学出版总社　西安

图书代号　ZZ24N1718

图书在版编目(CIP)数据

师范生整合技术的学科教学知识(TPACK)发展实践模式研究／郑志高著. —西安：陕西师范大学出版总社有限公司，2024.10
ISBN 978-7-5695-4319-3

Ⅰ.①师…　Ⅱ.①郑…　Ⅲ.①师范教育—教学研究　Ⅳ.①G652.0

中国国家版本馆 CIP 数据核字(2024)第 078443 号

师范生整合技术的学科教学知识(TPACK)发展实践模式研究
SHIFANSHENG ZHENGHE JISHU DE XUEKE JIAOXUE ZHISHI (TPACK) FAZHAN SHIJIAN MOSHI YANJIU
郑志高　著

责任编辑	于盼盼
责任校对	刘金茹
封面设计	鼎新设计
出版发行	陕西师范大学出版总社
	(西安市长安南路 199 号　邮编 710062)
网　　址	http://www.snupg.com
印　　刷	西安市建明工贸有限责任公司
开　　本	720 mm×1020 mm　1/16
印　　张	14
字　　数	245 千
版　　次	2024 年 10 月第 1 版
印　　次	2024 年 10 月第 1 次印刷
书　　号	ISBN 978-7-5695-4319-3
定　　价	68.00 元

读者购书、书店添货或发现印装质量问题，请与本社高等教育出版中心联系。
电话：(029)85303622(传真)　85307864

前　言

一、师范生 TAPCK 发展是信息时代教师专业发展的诉求

在信息时代,教育信息化是不可阻挡的趋势。信息技术正逐渐改变传统的教学与学习方式,融合信息技术开展教学已逐渐成为中小学教师日常工作的必然要求。我国教育部颁行的《基础教育课程改革纲要(试行)》(2001 年)明确提出要"大力推进信息技术在教学过程中的普遍应用,促进信息技术与学科课程的整合,逐步实现教学内容的呈现方式、学生的学习方式、教师的教学方式和师生互动方式的变革,充分发挥信息技术的优势,为学生的学习和发展提供丰富多彩的教育环境和有力的学习工具"①;颁布的《国家中长期教育改革和发展规划纲要(2010—2020 年)》(2010 年)也指出"信息技术对教育的发展具有革命性的影响,必须予以高度重视",应"提高教师应用信息技术水平,更新教学观念,改进教学方法,提高教学效果",并提出要深化教师教育改革,进行培养模式创新,造就一支专业化教师队伍的要求②;颁布的《教育部关于大力推进教师教育课程改革的意见》(2011 年)明确指出,要"加强以信息技术为基础的现代教育技术开发和应用,将现代教育技术渗透、运用到教学中"③。国际上,美国国际

---

① 中国人民共和国教育部. 教育部关于印发《基础教育课程改革纲要(试行)》的通知[EB/OL]. [2017 - 05 - 16]. http://old.moe.gov.cn//publicfiles/business/htmlfiles/moe/s8001/201404/xxgk_167343.html.

② 中国人民共和国教育部. 国家中长期教育改革和发展规划纲要(2010—2020 年)[EB/OL]. [2017 - 05 - 20]. http://old.moe.gov.cn/publicfiles/business/htmlfiles/moe/info_list/201407/xxgk_171904.html? authkey = gwbux.

③ 中国人民共和国教育部. 教育部关于大力推进教师教育课程改革的意见[EB/OL]. [2017 - 05 - 21]. http://old.moe.gov.cn//publicfiles/business/htmlfiles/moe/s6136/201110/125722.html.

教育技术学会颁布的《教师国家教育技术标准和行为指标》要求教师能够"……设计并改编与数字工具和资源融合相关的学习经历……开发技术富集的学习环境……"。以上文件在国家层面提出了信息技术与教学进行融合的宏观要求,意味着运用信息技术开展教学已经成为专业教师必须掌握的一项基本技能。

教师整合技术开展教学必须具备与之相关的知识、技能和心理等,整合技术开展教学的知识是信息时代教师专业知识的核心内容。[①] 教师专业知识的变化给教师专业发展提出新的课题,TPACK发展逐渐成为国内外教师专业发展的核心内容。如何提高教师TPACK水平成为国内外教师专业发展急需解决的重要问题。

师范生是未来的中小学教师,同样也存在TPACK发展问题。在师范教育阶段,提升师范生TPACK水平对他们教师专业知识的完善,以及未来的专业发展具有未雨绸缪的作用和意义。TPACK发展也是信息化社会给师范生的教师专业发展提出的新课题。

二、师范生TAPCK发展是我国教育信息化深入推进的需求

我国教育部2012年颁布的《教育信息化十年发展规划》[②]和2016年印发的《教育信息化"十三五"规划》[③]指出,在当前我国教育信息化基础设施、信息化教育教学系统及优质数字化教学资源等逐渐完善的情况下,推进信息技术与教育教学深度融合,提高教师信息化教学能力,形成一批有针对性的信息化教学、管理创新模式将是今后我国教育信息化的重要目标。这一目标的提出意味着在今后较长的一段时间内,促进信息技术与教学的深度融合将是我国教育信息化的核心工作之一,能否实现信息技术与教学的深度融合将是影响我国教育信

[①] MISHRA P,KOEHLER M. Technological pedagogical content knowledge:a framework for teacher knowledge[J]. Teachers college record,2006,6(10):1017 - 1054.

[②] 中华人民共和国教育部. 教育部关于印发《教育信息化十年发展规划(2011—2020年)》的通知[EB/OL]. [2017 - 05 - 23]. http://old.moe.gov.cn//publicfiles/business/html-files/moe/s3342/201203/xxgk_133322.html.

[③] 中华人民共和国教育部. 教育部关于印发《教育信息化"十三五"规划》的通知[EB/OL]. [2017 - 02 - 24]. http://www.moe.gov.cn/srcsite/A16/s3342/201606/t20160622_269367.html.

息化总体目标达成和未来工作开展的重要问题。

教师是教学的实施者,是实现信息技术与教育教学融合的实践者,也是教育变革的自主行动者。能否实现信息技术与教育教学深度融合和推动教学方式变革,关键在于是否有一支能够在信息技术环境下运用信息技术开展教学合格的专业教师队伍。合格的专业教师已成为影响我国教育信息化整体目标达成的重要因素。因此,如何切实提高教师在信息技术环境下应用技术开展教学的能力成为制约我国教育信息化进一步发展的瓶颈问题之一。TPACK作为信息社会教师专业知识的核心内容,对教师实现信息技术与教育教学深度融合有重要影响。因而,当前专业教师队伍的培养关键在于TPACK发展。在师范教育阶段帮助师范生成长为合格的、具有应用信息技术开展教学能力的专业教师,无疑会对建立一支满足教育信息化需求的专业教师队伍有重要意义。师范生TPACK发展是教育信息化背景下师范生教师教育面临的一项紧迫任务,探索有效的师范生TPACK发展实践模式是我国教育信息化赋予教师教育研究的历史使命。

三、师范生TPACK发展实践呼唤模式创新

国内多项调查研究表明,我国师范生TPACK水平整体偏低,仍有极大的提升空间。[1][2][3] 这种状况与我国师范生人才培养模式、相关课程的教学内容及其教学方法不完善有密切关系。首先,我国师范生培养多数采用"学科专业教育+教师教育+教育实习"的模式,专业课程和教师教育课程通常采用独立教学方式,师范生在学习专业课程的同时,以公共必修课(或选修课)的形式学习教育学、心理学、教育技术等教师教育课程,最后再参加教学实习。这种分开讲授不同类型知识的教学方式使得学生难以将学科专业知识与技术知识、教学法知识相结合。其次,我国师范生应用信息技术开展教学的知识和技能培养课程通常认为:技术可以通过孤立的教授与学习来掌握,师范生只要掌握技术就能

---

[1] 聂晓颖,黄秦安.职前教师信息技术能力、TPACK与职业自我效能的关系模型[J].全球教育展望,2016,7(348):85-95.

[2] 魏壮伟,周青.职前教师TPACK核心要素TPCK的现状调查与分析:以职前化学教师为例[J].全球教育展望,2015,8(44):74-84.

[3] 王红艳,胡卫平.师范生TPACK及教师职业认同现状调查与分析[J].电化教育研究,2013,12(248):37-43.

使用它们开展教学。因此,相关课程大都采用"授课"的教学方式向师范生传授信息技术知识与技能,这就导致给师范生传授的是一些脱离具体教学情境的、离散的知识和技能,而对将信息技术有效地用于支持教学和学习活动,以及将信息技术与学科内容进行有效整合所需的策略性知识关注甚少,甚至漠视。此外,在现有教学中还存在知识学习与实践相脱节的现象,将技术与学科教学进行有效整合的实践活动比较匮乏。以上状况导致很多师范生对应用技术开展教学的理解仅仅停留在应用技术辅助教学,师范生运用信息技术开展深层次教学和学习活动的能力培养并未达到理想效果。在这种状况下,如何提高师范生在真实教育教学情境中运用信息技术开展教学的能力,一直是我国师范生教师教育未解决的焦点问题。[①]

国外成功的师范生TPACK发展实践表明,通过专门课程教学能够有效提升师范生应用技术开展教学的知识和技能等。然而我国相关课程的内容及教学方法的不完善,导致课程教学效果难以达到预期目标。在当前我国教育信息化对教师应用技术进行教学提出迫切要求的情况下,探索有效的师范生TPACK发展实践模式,完善现行与师范生TPACK发展相关的实践,切实提高师范生整合技术开展教学的能力已经刻不容缓。

针对师范生TPACK发展的迫切需求,围绕"用什么样的实践模式来发展我国师范生TPACK"这一核心问题,本书通过理论研究和实践,回答了"师范生TPACK发展的内容有哪些?""师范生TPACK发展的实践过程应该有哪些活动环节?""师范生TPACK发展实践模式具体是什么样的?""依据模式进行发展实践,能否有效提升我国师范生TPACK水平?"四个子问题,共分六章:

第1章全面考查国内外已有的TPACK的定义、发展模型和评价方法。

第2章回答"师范生TPACK发展的内容有哪些"这一问题。本章通过对比分析已有TPACK定义,辨析了TPACK构成要素,说明TPACK与国内相关概念的联系,尝试将TPACK概念本土化,并对TPACK发展的内涵进行解释。

第3章回答"师范生TPACK发展的实践过程应该有哪些活动环节"这一问题。综合教师专业知识理论、技术接受模型以及教师职业道德与信息道德培养

[①] 张海,肖瑞雪,等.基于技术接受模型的师范生TPACK发展研究[J].中国电化教育,2015,5(340):111-117.

思想,本章分析了 TPACK 的四个构成要素发展的实践过程,并在总结它们共同特征的基础上,对师范生 TPACK 发展的实践过程进行宏观描述。

第 4 章回答"师范生 TPACK 发展实践模式具体是什么样的"这一问题。本章首先说明了师范生 TPACK 发展实践模式构建思路,然后归纳总结了已有师范生 TPACK 发展实践的特征,最后对构成师范生 TPACK 发展实践模式的功能目标、理论基础、操作程序、评价方式和实施条件五个要素分别进行详细描述,由此提出了一种具体的可操作的师范生 TPACK 发展实践模式。

第 5 章回答"依据模式进行发展实践,能否有效提升我国师范生 TPACK 水平"这一问题。通过准实验研究,本章对构建形成的师范生 TPACK 发展实践模式进行有效性检验与迭代。

第 6 章归纳总结了本书的主要研究结论及存在的不足,并对后期需要开展的研究进行展望。

在信息时代,信息技术已经渗透到教育领域的各个方面,推动着教学和学习方式发生深刻变化,促进教育信息化已成为世界各国的共同追求。提高国家教育信息化水平,关键在于打造一支能够融合信息技术开展教育教学的高水平、高素质的教师队伍。TPACK 是教育信息化背景下教师专业发展的核心内容之一,得到了教育管理和教师教育机构的高度关注。随着教育信息化深度推进,各级各类教育管理和教师教育机构都在积极探索能够有效提升教师 TPACK 水平的教学实践方法,以满足国家教育信息化的内在要求。本书关注我国教育信息化的现实需求,开展师范生 TPACK 发展实践模式研究,具有如下意义:

首先,本书在对 TPACK 构成要素解析和 TPACK 发展实践过程分析的基础上,构建了师范生 TPACK 发展实践模式,形成一种具体的可操作的师范生 TPACK 发展实践方案。这对于进一步厘清 TPACK 概念的发展脉络,深化 TPACK 内涵及其结构理解,揭示师范生 TPACK 发展实践规律,丰富我国师范生 TPACK 发展实践方法有一定的意义。

其次,本书在归纳总结师范生 TPACK 发展实践经验基础上,开展师范生 TPACK 发展实践模式理论研究,进行师范生 TPACK 发展实践,为我国师范生 TPACK 发展实践探索一条新路径新方法。总结的师范生 TPACK 发展实践经验和提出的实践模式能够为我国教师教育者开展师范生 TPACK 发展实践提供实践与理论依据,实践中形成的师范生 TPACK 发展实践案例也可以被他们借鉴与参考。这对于我国师范生 TPACK 发展实践的有效开展,解决当前师范生 TPACK 发展实践中存在的问题,提高师范生 TPACK 水平,培养他们整合技术开展教学的能力会产生一定的推动作用。

最后,从长远来看,有效的可操作的师范生 TPACK 发展实践模式的提出,有助于我国打造一支能够融合信息技术开展教育教学的高水平、高素质的教师队伍,这对于我国教育信息化目标的达成和深入发展也会产生一定的推动作用。

目 录

第 1 章　TPACK 的研究脉络 ………………………………………… 1
　1.1　国外 TPACK 的研究脉络 ……………………………………… 1
　1.2　国内 TPACK 的研究脉络 ……………………………………… 12
　1.3　国内外 TPACK 研究评述 ……………………………………… 19

第 2 章　TPACK 的构成要素及发展的内涵 ………………………… 22
　2.1　已有 TPACK 定义中的构成要素解析 ………………………… 22
　2.2　TPACK 构成要素 ……………………………………………… 48
　2.3　TPACK 发展的内涵解析 ……………………………………… 57

第 3 章　师范生 TPACK 发展的实践过程理论分析 ………………… 59
　3.1　师范生 TPACK 知识要素发展的实践过程分析 ……………… 59
　3.2　师范生 TPACK 技能要素发展的实践过程分析 ……………… 66
　3.3　师范生 TPACK 心理要素发展的实践过程分析 ……………… 68
　3.4　师范生 TPACK 道德要素发展的实践过程分析 ……………… 72
　3.5　师范生 TPACK 发展的实践过程分析 ………………………… 76

第 4 章　师范生 TPACK 发展实践模式构建 ………………………… 80
　4.1　TPACK 发展实践模式的内涵及构建思路 …………………… 80
　4.2　国内外师范生 TPACK 发展实践的特征 ……………………… 83

  4.3 师范生 TPACK 发展实践模式构成要素 …………………… 117

第 5 章 师范生 TPACK 发展实践模式有效性验证 …………… 139
  5.1 师范生 TPACK 发展实践研究设计 ………………………… 139
  5.2 师范生 TPACK 发展实践实验数据分析 …………………… 162
  5.3 师范生 TPACK 发展实践实验结论与分析 ………………… 180

第 6 章 研究总结与展望 ……………………………………… 186
  6.1 研究总结 ……………………………………………………… 186
  6.2 研究不足与展望 ……………………………………………… 189

附录 ……………………………………………………………………… 191
  附录 1 师范生 TPACK 发展实践文献研读记录样例 ………… 191
  附录 2 师范生 TPACK 发展实践文献研读记录结果汇总表(节选)
      ………………………………………………………… 192
  附录 3 Mark·H 技术集成评价量规 ……………………………… 194
  附录 4 量表项目检测数据表 ………………………………………… 195
  附录 5 师范生 TPACK 水平测量量表(试测量表) ……………… 198
  附录 6 师范生 TPACK 水平测量量表(正式量表) ……………… 204
  附录 7 调查问卷 ………………………………………………………… 209
  附录 8 师范生 TPACK 发展实践五个教学主题的教学和学习活动安排
      ………………………………………………………… 210

第 1 章

TPACK 的研究脉络

1.1 国外 TPACK 的研究脉络

1.1.1 TPACK 的定义

TPACK 最早是由美国密歇根州立大学学者 Mishra 和 Koehler 在 Shulman 的学科教学法知识(PCK)中加入技术知识(TK)而提出的。Mishra 和 Koehler 将 TPACK 视为是由技术知识(TK)、教学法知识(PK)、学科内容知识(CK),以及它们相互作用形成的整合技术的教学法知识(TPK)、整合技术的学科内容知识、学科教学知识(PCK)、整合技术的学科教学知识(TPCK)以及境脉(contexts)构成的知识框架,用来表示教师整合技术开展教学需要具备哪些知识,如图1-1。[①]

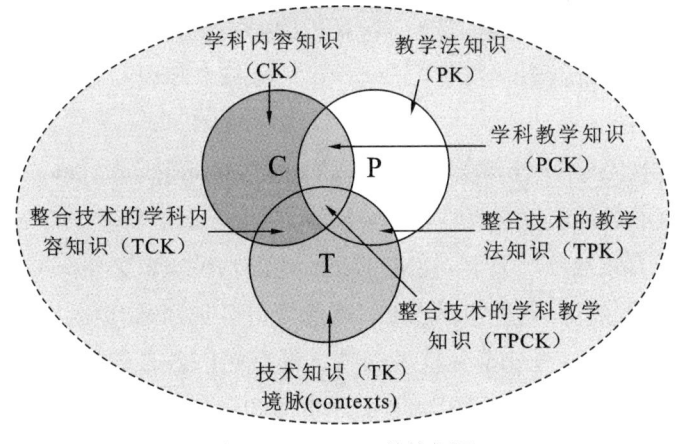

图 1-1 TPACK 结构框图

[①] MISHRA P, KOEHLER M. Technological pedagogical content knowledge: a framework for teacher knowledge[J]. Teachers college record, 2006, 6(10): 1017-1054.

图 1-1 中各组成要素的含义如下：

技术知识(technological knowledge,TK)：指教师所掌握和精通的一般技术知识。技术既可以指传统的技术，如黑板、纸笔，也可以是数字技术，如国际互联网、智能手机和电子白板等；既可以指代硬件，也可以是软件。除此之外，它还包括教师应用技术所产生的期望结果等。

学科内容知识(content knowledge,CK)：指与某特定科目(如数学、物理、化学等)相关的专门知识，包括该科目重要的方法、概念、事实和理论，联结观念的理论框架、实例和证据，与特定学科内容相关的教学目标以及对学科知识的信念等。

教学法知识(pedagogical knowledge,PK)：指教师所具备的教学理论和方法论方面的知识。这些知识能够被各学科所共享，适用于所有学科的教与学过程。它一般包括教师对教学实践过程和教与学的方法与策略的认识，也包括管理课堂、确定教学目标、制定与实施教学计划、开展教学评价等各方面的知识。

整合技术的学科内容知识(technological content knowledge,TCK)：包括教师对新技术给教学所带来的种种变化的了解，使用合适的技术表征和传递学科内容的知识等，它是由技术知识与学科内容知识交互作用产生的。

学科教学知识(pedagogical content knowledge,PCK)：由学科知识和教学法知识交互作用而成，它表示教师针对特定学科内容开展有效教学需具备的知识。

整合技术的教学法知识(TPK)：包括教师对技术如何影响教学和学习的理解，使用合适技术支持教学与学习活动等，它由技术知识和教学法知识交互作用产生。

整合技术的学科教学知识(technological pedagogical content knowledge,TPCK)：代表着教师能够在具体教学情境中，综合考虑学科教学内容、教学方法和技术支持，有效地开展教学。它由前文所述的六种知识交互作用而成。

境脉：是指除以上七种知识之外影响教学的其他因素，以及它们彼此之间、与课程之间的互动。每项整合技术的教学都有它们各自的境脉。组成境脉的因素一般包括学校的理念与期望，教学环境的物理特征，教师的性格，学生和教师的社会特征、生理和心理特征、认知以及经验等。[①]

---

① 詹艺,任友群.整合技术的学科教学法知识的内涵及其研究现状简述[J].远程教育杂志,2010(4):78-87.

第1章 TPACK 的研究脉络

随着相关研究的不断深入,许多学者对 TPACK 框架进行进一步解释,形成许多新的框架模型。这些框架模型提出了新的构成要素,丰富了框架包含的内容,也使 TPACK 内涵发生变化,它逐渐演变成一种能力框架,包含教师整合技术开展教学的知识、技能、心理和道德等多方面的内容。本书将在第2章对 TPACK 构成要素进行详细解析。

除把 TPACK 视作一种知识框架外,也有部分学者将 TPACK 视为一种知识。

学者 Cox、Graham 和 Niess 认为 TPACK 是特殊的 PCK。他们认为 Shulman 提出的 PCK 中已经包含技术知识,并且认为教学中使用的技术是随时间推移而产生变化的。当新型或尚未普遍使用的技术被应用于教学时,PCK 表现为 TPACK;如果教学中使用的技术变得非常普及,被教师所接受,并且他们能够经常在教学中熟练地使用这些技术,技术就会从教学中隐去,技术知识成为 PCK 的一部分,TPACK 重新回归到 PCK。①② 基于此,Cox 和 Graham 将 TPACK 定义为"使用新兴技术,将特定学科或主题的教学活动,与特定主题的教学内容表征协调起来,以促进学生的学习"的知识。在这种视角下,TPACK 有四个核心要素:①技术与学科教学整合目的的统领性观念;②技术与学科教学整合的教学策略和教学表征知识;③学生使用技术来理解、思考和学习学科主题的知识;④技术与学科教学整合的课程和课程材料知识。

Angeli 和 Valanides 根据实证研究,从认识论角度批判以 Mishra 和 Koehler 为代表的研究者提出的 TPACK 叠加观(integrative view),即认为 TPACK 是由三种单一维度知识、四种复合型知识和境脉构成的知识框架,技术知识、教学法知识和学科内容知识中的某一类知识的增长都会自发地引起 TPACK 增长。他们认为 TPACK 是一种由信息技术知识、教学法知识、学科内容知识、关于学习者的知识以及境脉等共同转化而成的一种特定的知识,是可以单独培养和评价

---

① COX S,GRAHAM C R. Diagramming TPACK in practice:using and elaborated model of the TPACK framework to analyze and depict teacher knowledge[J]. Technology trends,2009,53(5):60-69.

② NIESS M L. Preparing teachers to teach science and mathematics with technology:developing a technology pedagogical content knowledge[J]. Teaching and teacher education,2005,21(5):509-523.

的,并据此提出了 ICT – TPCK 模型。[1]

1.1.2 TPACK 的类型

蔡敬新和邓峰从实证研究角度将 TPACK 分为四类:通适型 TPACK、技术专属型 TPACK、教学专属型 TPACK 与学科专属型 TPACK。通适型 TPACK 不涉及具体的技术、教学方法和学科内容,用于描述适用于所有教师的 TPACK;技术专属型 TPACK 是指突显某种技术(如 Web 2.0、电子白板等)的 TPACK;教学专属型 TPACK 是指突显特定教学策略或教学方法(如基于项目的学习、基于探究的学习等)的 TPACK;学科专属型 TPACK 则是指突显某一学科领域(如语文、数学、科学等)的 TPACK。[2]

1. 通适型 TPACK

当前,国际上对通适型 TPACK 内涵的理解主要有三种观点:TPACK 是一种知识框架,TPACK 是特殊的 PCK,TPACK 是一种独特的知识体。[3]

将 TPACK 视为一种知识框架,最具代表性的是 Mishra 和 Koehler 提出的 TPACK 框架(TPACK Framework)。如前文所述,TPACK 框架由七种知识和一个境脉因子构成,其中七种知识是 TK、CK、PK、PCK、TPK、TCK 和 TPCK,境脉因子是指与整合技术开展教学相关的其他因素。

TPACK 框架比较清晰地解释了教师应用技术开展教学所需的知识,是被后继研究采用最多的一种定义。但这种定义并不完善,美国学者 Graham 从"是什么""怎么样"以及"为什么"三个角度对该定义存在的问题进行分析。Graham 认为,从"是什么"的角度来看,TPACK 框架存在三个方面不足:①它是在 PCK 的基础上建立起来的,而 PCK 本身是一个不确定的概念,学术界对 PCK 到底是什么并没有统一的定义,不同的研究者对其有不同的认识。因此,建立在此基础之上,TPACK 必然是一个难以给予精确定义的概念。②它用三个集合以及它

---

[1] ANGELI C, VALANIDES N. Epistemological and methodological issues for the conceptualization, development, and assessment of ICT – TPCK: advances in technological pedagogical content knowledge (TPACK)[J]. Computers & education, 2009,52(1):154 – 168.

[2] 蔡敬新,邓峰."技术 – 教学 – 学科知识"(TPACK)研究:最新进展与趋向[J]. 现代远程教育研究,2015,3(135):9 – 18.

[3] VOOGT J, FISSER P, PAREJA R N, et al. Technological pedagogical content knowledge – a review of the literature[J]. Journal of computer assisted learning, 2013,29(2):109 – 121.

们之间的交集简洁表示技术、学科内容和教学法三种知识之间的关系,但是这种表达的简洁性不能反映它们背后蕴含的、潜在的内部复杂性。③TPACK 框架存在各个元素缺乏精确的定义,不同研究者针对同一个元素进行不同定义,从而使得这一概念变得模糊不清。从"怎么样"的角度来看,TPACK 框架也存在两处不足:①它只说明了技术知识、教学法知识和学科内容知识能够叠加,但没有很好地解释各种知识成分是如何叠加的。②TPACK 框架的各种知识成分之间界限并不清晰。从"为什么"的角度来看,现有研究仍未充分说明框架存在的价值,表现在两方面:①现有研究未说明框架中各个元素有何价值;②关于 TPACK 框架目前的价值主要体现在它描述现象的价值,而没有体现其解释现象的价值。①

除 TPACK 框架外,此观点下的内涵解读还有 TPACK 深度模型(TPACK - deep model)②、多层次境脉 TPACK 模型(multilevel contextual TPACK model)③和 TPACK - S 模型④等。以上模型都意在解决 TPACK 框架中存在的问题,从不同的视角对其进行解释或扩展,从而形成了不同的描述。本书将在第 2 章对相关模型进行进一步解释。

将 TPACK 视为特殊的 PCK 或是独特的知识体的代表人物分别是 Cox、Graham、Niess、Angeli 和 Valanides 等。这些学者对 TPACK 内涵的解释已在前文阐述,在此不再赘述。

2. 技术专属型 TPACK

教师整合技术开展教学都是在特定的技术环境下进行的,技术专属型 TPACK 是在这种背景下提出的。这一类 TPACK 概念通常会提供具体技术名称,将普适型 TPACK 中的技术因子换为某种具体的技术。如 Lee 和 Tsai 在其

---

① GRAHAM C R. Theoretical considerations for understanding technological pedagogical content knowledge (TPACK)[J]. Computers & education,2011,57:1953 - 1960.

② YURDAKUL I K,ODABASI H F,KILICER K,et al. The development, validity and reliability of TPACK - deep:a technological pedagogical content knowledge scale[J]. Computers & education,2012(58):964 - 977.

③ CHAI C S,KOH E,LIM C P,et al. Deepening ICT integration through multilevel design of technological pedagogical content knowledge[J]. Computers & education,2014(1):1 - 17.

④ SAENGBANCHONGA V,WIRATCHAI N,BOWARNKITIWONG S. Validating the technological pedagogical content knowledge appropriate for instructing students(TPACK - S) of preservice teachers[J]. Procedia social and behavioral sciences,2014 (116):524 - 530.

开展的一项师范生应用 Web 2.0 技术开展教学的 TPACK 发展研究中,就提出一种 TPACK-Web 概念模型。该概念模型将 TPACK 框架中的技术知识置换为 Web 知识,即将 TK 更换为 Web 技术知识(Web Knowledge),TPK 更换为整合 Web 技术的教学法知识(Web-pedagogical knowledge),TCK 更换为整合 Web 技术的学科内容知识(Web-content knowledge)以及 TPCK 更换为整合 Web 技术的学科教学知识(Web-pedagogical-content knowledge),将 TPACK 框架具体到 Web 2.0 技术环境当中。①

3. 教学专属型 TPACK

教学专属型 TPACK 提出者是新加坡学者 Chai 等。在实证研究中,他们以 TPACK 框架为基础,围绕"有意义学习"教学方法编制量表,用于教师 TPACK 水平测量,其中的教学法知识被更换为"有意义学习"的相关描述。② 在教学专属型 TPACK 中,TPACK 框架中的 PK 被置换为某种具体的教学方法,而不是"教学法"这种一般性描述。

4. 学科专属型 TPACK

学科专属型 TPACK 比较有代表性的是 TPAMK③、TPASK④ 和 E(English)-TPACK⑤ 等。以上定义是将 TPACK 框架中的学科知识转换为数学知识、科学知识和英语知识而形成的。

以上四种不同类型的 TPACK,其中普适型 TPACK 是对教师整合技术开展

---

① LEE M H,TSAI C C. Exploring teachers' perceived self efficacy and technological pedagogical content knowledge with respect to educational use of the world wide web. Instructional science,2010,38(1):1-21.

② CHAI C S,KOH J H L,TSAI C C. Exploring the factor structure of the constructs of technological, pedagogical, content knowledge (TPACK)[J]. The Asia-Pacific education researcher,2011,20(3):607-615.

③ GRANDGENETT N F. Perhaps a matter of imagination:TPCK in mathematics education[M]. The handbook of technological pedagogical content knowledge (TPCK)for educators. Mahwah, NJ:Laewrence Erlbaum Associates,2008:145-146.

④ JIMOYIANNIS A. Designing and implementing an integrated technological pedagogical science knowledge framework for science teachers professional development[J]. Computers & education, 2010,12(55):59-1269.

⑤ HUGHES J E. Teaching english with technology:exploring teacher learning and practice [D]. Michigan State University,East Lansing,MI,2000.

教学需要知道什么的一般性描述,而技术专属型、教学法专属型和学科专属型TPACK是普适型TPACK在特定技术环境、教学方法和学科中的具体化。近年来,TPACK概念发展有从普适型向专属型演变的趋势。这种趋势是TPACK从理论框架逐渐向实践框架转变的一种表现。

1.1.3 TPACK发展策略、模型与方法

1. TPACK发展策略

教师TPACK发展策略的研究既有国家、社会层面的宏观策略,也有学校层面的中观策略,同时还有教学层面的微观策略。本书主要关注TPACK发展微观层面的问题,因此,主要论述已有的研究提出的微观策略。现有的研究从不同角度提出TPACK发展策略。

第一,从TPACK内涵的角度。如前文所述,不同学者对TPACK内涵有不同的理解。在不同的视野下,TPACK有不同的发展策略。持有"融合"观点的Mishra与Koehler建议采用"通过设计学习技术(learning technology by design)"的策略发展TPACK,即让教师设计整合技术的教学产品,解决真实教学问题来实现TPACK发展。① 而持有"另类PCK"观点的Niess认为,数学和科学学科教师的TPACK发展可以分为认知、接受、适应、探索和提升五个层次,可以以此为基础设计发展过程及活动。②

虽然,持不同TPACK内涵观点的学者提出各自的TPACK发展策略,但这些策略也表现出一些相同特征:帮助教师将技术的效能与教学内容的表征、学习和教学活动开展建立联系,以此实现TPACK发展。此外,他们都认同在制定发展策略前,要考虑境脉对教师TPACK发展的影响,境脉是制订具体策略的起点。

第二,从不同层次知识之间的关系的角度。这种策略主要针对TPACK框架中七种知识的发展。TPACK框架中的七种知识分别属于三个不同的层次。

---

① MISHRA P, KOEHLER M J. Technological pedagogical content knowledge: a framework for teacher knowledge[J]. Teachers college record, 2006, 108(6): 1017-1054.
② NIESS M L, VAN Z, EMILY H, et al. Knowledge growth in teaching mathematics/science with spreadsheets: moving PCK to TPACK through online professional development[J]. Journal of digital learning in teacher education, 2011, 27(2): 42-52.

根据它们的层次关系,现有研究提出多种发展策略。部分学者认为在 TPACK 发展时,应该帮助教师学习 TPACK 框架中四种复合型知识,即 PCK、TCK、TPK 和 TPCK。如在 Jang 的研究中,教师先讨论 TPACK 框架,然后选择一些不太适合用传统方法进行教学的主题,学习如何使用交互性电子白板有效地实现这些主题的教学。[①] 也有学者主张先让教师学习其中的 TK[②]、PK[③] 和 CK[④],然后再学习复合型知识。

第三,从教学的角度。当前,师范生 TPACK 发展主要通过课程教学来实现。一些研究提出了教学中使用的教学或学习策略,较为常见的策略有:示范与模拟、设计整合技术的课程、应用整合技术的课程开展教学、微格教学、同侪互助、真实的教学实践以及开展基于设计的学习等。

第四,在职教师 TPACK 发展主要通过他们在教学中应用自己设计的整合技术的课程材料,开展整合技术的教学,反思教学来完成。教师教育者通过提供典型的课程材料向教师示范如何设计整合技术的课程材料和开展整合技术的教学。让在职教师设计整合技术的课程以及建模如何在富技术(technology-rich)环境下开展教学是相关发展策略的主要特征。具体来说,它们表现为:①由有整合技术开展教学的教育专家指导;②将受教育的教师与正在开展的整合技术的教学建立联系,并给予他们一定的支持;③将传统的教师教育课程材料重新设计为整合技术的课程材料。[⑤]

2. TPACK 发展模型和教学设计模型

国际上已经形成一些用于指导发展实践的 TPACK 发展模型和教学设计模

---

① JANG S J. Integrating the IWB and peer coaching to develop the TPACK of secondary science teachers[J]. Computers & education, 2010, 55(4): 1744 – 1751.

② POLLY D, MIMS C, SHEPHERD C E, et al. Evidence of impact: transforming teacher education with preparing tomorrow's teachers to teach with technology (PT3) grants[J]. Teaching and teacher education, 2010, 26(4): 863 – 870.

③ CHAI C S, KOH J H L, TSAI C C. Facilitating preservice teachers' development of technological, pedagogical, and content knowledge (TPACK)[J]. Educational technology & society, 2010, 13(4): 63 – 73.

④ ANGELI C, VALANIDES N. Epistemological and methodological issues for the conceptualization, development, and assessment of ICT – TPACK: advances in technological pedagogical content knowledge (TPACK)[J]. Computers & education, 2009, 52(1): 154 – 168.

⑤ VOOGT J, FISSER P, PAREJA ROBLIN N, et al. Technological pedagogical content knowledge- a review of the literature[J]. Journal of computer assisted learning, 2013, 29(2): 109 – 121.

型。发展模型主要有:使用学习活动类型(learning activity type)发展TPACK[1]、TPACK发展阶段模型[2]、技术映射模型[3]、技术集成教育模型[4]等。教学设计模型主要有:Angeli的教学系统设计模型、TPACK-COPR模型[5]、IDDIRR教学设计模型及其修正模型[6]等。

3. TPACK发展方法

现有研究提出的实践方法主要有:通过设计学习技术(learning technology by design)、同伴互助学习、基于案例的学习、基于案例评价的学习、基于项目的学习、基于创建数字故事的学习、基于问题的学习以及基于游戏的学习等。

本书将在第4章讨论师范生TPACK发展实践的特征时,对这些发展模型、教学设计模型与实践方法进行进一步说明。

1.1.4 TPACK测量方法

开展TPACK水平测量,既能对已有TPACK理论框架进行检验和修正,又能了解教师的TPACK水平状况,为教师教育机构及相关人员制订TPACK发展策略和实践方法提供依据;同时对TPACK研究具有承上启下的作用,因此备受关注。在国外,TPACK测量方法研究既有量化测量方法研究,也有质性评价方法研究,主要形成了五种测量(评价)方法:量表测量法、绩效评价法、开放式问

---

[1] SANCAR T H,YANPAR Y T. Effects of creating digital stories on foreign language education pre-service teachers' TPACK self-confidence[J]. Educational studies,2015,41(4):444-461.

[2] NIESS M L,RONAU R N,SHAFER K G,et al. Mathematics teacher TPACK standards and development model[J]. Contemporary issues in technology and teacher education,2009,9(1):4-24.

[3] ANGELI C. Technology mapping:an approach for developing technological pedagogical content knowledge[J]. Educational computing esearch,2013,48(2):199-221.

[4] HOLLAND D D,PIPER R T. A technology integration education(TIE)model:millennial preservice teachers' motivations about technology,pedagogical,and content knowledge(TPACK) competecncies[J]. Educational computing research,2014,51(3):257-294.

[5] JANG S J,CHEN K C. From PCK to TPACK:developing a transformative model for pre-service science teachers[J]. Journal of science education and techonology,2010(19):553-564.

[6] LEE C J,KIM C A. Technological pedagogical content knowledge based instructional design model:a third version implementation study in a technology integration course[J]. Educational technology research and development,2017(65):1627-1654.

卷调查法、访谈法和课堂观察法。[1][2]

1. 量表测量法

量表测量法也称为自我报告式评价法,即测量者通过编制能够反映 TPACK 水平的一系列问题,让被测量者根据自身状况回答问题,测量者根据被测量者的回答结果评价他们的 TPACK 水平。

应用量表测量法开展 TPACK 水平测量离不开有效的测量量表,国外已开发出多种有效的 TPACK 水平测量量表。比较有代表性的量表有:Schmidt 量表[3]、Archambault 和 Crippen 量表[4]、Graham 量表[5]、Koh 量表[6]、Sahin 量表[7]、Chai 量表[8]、Akman 量表[9]以及 Yurdakul 量表[10]等。这些测量量表均为五点或七

---

[1] 徐鹏,刘艳华,王以宁,等.整合技术的学科教学知识(TPACK)测量方法国外研究现状及启示[J].电化教育研究,2013(12):98–101.

[2] 顾艳霞,钱旭鸯.国内外 TPACK 测量方法的研究现状及思考[J].远程教育杂志,2016(5):98–104.

[3] SCHMIDT D A, BARAN E, THOMPSON A D, et al. Technological pedagogical content knowledge (TPACK): the development and validation of an assessment instrument for preservice teachers[J]. Journal of research on technology in education, 2009, 42(2): 123–149.

[4] ARCHAMBAULT L, CRIPPEN K. Examining TPACK among K–12 online distance educators in the United States [J]. Contemporary issues in technology and teacher education (CITE Journal), 2009, 9(1): 71–88.

[5] GRAHAM C, BURGOYNE N, CANTRELL P, et al. TPACK development in science teaching: measuring the TPACK confidence of inservice science teachers[J]. Technology trends, 2009, 53(5): 70–79.

[6] KOH J H L, CHAI C S, TSAI C C. Examining the technological pedagogical content knowledge of Singapore preservice teachers with a large – scale survey [J]. Journal of computer assisted learning, 2010, 26(6): 563–573.

[7] SAHIN I, CELIK I, AKTURK A O, et al. Analysis of relationships between technological pedagogical content knowledge and educational internet use[J]. Journal of digital learning in teacher education, 2013, 29(4): 110–117.

[8] CHAI C S, KOH J H L, TSAI C C. Exploring the factor structure of the constructs of technological, pedagogical, content knowledge (TPACK)[J]. The Asia – Pacific education researcher, 2011, 20(3): 607–615.

[9] AKMAN G C. TPACK survey development study for social sciences teachers and teacher candidates[J]. Online submission, 2015(1): 1–10.

[10] YURDAKUL I K, ODABASI H F, KILICER K, et al. The development, validity and reliability of TPACK – deep: a technological pedagogical content knowledge scale[J]. Computers & education, 2012, 58(3): 964–977.

点式李克特量表,依据 TPACK 框架或其他概念模型中的构成要素设置测量问题。它们有普适型 TPACK 量表(如 Schmidt 量表),也有教学专属型测量量表(如 chai 量表),同时还有学科专属型测量量表(如 Akman 量表)。

用量表测量法测量 TPACK 水平,优点是容易实施,结果量化,便于开展大规模测量,但其不足之处是测量质量受被测者的评估水平和诚信度等因素影响比较大,测量的信度和效度受到质疑。

2. 绩效评价法

绩效评价法将教师的教案、教学视频(录像)、文字脚本、课后评课的录音以及专家对教案的评价等能够体现他们教学设计和实施过程的内容视为"绩效产品",评价者通过审视这些产品来测量或评价他们的 TPACK 水平。评价时,评价者一般采用内容分析法或话语分析法对"绩效产品"进行分析,根据分析结果形成评价结论。

绩效评价法是一种质性评价方法。如 Groth 等提出一种基于课例研究(lesson study)的 TPACK 质性评价框架(LS – TPACK assessment framework)[1],为如何使用绩效评价法开展 TPACK 水平评价提供了行动指南。使用绩效评价法评价 TPACK 水平时,对各种"绩效产品"开展内容分析是其中的主要活动,Chen 等描述了绩效评价的内容分析过程:编码、分类、描述与解释[2],Koehler 等开发了一种用于识别 TPACK 框架中七种知识的编码协议,以便使用内容分析法评测教学人工制品[3]。在对"绩效产品"进行质量评定时,有时需要评定标准,Harris 开发了一种用于课程计划(lesson plan)质量评定的量规,Bowers 和 Stephens 提出了一种用于数学师范生完成项目评价的量规[4]。

---

[1] GROTH R, SPICKLER D, BERGNER J, et al. A qualitative approach to assessing technological pedagogical content knowledge [J]. Contemporary issues in technology & teacher education, 2009, 9(4): 392 – 411.

[2] CHEN Y S, CHEN P. Using wikis and collaborative learning for science teachers' professional development [J]. Journal of computer assisted learning, 2015(31): 330 – 344.

[3] KOEHLER M J, MISHRA P, YAHYA K. Tracing the development of teacher knowledge in a design seminar: integrating content, pedagogy and technology [J]. Computers & education, 2007, 49(3): 740 – 762.

[4] BOWERS J S, STEPHENS B. Using technology to explore mathematical relationships: a framework for orienting mathematics courses for prospective teachers [J]. Journal of mathematics teacher education, 2011, 14(4): 285 – 304.

绩效评价法能比较深入全面地评价教师TPACK水平,然而由于其实施的复杂度,难以用于数量较多的教师TPACK水平评价。另外,内容分析过程中的编码存在一定的主观性,内容分析结果可能受到干扰,影响评价的准确性。

3. 开放式问卷调查法、访谈法和课堂观察法

开放式问卷调查法和访谈法是评价者分别遵循问卷调查和访谈的操作程序,围绕TPACK构成要素开展调查和访谈,通过分析访谈和调查结果来评价教师TPACK水平;而课堂观察法是评价者通过观察教师课堂中整合技术的教学行为来评定其TPACK水平。

总体上,以上五种评价方法,量表测量法是一种量化评价方法,而其他四种评价方法则是质性评价方法。当前大多数研究都采用量化和质性评价相结合的方法,综合使用多种方法开展TPACK水平评价。这种评价方法可以实现不同来源的证据彼此之间相互印证,从而形成相对全面客观的评价结果。

TPACK测量方法的研究通常伴随着TPACK水平测量,测量的目的包括:①探索TPACK构成要素和结构。此类测量以检测TPACK框架等概念模型中提出的成分在教师身上是否真实存在,以及不同成分之间的关系为主要目标。如Schmidt等和Koh等对各自国家的教师开展TPACK框架中七种知识的检测。这些研究并未达成一致的结果,部分研究只检测到TPACK框架中七种知识的部分几种知识,而有些研究则能检测出所有七种知识。②检验教师TPACK发展效果。此类测量通常使用定量和定性的方法对发展前后的教师TAPCK水平进行评价,比较两次的TPACK水平是否有显著差异,验证TPACK发展策略、实践方法与过程是否有效。多数此类研究都能形成肯定的结论。③检测教师TPACK水平。此类测量以了解教师TPACK水平状况为主要目标,通常以自我报告式评价法开展测量。多数测量结果表明,国外教师的TPACK水平仍有待于提高。

1.2 国内TPACK的研究脉络

1.2.1 TPACK的定义、内涵与特征

我国TPACK理论研究既有国外相关研究成果的介绍,也有自主的理论探索。研究内容主要包括:TPACK定义、TPACK内涵解读及其特征研究。

第 1 章　TPACK 的研究脉络

1. TPACK 定义

我国 TPACK 概念的定义最初原自国外相关定义的介绍,李美凤和李艺于 2008 年比较系统地介绍了美国学者 Mishra 和 Koehler 提出的 TPACK 框架[①],焦建利和钟洪蕊、詹艺和任友群在此后开展的国外 TPACK 研究现状综述中,系统地梳理了此概念的发展脉络:TPACK 是由美国学者 Mishra 和 Koehler 在 Shulman 的学科教学法知识中加入技术因子而发展起来的。但在此概念正式提出之前,就已经存在 ICT-related PCK、e-PCK 等多种提倡整合技术的教师知识的概念。此概念最初以"TPCK"的形式出现,后来为便于记忆和发音,被更名为"TPACK"。这一更名同时也意在让此概念表达另一层含义:技术知识、学科内容知识和教学法知识都是教师在信息技术环境下开展教学不可缺少的,是一个有机整体(total PACKage)[②③]。由此,国外 TPACK 概念最初形成大致经历"PCK→ICT-related PCK、e-PCK→TPCK→TPACK"的过程。在 TPACK 框架引进与解释的过程中,国内学者也注意到国外学者对 TPACK 内涵的不同理解和学科化趋势,并对此进行介绍。例如,尹睿等系统介绍了区别于 TPACK 框架的 ICT-TPCK 模型。[④⑤]

在国外 TPACK 定义介绍和解读的过程中,国内学者也注意到其存在的不足,因此,他们对其中存在的问题进行思考,并提出一些 TPACK 新的定义。

阮全友和杨玉芹认为,TPACK 框架只说明教师在技术环境下开展有效教学所需知识的结构,但忽略了教学中的另一个主体——学生。从主体间性的视角,他提出了整合技术的学科和学习策略知识(technological strategic and content knowledge,TSACK)以及整合技术的方法论和学科内容知识(technological methodological and content knowledge,TMACK),用于说明在信息技术环境下教师和

---

① 李美凤,李艺.TPCK:整合技术的教师专业知识新框架[J].黑龙江高教研究,2008,4:74-77.

② 焦建利,钟洪蕊.技术-教学法-内容知识(TPACK)研究议题及其进展[J].远程教育杂志,2010(1):39-45.

③ 詹艺,任友群 整合技术的学科教学法知识的内涵及其研究现状简述[J].远程教育杂志,2010(4):78-87.

④ 尹睿,蔡佳,戴湘仪.技术映射:ICT-TPCK 的"转化—整合"原理与方法[J].中国电化教育,2013(2):12-16.

⑤ 尹睿,蔡佳,戴湘仪.ICT-TPCK 的基本原理与方法:一个基于技术实现经验转化的个案[J].电化教育研究,2013(5):13-19.

学生两个主体开展教与学所需的知识。TSACK 和 TMACK 的提出实现了技术环境下教与学的和谐统一,拓展了 TPACK 框架。[①] 闫志明和李美凤认为,TPACK 框架存在七种知识定义不清、缺乏对知识间关系描述的问题,因此,他提出了一种整合技术的学科教学知识网络(TCPNet)解决此问题。[②] TCPNet 既保持 TPACK 框架的解释力,又避免七种知识区分困难和关系模糊等缺点,进一步完善了 TPACK 框架。也有学者将 TPACK 框架延伸到特定学科中,将其学科化,形成了具体学科教师的 TPACK,如 TPASK(科学)[③]、TPUMK(音乐)[④]和 TPMK(数学)[⑤]等。这些学科化 TPACK 的提出使 TPACK 框架变得更具体和有针对性。TSACK 和 TMACK、TCPNet 以及学科 TPACK 等的提出,在一定程度上拓展、补充和完善了 TPACK 概念。

2. TPACK 内涵与特征

国内学者对 TPACK 内涵的解读既有将其视为"特殊的 PCK",也有将其视为一种框架。将 TPACK 视为一种知识框架,张静使用认知理论解读 TPACK 内涵:在跨学科视角下,TPACK 是教师对跨学科认知方式与信息技术的交互所做的明智设计和无缝衔接;在解构视角下,TPACK 是教师对信息技术与特定学科(或主题)教学活动和特定主题教学内容表征之间的有机融合;在纵深视角下,TPACK 是教师采纳技术并使之融入学科教学的多方面进阶与渐进式改变。[⑥] 袁智强和李士锜认为,TPACK 是"特殊的 PCK",它由四个核心要素构成:信息技术与学科知识教学整合目的的统领性观念;信息技术与学科知识教学整合的课程资源和课程组织知识;信息技术与学科知识教学整合的教学策略与教学表

---

① 阮全友,杨玉芹.整合技术的学科和教学知识框架的发展:从 TPACK、TSACK 到 TMACK[J].中国远程教育,2014(11):20-26.

② 闫志明,李美凤.整合技术的学科教学知识网络:信息时代教师知识新框架[J].中国电化教育,2012(4):58-63.

③ 郭桂周,于海波,孟昭辉.整合技术的科学教学法知识(TPASK):基本内涵与提升策略[J].现代远距离教育,2012(1):69-75.

④ 王鹳.信息技术与音乐课程整合:基于 TPACK 音乐学科化的视角[J].教育研究与实验,2016(5):77-81.

⑤ 戴锡莹,王以宁,张海.整合技术的数学教师教学知识:从理论框架到案例剖析[J].中国电化教育,2012(12):71-74.

⑥ 张静.融合信息技术的教师知识发展研究[M].北京:中国社会科学出版社,2019:71.

征知识;信息技术与学科教学整合的学生理解和误解知识。[①] 这种解读延续了国外学者 Niess 的观点。

关于 TPACK 的特征,国内多数学者认为 TPACK 作为一种知识框架,其构成要素具有复杂多面性、融合转化性和动态层级性;而作为一种实践框架,其构成要素具有实践生成性、个人创造性和情境性。

1.2.2 TPACK 发展机制、策略、模型与课程

1. 在职教师 TPACK 发展机制、策略和模型

深入理解教师 TPACK 发展机制是提出和优化 TPACK 发展策略及模型的前提基础。对于教师 TPACK 发展机制,徐章韬认为,TPACK 是一种能够指导教师整合技术开展教学的复合型实践性知识,这种知识具有区别于其他知识的独特特征;特殊的知识属性决定教师需要在长期的理论学习和教学实践过程中以渐进方式形成和发展 TPACK。[②] TPACK 发展是教师对"如何整合技术开展有效教学"问题的认知过程。在认知维度,张静和刘赣洪认为,在职教师 TPACK 发展存在三种机制:教师个体经验积累与概念转化;教师群体在社会中介支持下的协商与建构;教师个体技术学习的认知性、社会性和身份认同的共同发展。[③]

在剖析 TPACK 发展机制的同时,国内一些研究也提出在职教师 TPACK 发展策略。在对国外在职教师 TPACK 发展案例分析基础上,郭桂周等提出了四种在职教师 TPACK 发展策略:基于课程研讨、基于模型设计的相关培训、基于"TPACK 游戏"以及基于"学习活动类型"提升学科教师 TPACK。[④] 基于 TPACK 的关键特征,徐章韬主张采用统整专业学习、同伴互助和自主发展的策略来培养教师 TPACK。[⑤] 在教师教学实践或培训中,给教师提供整合技术开展教学的

---

① 袁智强,李士锜.数学师范生整合技术的学科教学知识(TPACK)发展研究:以"正态分布"为例[J].电化教育研究,2012(3):107-113.

② 徐章韬.基于关键特征的 TPACK 发展策略研究[J].现代教育技术,2014(9):59-64.

③ 张静,刘赣洪.多维视角下教师 TPACK 发展机制与培养路径[J].远程教育杂志,2015(3):95-102.

④ 郭桂周,于海波,孟昭辉.整合技术的科学教学法知识(TPASK):基本内涵与提升策略[J].现代远距离教育,2012,1(139):69-76.

⑤ 徐章韬.基于关键特征的 TPACK 发展策略研究[J].现代教育技术,2014(9):59-64.

实际问题,整合个体认知、社会构建及个体自我深度反思等多种认知形式,促进教师在真实的教学情境中探究技术、内容和教学法之间的有机关系,实现TPACK发展,是这些发展策略的共有思想。

从不同理论视角,国内学者构建了多种在职教师TPACK发展模型。信息技术学视角下,TPACK发展是在职教师感知技术对于教学的可用性和易用性产生使用态度和意向,并将其应用于教学的进程,技术接受模型(TAM)为诠释这一进程提供了一种理论框架。赵磊磊等以技术接受模型为理论依据构建了TPACK-TAM发展模型。[①] 认知理论视角下,TPACK发展也是教师群体协同知识构建的过程。基于协同知识建构理论,吴焕庆等构建了教师TPACK协同构建模型,并进行发展实践,证明了构建的模型的教学有效性。[②③] 计算机网络既能够辅助突破时间和空间限制,开展协同知识构建,同时也能为协同知识构建提供丰富的工具与资源,邓国民、张俊等利用计算机网络优势和特点,提出了基于网络的教师TPACK发展模型,他们提出的模型运用网络系统搭建协同知识构建环境和组织教师学习共同体,教师群体在协作问题解决过程中开展协同知识建构,实现TPACK发展[④⑤]。除此之外,也有部分学者参照国外一些成熟的模型构建在职教师TPACK发展模型,如基于"设计学习"的发展模型以及基于活动类型的发展模型等。

2. 师范生TPACK发展模型与方法

詹艺、袁智强、聂晓颖等开展理论研究与实践,探索了师范生TPACK发展

---

① 赵磊磊,赵可云,侯丽雪,等.技术接受模型视角下教师TPACK能力发展研究[J].教育理论与实践,2015(11):25-27.
② 吴焕庆,余胜泉,马宁.教师TPACK协同建构模型的构建及应用研究[J].中国电化教育,2014(9):111-119.
③ 吴焕庆.以协同知识建构为核心的教师TPACK提升路径研究:一项基于设计的研究[J].电化教育研究,2017(10):118-123.
④ 邓国民.基于在线实践社区的教师TPACK发展模式[J].电化教育研究.2015(12):109-114.
⑤ 张俊,徐小双,王锋,等.TPACK框架下的网络协作校本培训研究[J].远程教育杂志,2015(6):91-97.

模型或方法,形成"基于设计微型课程"[①]、"参加'同课异构'活动"[②]以及"瀑布模型"[③]等多种师范生 TPACK 发展模型或方法。

3. 师范生 TPACK 发展课程

现有研究提出的各种师范生 TPACK 发展模型或方法,大都改变了当前以技术知识讲授为主的教学方式,这种改变需要有专门的发展课程来支持。在詹艺、袁智强等的研究中,他们都各自设计支持其发展模型或方法的课程。这些课程采用理论知识学习与实践相结合,加强 CK、PK 和 TK 融合的思路来编制内容。依据课程内容开展教学,能够将师范生置身于真实的问题情境中了解 CK、PK 和 TK 如何相互加强与抑制,有效缩短理论与实践之间的距离,促进 CK、PK 和 TK 三者深度融合,从而促进师范生的 TPACK 发展。

此外,张静认为,师范生 TPACK 发展需要系列化课程来支持,并构建了促进 TPACK 发展的师范生教师教育课程体系。[④] 赵玉重新定位了师范生 TPACK 培养目标及课程模块。[⑤] 这些课程体系(模块)的共同特征是:在培养目标设定上,是要将师范生从技术"消费者"培养成为技术"设计者";在培养机制上,使用融合统整的机制替代分割支离的机制;在课程内容上,将零散孤立的内容整合为一体化贯通的内容。

除以上研究之外,新技术在教育中的持续融入给教师 TPACK 发展带来新的挑战,也提供新的机遇。卢蓓蓉和任友群、刘径言等认为教育云等技术给教师提供了无所不在的学习机会,必然会带动教师主动或被动学习信息技术,它们正悄然改变着教师专业能力发展的途径,新技术环境下的教师专业能力发展

[①] 詹艺.培养师范生"整合技术的学科教学知识"的研究:以上海市高校数学专业师范生为例[D].上海:华东师范大学,2011.

[②] 袁智强.数学师范生整合技术的学科教学知识(TPACK)发展研究:以"正态分布"为例[D].上海:华东师范大学,2012.

[③] 聂晓颖.职前教师 TPACK 能力培养的瀑布模型构建研究:以数学学科为例[J].电化教育研究,2017,4(288):122-128.

[④] 张静.促进 TPACK 发展的设计型教师教育课程:缘起、模式及启示[J].远程教育杂志,2013(5):83-88.

[⑤] 赵玉.职业教育师范生信息化教学能力培养策略与效果研究[J].中国电化教育,2014(8):130-134.

需要思考如何将新技术的应用与教师 TPACK 发展实现双向融合。[1][2] 从知识管理的视角,邱学青、李正提出一种高校教师综合运用新技术,实现以 TPACK 为核心的教师专业知识的管理策略,通过应用新的技术开展信息化知识管理来促进教师 TPACK 发展。[3]

1.2.3 TPACK 测量方法

整体上,我国 TPACK 测量方法研究正处于国外已有测量方法与工具介绍与引进阶段。

徐鹏等归纳总结国外研究开展 TPACK 测量使用的主要方法:量表测量法、绩效评价法、访谈法、观察法以及开放式问卷调查法[4];顾艳霞和钱旭鸯系统介绍和分析了国外用于 TPACK 水平测量的常用量表[5]。除对国外测量方法和工具进行介绍外,还有研究对最为常用的量表测量法和绩效评价法进行深度剖析,认为量表测量法以量化的方式让被测者自我汇报 TPACK 水平,适合于大规模的 TPACK 水平测量。但这种测量方法有较高的主观性,不能十分客观地说明教师学到了什么,有什么样的知识水平。而绩效评价法通过评价教师的作品,能够观察到教师"说了什么"和"做了什么",从而能产生更加真实的评价结果。但这种关照个体的质性评价,难以大规模开展。[6] 因此,开展教师 TPACK 水平测量,应将定量和定性测量方法进行有机结合,让多种测量方法优势互补,以实现更高效和准确地测量。

顾艳霞和钱旭鸯对我国研究使用的 TPACK 测量方法进行系统分析,结果

---

[1] 卢蓓蓉,任友群.中国教育信息化的云中漫步:教育云建设的困境及探析[J].远程教育杂志,2012(1):62-67.

[2] 刘径言,陈明选,马志强.泛在学习环境下教师培训机制研究[J].中国电化教育,2014(11):90-94.

[3] 邱学青,李正.基于知识管理视角的高校教师专业发展策略研究[J].高等工程教育研究,2013(6):81-84.

[4] 徐鹏,刘艳华,王以宁,等.整合技术的学科教学知识(TPACK)测量方法国外研究现状及启示[J].电化教育研究,2013(12):98-101.

[5] 顾艳霞,钱旭鸯.国内外 TPACK 测量方法的研究现状及思考[J].远程教育杂志,2016,236(5):97-104.

[6] 徐章韬.信息技术支持下的学科教学知识测量的两种典型方法[J].全球教育展望,2013(9):79-86.

表明,现有研究在开展教师 TPACK 水平测量时,主要使用国外成熟的测量方法与工具,鲜有自主的测量方法与工具的研究。其中,量表测量法和绩效评价法是当前研究使用得最多的方法。在使用量表测量法进行教师 TPACK 水平测量时,多数研究都采用或改编国外成熟量表;在使用绩效评价法进行教师 TPACK 水平评价时,评价的内容与过程也都与国外研究相似。[①] 即便有研究采用其他定量或定性方法开展教师 TPACK 水平测量,使用的也是国外的方法与工具。

1.3 国内外 TPACK 研究评述

1.3.1 TPACK 定义、内涵研究评述

对于 TPACK 内涵,当前至少存在三种不同的理解:TPACK 是"一种框架",TPACK 是"特殊的 PCK"以及 TPACK 是"一种独特的知识"。本书将 TPACK 视为一种框架。即便如此,国内外学者对此框架包含哪些具体内容也存在不同的看法。从中不难发现,TPACK 是一个正在发展和完善的概念。TPACK 具体由哪些要素构成,构成要素之间的关系是什么样的,目前尚未有统一的定义。

虽然通过对国外相关定义的阐释、补充或完善,国内也形成一些有关 TPACK 定义,但相关研究同样也存在概念不清,内涵理解存在分歧的问题。这种分歧一方面体现在学者们提出了不同的 TPACK 概念模型及其内涵的不同解释上,另一方面也体现在国内学者对 TPACK 的不同称谓上。在称谓方面,国内学者使用"TPACK""TPACK 知识""TPACK(知识)框架""TPACK 能力"等指代 TPACK。也有学者认为国内的"教育技术能力""信息化教学能力"等就是 TPACK。TPACK 作为一个外来的与应用技术开展教学相关的概念,与我国教育技术能力等概念是何种关系,国内现有研究并未对此进行深入探讨,此概念本土化研究存在不足。

对 TPACK 构成要素的理解,直接影响到对 TPACK 发展实践模式的诠释。因此,厘清 TPACK 构成要素是开展其他相关研究的前提基础。本书拟在理论

---

① 顾艳霞,钱旭鸯. 国内外 TPACK 测量方法的研究现状及思考[J]. 远程教育杂志,2016,236(5):97-104.

与实践层面讨论师范生 TPACK 发展实践模式,在现有研究尚未对 TPACK 构成要素形成统一认识的情况下,有必要对其进行辨析。即对 TPACK 作为一种框架,其中包含哪些构成要素以及构成要素之间的关系是什么样的进行解析说明。同时,作为一个外来概念,在明确它由哪些要素构成的同时,也需要说明其与国内相关概念的区别与联系,以促进其本土化。唯有如此,才能使师范生 TPACK 发展的理论研究与实践更符合我国国情。

1.3.2 TPACK 发展研究评述

现有研究已提出了一些 TPACK 发展策略、发展模型、教学设计模型和实践方法。丰富多样的策略、模型和方法一方面反映 TPACK 发展的复杂性,另一方面折射当前研究未对 TPACK 发展过程与实践方法达成一致看法,还需要进一步探讨。

现有的发展策略和模型在宏观层面解释了 TPACK 发展的实践过程,但多数没有形成有效的具体实践方案。虽然也有研究提出一些实践方法尝试解决此问题,但 TPACK 发展具有情境性,在具体情境中形成的实践方法能否应用到其他情境当中,也需要进一步检验。当前对可操作的 TPACK 发展实践方案的研究存在不足。

随着以"三通两平台"为标志的教育信息化工程的实施,云计算、大数据等新兴技术在我国教育领域逐步应用,它们对教育的影响日趋显著,《教育信息化"十三五"规划》和《教育信息化 2.0 行动计划》等都提出融合新兴技术开展教育教学活动的要求。然而,现有文献表明,虽然新兴技术环境下教师 TPACK 发展已受到国内学者关注,但缺少深入系统的理论研究,缺乏相应的实践,如何在新兴技术环境下实现师范生 TPACK 发展同样需要进一步研究。

鉴于以上三点 TPACK 发展研究存在的不足,我们有必要拟在对 TPACK 构成要素解析的基础上,在一定的理论框架内,从宏观和微观两个层面讨论师范生 TPACK 发展实践问题,并形成一种具体的、可操作的、符合我国国情的师范生 TPACK 发展实践模式,并根据我国教育信息化的目标,依托现有的信息化教育环境,开展师范生 TPACK 发展实践检验其可行性和有效性。

1.3.3 TPACK 测量方法研究评述

国外 TPACK 水平测量方法研究既有量化方法研究,又有质性测量方法研究,形成了比较丰富的测量工具。量化测量方法主要是采用李克特量表让教师自我报告 TPACK 水平。这种方法易于实施,并且能够开展大规模测量,但可能存在可信度较低的问题。质性测量方法主要是通过绩效评价、问卷调查、访谈或课堂观察来评价教师 TPACK 水平。质性测量方法形成的结果能够比较真实地反映教师整合技术开展教学的水平,但存在效率较低、难以大规模开展测量的问题。鉴于上述两种测量方法的优缺点,当前国外教师 TPACK 水平测量趋向于采用混合式方法,即采用量化和质性测量相结合的方法。

国外 TPACK 测量方法研究成果能够为我们检验师范生 TPACK 发展效果提供方法论与工具,但国内外现有的 TPACK 水平测量实践也表明,现有成熟的 TPACK 量化和质性测量工具都是在特定的情境中形成的,由于国内外 TPACK 发展情境存在差异,运用已有的测量工具开展我国师范生 TPACK 水平测量时,需要根据情境进行必要的改编。

第 2 章

TPACK 的构成要素及发展的内涵

2.1 已有 TPACK 定义中的构成要素解析

2.1.1 已有 TPACK 定义中的构成要素的解析过程

本节拟通过综合分析国内外已有 TPACK 定义,解析 TPACK 构成要素。参照已有概念分析模型提出的概念分析流程①②③,按照以下四个步骤开展 TPACK 构成要素解析:

第一步,收集 TPACK 定义。收集和整理国内外已有 TPACK 定义,选择包含构成要素及其关系说明的定义作为分析对象。

第二步,描述 TPACK 定义。对选定的 TPACK 定义进行详细描述,为进行构成要素及其他相关分析提供材料。

第三步,对比分析 TPACK 定义。根据第二步的描述,对比分析选定 TPACK 定义的产生方式、描述的构成要素,以及要素之间的关系。

第四步,说明 TPACK 构成要素。根据第三步的分析结果,说明 TPACK 由哪些要素构成,以及要素之间的关系。

---

① COOMBS J R, DANIELS L B. Philosophical inquiry: conceptual analysis[M]. Albany: State University of New York Press, 1991.
② SOLTIS J F. An introduction to the analysis of educational concepts[M]. Reading: Addison-Wesley Publishing Company, 1978.
③ WILSON J. Thinking with Concepts[M]. Cambridge: Cambridge University Press, 1963.

2.1.2 已有 TPACK 定义

定义收集参照学者 Janice 等提出的定义选择原则:认识论原则、逻辑性原则、可操作性原则以及语言学原则①。遵循以下原则:

原则一,被选择的定义必须是清晰与唯一的。即被选择的定义需清晰地说明 TPACK 构成要素及其要素之间的关系,并且与其他定义有明显区别。

原则二,被选择的定义必须与其他定义连贯系统地建立联系。即被选择的定义是由其他相关术语定义的,不是简单地对 TPACK 进行解释性描述。

原则三,被选择的定义必须可应用于真实情境或具有可操作性。即被选择的定义能够解释教师整合技术开展教学需要知道什么,指导教师整合技术开展教学或指导教师 TPACK 发展实践等。

原则四,被选择的定义必须符合其应用情境。即被选择的定义说明的 TPACK 构成要素及要素之间的关系与定义产生的目标是一致的。

原则五,被选择的定义必须具备普适性。即被选择的定义不是针对具体学科、教学方法或技术环境的。

TPACK 定义从现有的中英文文献筛选,筛选过程为:

第一,逐篇阅读研究文献摘要和概览文献正文,从中筛选出包含 TPACK 定义的文献,文献中的定义至少要满足收集原则二和原则五。

第二,逐篇阅读筛选出的中英文文献,依据收集原则一、原则二和原则四再次筛选文献,并从中选出要分析的 TPACK 定义。

遵循以上原则与过程,共从现有文献中选择出国外 TPACK 定义六个,国内定义四个。十个定义的相关信息见表 2-1。

表 2-1 TPACK 定义的相关信息

简称	定义者	年份	定义所在文献
TPACK 框架	Mishra & Koehler	2006	Technological pedagogical content knowledge: a framework for teacher knowledge

---

① JANICE M, MORSE J E, MITCHAM C H. Concept analysis in nursing research: a critical appraisal[J]. Scholarly inquiry for nursing practice: an international journal, 1996, 10(3): 253-277.

续表

简称	定义者	年份	定义所在文献
TPACK 框架解释模型	Cox 等	2009	Diagramming TPACK in practice: using an elaborated model of the TPACK framework to analyze and depict teacher knowledge
ICT – TPCK	Angeli 等	2009	Epistemological and methodological issues for the conceptualization, development, and assessment of ICT – TPCK: advances in technological pedagogical content knowledge (TPCK)
TPACK – XL	Saad 等	2012	A transformative view of ICT – TPCK for building pre – service teacher knowledge base
TPACK 深度模型	Yurdakul 等	2012	The development, validity and reliability of TPACK – deep: a technological pedagogical content knowledge scale
多层次境脉 TPACK	Chai 等	2014	Deepening ICT integration through multilevel design of technological pedagogical content knowledge
TPACK 实践模型	Yeh 等	2013	Developing and validating technological pedagogical content knowledge – practical (TPACK – practical) through the Delphi survey technique
TMACK	阮全友和杨玉芹	2014	整合技术的学科和教学知识框架的发展：从 TPACK、TSACK 到 TMACK
TCPNet	闫志明和李美凤	2012	整合技术的学科教学知识网络：信息时代教师知识新框架
情境化 TPACK 模型	Jang 和 Tsai	2013	Exploring the TPACK of Taiwanese secondary school science teachers using a new contextualized TPACK model

2.1.3 已有 TPACK 定义描述

Whetten 认为,开展与理论研究相关的概念分析,需要进行三方面工作:一是识别概念由"哪些"因素、构件或子概念构成;二是探索各种元素(因素、构件或子概念)在概念中"如何"建立关系;三是在一个更大背景里详细说明前两个阶段识别的元素与关系值得注意的"原因"。[①] 据此,TPACK 定义描述使用如下框架:

第一,各个定义中的 TPACK 是由哪些要素构成的?在国内外 TPACK 内涵研究现状分析期间,笔者发现,无论是将 TPACK 视为特殊的 PCK,还是视为一种框架,许多定义都对其构成要素进行说明。对各个定义说明的构成要素进行分析,可以从整体上明确 TPACK 是由哪些要素构成的。

第二,各个定义说明的构成要素彼此间的关系是什么样的?对各个定义说明的构成要素之间的关系进行分析,可以从整体上明确 TPACK 构成要素之间的关系。

第三,各个定义有什么独特的理论或实践价值?考察各个定义特有的理论或实践价值,能够为判断定义提出的构成要素及其关系的合理性提供依据,进而为整体上确定 TPACK 构成要素及其他们之间的关系提供参考。

1. TPACK 框架

(1)构成要素

如前文所述,此定义中的 TPACK 包含七种知识和一个境脉。由于前文已对此定义进行说明,故在此不再赘述。

(2)构成要素之间的关系

TPACK 框架中的七种知识有三个层次:第一层次是单一维度知识,包括技术知识(TK)、学科内容知识(CK)和教学法知识(PK);第二层次是由两种单一维度知识复合生成的知识,包括整合技术的学科内容知识(TCK)、整合技术的教学法知识(TPK)和学科教学知识(PCK);第三层次是由 PK、CK、TK、TPK、TCK 和 PCK 复合生成的整合技术的学科教学知识(TPCK)。七种知识的层次关系如图 2-1。

---

① WHETTEN D A. What constitutes a theoretical contribution? [J]. The academy of management review,1989,14(4):490-495.

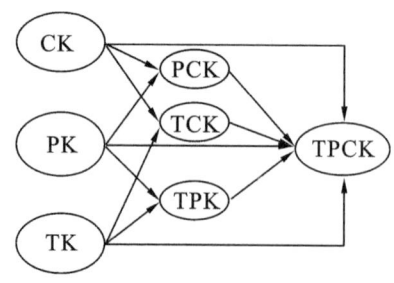

图 2-1　TPACK 框架七种知识层次关系图

定义中的境脉是指除以上七种知识之外,影响教师整合技术开展教学的其他各种因素的总和。

(3)理论或实践价值

TPACK 框架初步说明教师整合技术开展教学的知识基础,在此后的研究中被广泛采用。该定义提出的 TK、CK 和 PK 三种基本知识以及它们之间的关系被许多其他定义采用,是其他定义形成的重要依据。

2. TPACK 框架解释模型(elaborated model of the TPACK framework)

(1)构成要素

Cox 在其博士论文中,在对 TPACK 框架中的七种知识进行限定和详细解释的基础上,提出了 TPACK 框架解释模型。Cox 对七种知识的限定和解释见表 2-2。

表 2-2　TPACK 框架解释模型的知识要素

名称	限定与解释
教学法知识(PK)	教师拥有的开展教学活动的知识。这种知识与具体学科内容无关,能够被应用到任何教学当中。如激发学生学习动机的策略、与学生及家长交流的策略、向学生呈现信息的策略、课堂管理策略等,也可以是一般教学行为,如组织发现式学习、协作学习、基于问题的学习等
学科内容知识(CK)	教师拥有对学科领域特定教学主题进行表征的知识
学科教学知识(PCK)	教学活动知识和教学内容表征知识的结合形成的知识,PCK 与特定学科内容相关,分为与学科相关和与主题相关两种

第 2 章　TPACK 的构成要素及发展的内涵

续表

名称	限定与解释
技术知识(TK)	教师拥有的在教育中使用的各种新技术的知识。在该定义中,技术特指各种工具,即教育技术学中的"硬技术"
整合技术的学科内容知识(TCK)	教师使用新技术对学科领域的特定主题内容进行表征的知识。如使用软件几何画板呈现几何图形等
整合技术的教学法知识(TPK)	教师拥有的在一般化教学活动中使用新技术的知识。如教师使用新技术激发学生学习动机、开展协作学习的知识等
整合技术的学科教学知识(TPCK)	教师拥有的使用新技术开展各种与学科或主题相关的教学活动,表征特定主题内容,帮助学生学习的知识

(2)构成要素之间的关系

在 TPACK 框架解释模型中,Cox 重新解释了 TPACK 框架中七种知识之间的关系,特别是 TK、TCK、PCK、TPK 以及 TPCK 之间的关系,Cox 认为:TPCK 是 TCK、TPK 和 PCK 的子集。如果包含在 TPCK 中的技术被普遍接受,TPCK 就会转化为 PCK;而在教学中采用新技术,就会使得技术变得不透明,PCK 重新转化为 TPCK。这种转化特性同样适用于说明 TCK 与 CK、TPK 与 PK 之间的关系。如果不考虑 TPCK 中的学科内容表征,TPCK 就是 TPK;同样,如果不考虑 TPCK 中的教学活动,TPCK 就是 TCK。① Cox 用图 2-2 表示七种知识的关系。

根据以上解释,Cox 将 TPACK 看作是特殊的 PCK,Niess 也持类似观点②。

(3)理论与实践价值

TPACK 框架解释模型重新说明 TPACK 框架中七种知识之间的关系,并提出 TPACK 是特殊的 PCK 的观点。

---

① COX S A. Conceptual analysis of technological pedagogical content knowledge[D]. Brigham Young University,2008.

② NIESS M L. Preparing teachers to teach science and mathematics with technology: developing a technology pedagogical content knowledge[J]. Teaching and teacher education,2005,21(5):509-523.

师范生整合技术的学科教学知识(TPACK)发展实践模式研究

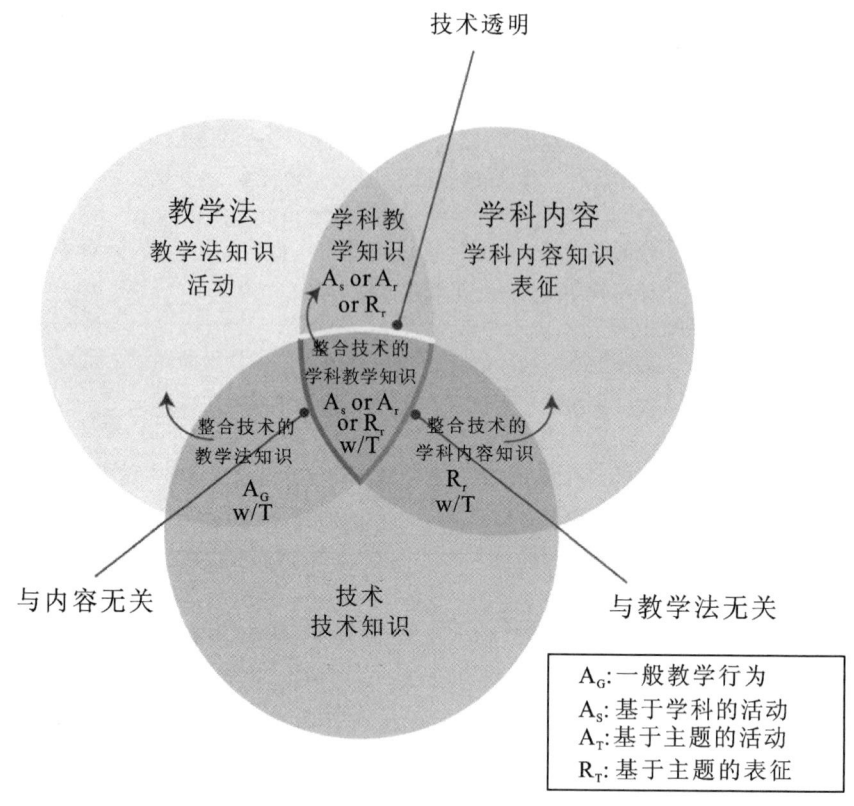

图 2-2 TPACK 框架解释模型构成要素关系图

3. ICT-TPCK

(1) 构成要素

塞浦路斯大学学者 Angli 和 Valanides 在实践中发现,教师整合技术开展教学的知识并不会随他们的技术知识(TK)、教学法知识(PK)和学科内容知识(CK)的变化自动产生变化。据此,他们认为 TPACK 是一种独立于 TK、CK 和 PK 之外的独特知识,能单独被发展和测量。她将这种知识定义为 ICT-TPCK。[1] 根据 Angli 和 Valanides 的定义,ICT-TPCK 由学科主题内容、教学法知识、学习者知识、境脉知识和信息通信技术知识复合生成。ICT-TPCK 定义

---

[1] ANGELI C, VALANIDES N. Epistemological and methodological issues for the conceptualization, development, and assessment of ICT-TPCK: advances in technological pedagogical content knowledge (TPCK)[J]. Computers & education, 2009(52): 154-168.

— 28 —

第 2 章 TPACK 的构成要素及发展的内涵

中各个要素的含义见表 2-3。

表 2-3 ICT-TPCK 中各个要素的含义

要素名称	描述
学科主题内容知识（subject matter content）	教师对特定学科内容和结构的理解
教学法知识（pedagogical knowledge）	一般性的教学原则和策略、课堂管理和组织的知识
学习者知识（knowledge of learner）	学习者在特定学习情境中的特征和事先形成的概念
境脉知识（knowledge of context）	影响教师整合技术开展教学的各种因素,包括教室环境、教育价值和目标、教师对教学和学习的认识等
信息通信技术知识（ICT knowledge）	教师知道如何使用计算机和软件,解决使用过程中遇到的问题
ICT-TPCK	教师关于工具及其教学价值的知识,综合学科内容、教学法知识和学习者知识,运用 ICT 提高教学和学习效率的知识;也包括教师的教学信念、实践经验等

（2）构成要素之间的关系

学科主题内容知识、教学法知识、境脉知识、学习者知识和信息通信技术知识（ICT）复合生成 ICT-TPCK,如图 2-3 所示。

（3）理论或实践价值

ICT-TPCK 定义提出 TPACK 的"转换观",即教师的学科主题内容知识、教学法知识、境脉知识、学习者知识和信息通信技术知识复合生成区别与以上所有知识的 ICT-TPCK。

4. TPACK-XL

（1）构成要素

土耳其学者 Saad 等基于 ICT-TPCK 提出 TPACK-XL 定义。在该定义中,

师范生整合技术的学科教学知识(TPACK)发展实践模式研究

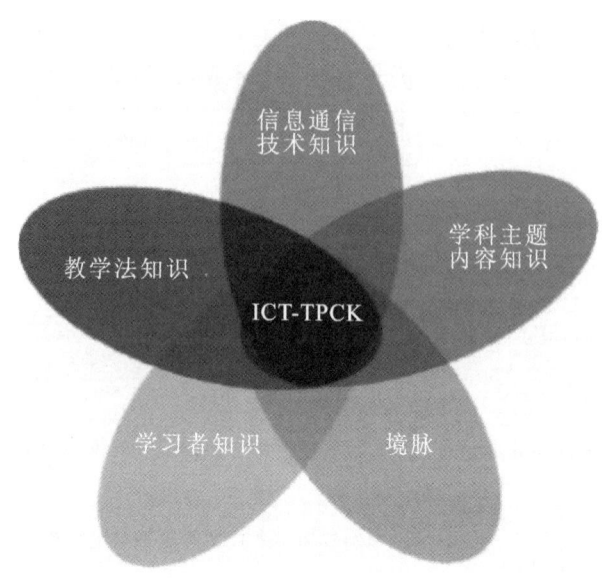

图2-3　ICT-TPCK定义中各个要素的关系图

TPACK共有31种知识构成,分为5个层次。第一层次是单一维度知识,包括技术知识、教学法知识、学科内容知识、学习者知识和境脉知识;第二层次的知识是由第一层次的单一维度知识两两复合生成;第三层次的知识是由三个不同的单一维度知识复合生成;第四层次、第五层次的知识分别是由四种和五种单一维度知识复合生成。①

在列举了31种知识的同时,Saad也对各种知识的学科属性进行说明。他认为TPACK-XL中的五种单一维度知识所属学科见表2-4。

表2-4　单一维度知识的学科属性

要素名称	学科属性
技术知识(T)	教育技术学(educational technology)
教学法知识(P)	教学论(pedagogy and didactics)

---

①　SAAD M M,BARBAR A M,ABOURJEILI S A R. A transformative view of ICT-TPCK for building preservice teacher knowledge base[J]. Turkish journal of teacher education,2012,1(2):41-60.

第 2 章　TPACK 的构成要素及发展的内涵

续表

要素名称	学科属性
学科内容知识(C)	主题内容所属的学科,如语文、数学等(academic/subject - matter discipline)
学习者知识(L)	教育心理学(educational psychology)
境脉知识(X)	教育社会学(educational sociology)

复合知识的学科属性则是其中各种单一知识所属学科的交叉。如技术学习者知识的学科属性是教育技术学和教育心理学两个学科交叉产生的学科。

(2)构成要素之间的关系

根据 TPACK - XL 定义,不同数量的五种基本知识复合生成其他知识,各种知识之间的关系如图 2 - 4。

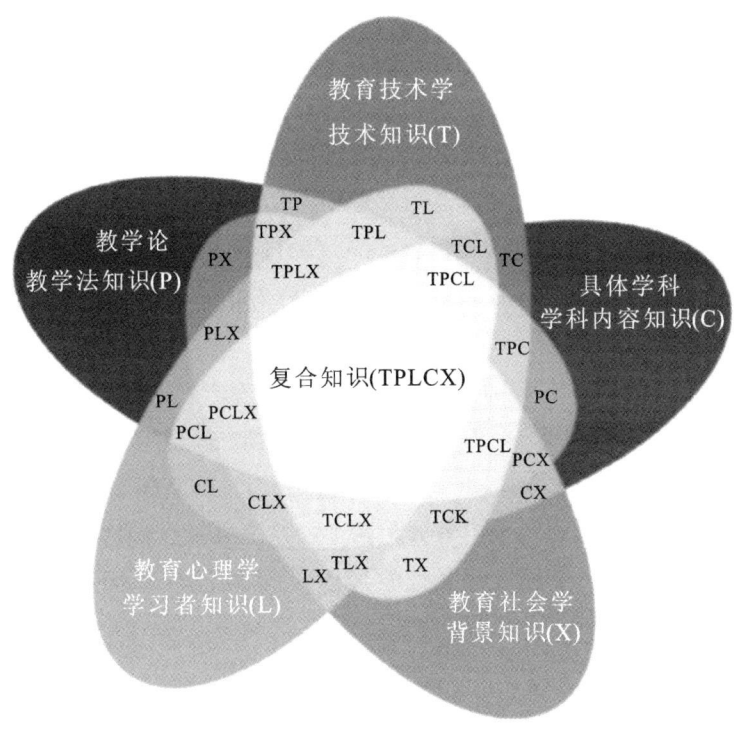

图 2 - 4　TPACK - XL 构成要素关系图

（3）理论与实践价值

这是融合了 TPACK 框架和 ICT – TPCK 两个定义的一种 TPACK 定义,该定义用 TPACK 框架构成要素的关系形式重新说明了 ICT – TPCK 定义中五种基本知识之间的关系。另外,该定义为说明 TPACK 构成要素提供了学科依据。

5. TPACK 深度模型(TPACK – deep model)

（1）构成要素

这是一个用于 TPACK 能力(TPACK competences)测量的定义。Yurdakul 等认为,TPACK 框架既是一个理论框架,也是一个实践框架,教师所具有的 TPACK 框架中的七种知识,在教学实践中会表现为相应的能力。教师整合技术开展教学的能力表现在以下四方面[①]:

设计(design):教师在进行特定学科内容教学之前,运用整合技术的教学法知识设计教学,丰富教学过程。例如,开发整合技术的课程教学计划、规划如何运用合适的技术更好地支持教学和学习等。

运用(exertion):教师整合技术开展教学及评价教学有效性。例如,应用合适的技术执行课程教学计划和开展不同形式的教学评价等。

伦理(ethics):教师在教学和学习环境中使用技术时,在教师职业道德和与技术相关的伦理两方面都能表现出合乎规范的行为。例如,在技术使用过程中尊重相关人员的隐私和技术版权,给所有学生提供相同的机会使用技术开展学习等。

熟练度(proficiency):教师在其学科领域成为专家,能够有效地将技术、教学内容和教学法进行整合,提出整合技术开展教学过程中碰到问题的解决方案,并从中选择出最好的方案。

在此定义中,TPACK 构成要素分为两个层次。第一个层次包括 TAPCK 框架中的七种知识;第二个层次是表征教师整合技术开展教学的能力的四个维度:设计、运用、伦理和熟练度。

---

① YURDAKUL I K,ODABASI H F,KILICER K,et al. The development, validity and reliability of TPACK – deep:a technological pedagogical content knowledge scale[J]. Computers & education ,2012,58:964 – 977.

(2)构成要素之间的关系

两个层次 11 个要素的关系如图 2-5。

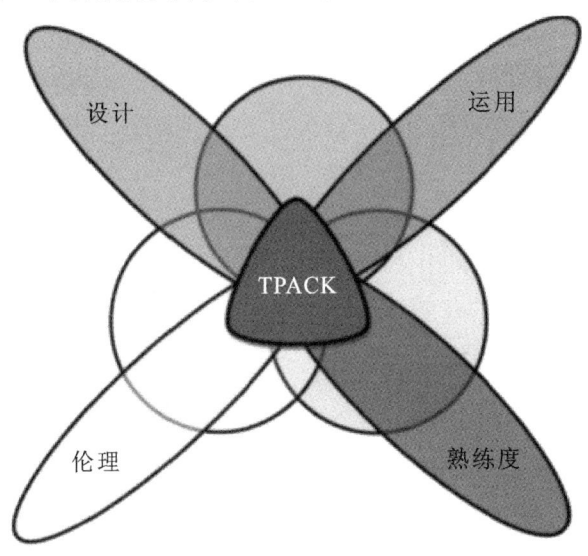

图 2-5 TPACK 深度模型构成要素关系图

如图 2-5 所示,TPACK 框架中的七种知识构成第一个层次的内容,第二层次的设计、应用、伦理和熟练度根植于以上七种知识,两个层次的内容作为一个整体表示教师整合技术开展教学的能力。

(3)理论与实践价值

基于 TPACK 框架,该定义说明了教师整合技术开展教学需具备哪些能力,将 TPACK 概念扩展到实践层面。

6. 多层次境脉 TPACK(multilevel contextual TPACK)

(1)构成要素

运用生态系统理论,新加坡学者 Chai 等在对 TPACK 框架境脉解析的基础上,提出了多层次境脉 TPACK。①

在该定义中,TPACK 整体是由七种知识和境脉构成。其中,七种知识是 PK、CK、TK、TCK、TPK、PCK 和 TPCK。境脉由物理/技术(physical/technological)环境、教师心理(intrapersonal)、教师个人人际关系(interpersonal)及文化

---

① CHAI C S, KOH E, LIM C P, et al. Deepening ICT integration through multilevel design of technological pedagogical content knowledge[J]. Computers & education, 2014, 1: 1-17.

(cultural)构成。这四个要素又被分为五个层次,前四个层次分别是宏观层次(macro – level)、中观层次(meso – level)、微观层次(micro – level)和外在层次(exo – level)。其中,微观层次主要是指教室,中观层次是指教育机构或教育管理部门,宏观层次是指政治和社会环境,而外在层次是指家庭和公司;第五个层次用于表达以上四个要素和前四个层次会随时间推移而产生的变化,即时间层次(chrono – level)。

(2)构成要素之间的关系

在多层次境脉 TPACK 中,TK、CK 和 PK 三种基本知识两两交互作用生成 TPK、TCK 和 PCK 知识,上述六种知识交互作用生成 TPCK。多层次境脉 TPACK 构成要素关系如图 2 – 6 所示。

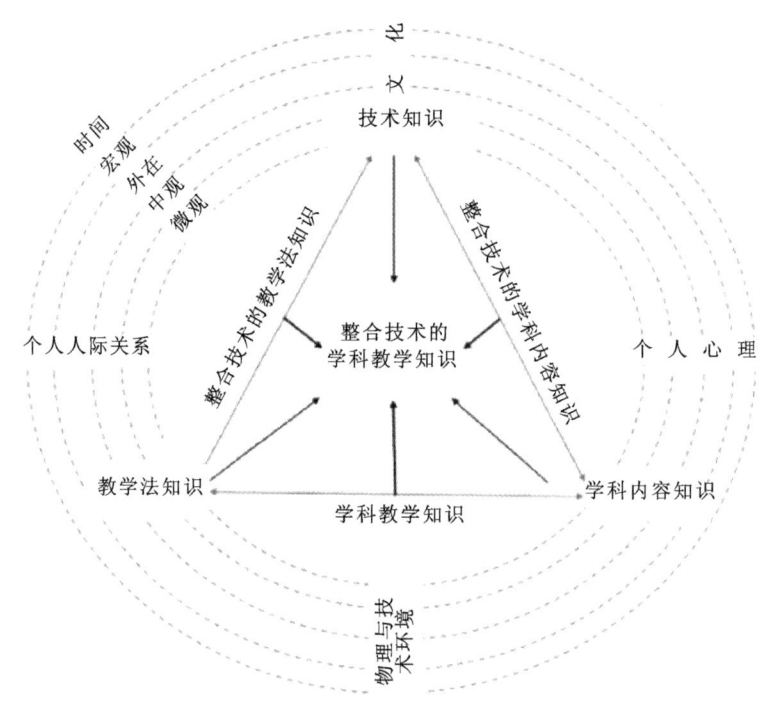

图 2 – 6　多层次境脉 TPACK 构成要素关系图

(3)理论与实践价值

该定义分类别、分层次说明了 TPACK 框架的境脉,细化了 TPACK 框架。

第2章 TPACK的构成要素及发展的内涵

7. TPACK 实践模型(TPACK – practical model)

(1)构成要素

土耳其学者 Ay 等和中国台湾学者 Yeh 等认为:教师教学经验对教师整合技术开展教学具有关键性的作用,而已有 TPACK 定义较少同时关注教师应用技术开展教学的知识与经验。运用德菲尔法,在提炼教师整合技术开展教学的技能的基础上,他们提出了 TPACK 实践模型。在该定义中,TPACK 包含两个层面的内容:整合技术开展教学的知识和整合技术开展教学的技能。其中知识包括:教学法知识、学科内容表征知识、工具效能知识和学习者知识。[1][2] TPACK 实践模型中的技能共有 8 项,分属 5 个维度,如表 2 – 5 所列。

表 2 – 5 TPACK 实践模型中的技能

技能	维度	技能说明
使用ICT理解学生	学习者知识	使用 ICT 了解学生的信息
		使用 ICT 识别学生学习中存在的问题
		使用不同技术帮助不同特征的学生学习
使用ICT理解学科内容	学科内容表征知识	使用 ICT 更好地理解学科内容
		使用合适的 ICT 更好地展示学科内容
规划整合技术的课程	课程设计	评价影响设计整合技术的课程的因素
		设计整合技术的教案或课程
使用ICT表征教学内容		使用合适的 ICT 展示教学内容
应用整合技术的教学策略		指出可以应用到整合技术的教学中的教学策略
		在整合技术的教学中使用合适的教学策略

---

[1] AY Y, ENGIN KARADAG M, ACAT B. The technological pedagogical content knowledge – practical (TPACK – practical) model: examination of its validity in the Turkish culture via structural equation modeling[J]. Computers & education, 2015, 88: 97 – 108.

[2] YEH Y F, HSU Y S, WU Y K, et al. Developing and validating technological pedagogical content knowledge – practical (TPACK – practical) through the Delphi survey technique[J]. British journal of educational technology, 2014, 45: 707 – 722.

续表

技能	维度	技能说明
应用 ICT 开展教学管理	学习实践	指出 ICT 在教学管理方面的利弊
		使用 ICT 辅助教学管理
将 ICT 融入教学情境		识别传统教学和整合 ICT 的教学之间的差异
		使用 ICT 辅助达成教学目标
		识别不同的 ICT 对教学的影响
		设计融合 ICT 教学的替代方案
使用 ICT 评价学生	评价	指导各种融合技术的教学评价
		识别传统评价方法和融合技术的评价方法之间的差异
		使用 ICT 评价学生的学习过程

(2) 构成要素之间的关系

在 TPACK 实践模型中,5 个维度的 8 项技能是建立在深入理解学习者知识、教学法知识、工具效能和学科内容表征知识及彼此间关系的基础上提出的,所有构成要素的关系如图 2-7 所示。

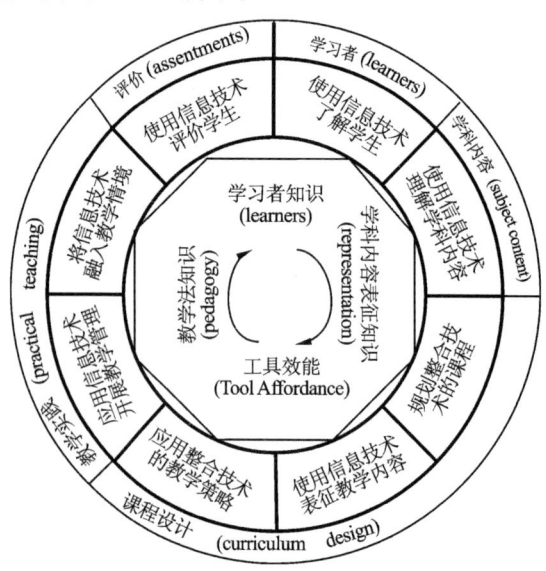

图 2-7　TPACK 实践模型构成要素关系图

第 2 章　TPACK 的构成要素及发展的内涵

（3）理论与实践价值

TPACK 实践模型不但把 TPACK 看作是由学习者知识、学科内容表征知识、教学法知识和技术知识组成的知识体,而且也认为其包含 8 项与整合技术开展教学相关的技能,将 TPACK 扩展实践层面,增强了其实践性。

8. TMACK

（1）构成要素

阮全友和杨玉芹认为:在整合技术的教学中,除了要求教师要具备整合技术的学科教学知识外,教学中另一个主体学生也需具备相应的知识。而已有 TPACK 定义主要强调这种教学情境中的教师知识,忽视了这种教学情境中的学生知识。[①] 为解决该问题,参照 TPACK 框架,阮全友和杨玉芹定义了整合技术的学科和策略知识（TSACK）,用于解释学生参与教师开展的整合技术的教学时应具备的知识。该定义保留了 TPACK 框架的基本结构,将其中的教学法知识替换为策略知识（SK）。策略知识（SK）、技术知识（TK）和学科内容知识（CK）三者复合形成四种知识:策略内容知识（SCK）、技术内容知识（TCK）、技术策略知识（TSK）、整合技术的学科和策略知识（TSACK）。

在定义 TSACK 的基础上,阮全友和杨玉芹进而认为 TPACK 框架中的教学法知识（PK）和 TSACK 中的策略知识（SK）都是一种提出问题、分析问题和解决问题的知识,属于一种方法论知识。据此,他们提出了整合技术的学科和方法论知识（TMACK）,用于说明在融合技术的教学中,师生需具备的共性知识。与 TPACK 框架类似,TMACK 包含:三种单一维度知识（技术知识（TK）、学科内容知识（CK）和方法论知识（MK））、四种复合知识（TCK、MCK、TMK 和 TMCK）,以及一个融合技术的教与学的境脉。

（2）构成要素之间的关系

TMACK 中各要素的关系与 TPACK 框架构成要素关系是一样的,即两个或两个以上的单一维度要素生成复合要素,单一维度和复合要素的理解都需要在特定的情境中进行。

（3）理论与实践价值

TMACK 说明在融合技术的教学中教师和学生两个主体的共性知识,是对

[①] 阮全友,杨玉芹.整合技术的学科和教学知识框架的发展:从 TPACK、TSACK 到 TMACK[J].中国远程教育,2014,11:20-26.

TPACK 框架的一种扩展。

9. TCPNet

(1)构成要素

针对 TPACK 框架存在的构成要素含义不清,要素之间关系不明等问题,闫志明和李美凤提出采用整合技术的学科知识网络(TCPNet)来解释 TPACK 框架中各构成要素的相互关系。[①] TCPNet 是由三种基本知识、六种作用关系和三种知识结构组成的知识网络。其中,三种基本知识是技术知识(TK)、学科内容知识(CK)和教学法知识(PK);六种作用关系分别是 TK 对 CK 的作用、TK 对 PK 的作用、CK 对 TK 的作用、CK 对 PK 的作用、PK 对 TK 的作用以及 PK 对 CK 的作用;三种知识结构是孤立点、双要素链和三要素环,孤立点是指没有与其他两种知识建立联系的技术知识、教学法知识和学科内容知识,双要素链是两种知识相互作用形成的知识结构,三要素环是由三种基本知识相互作用形成的环状知识结构。

(2)构成要素之间的关系

在 TCPNet 中,三种基本知识构成知识网络的孤立点,这些孤立点借助六种作用关系形成双要素链和三要素环,如图 2-8 所示。

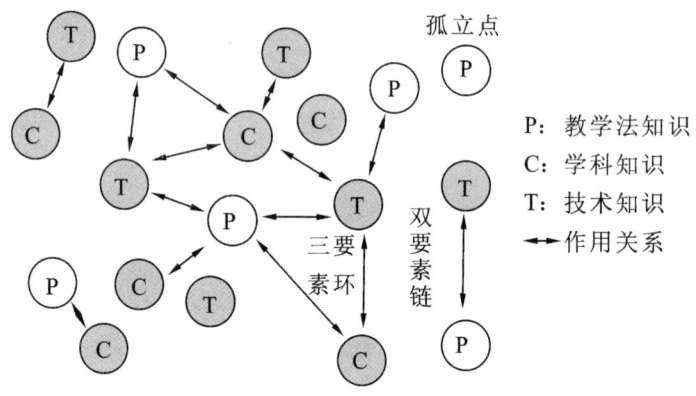

图 2-8 TCPNet 构成要素关系图

(3)理论与实践价值

TCPNet 理论是一种比较新颖的 TK、CK 和 PK 三种知识的关系,在一定程

[①] 闫志明,李美凤.整合技术的学科教学知识网络:信息时代教师知识新框架[J].中国电化教育,2012,2:58-63.

度上明晰了 TPACK 框架七种知识间的关系。

10. 情境化 TPACK 模型（contextualized TPACK model）

（1）构成要素

学者 Jang 和 Tsai 认为：TPACK 是由 PCK 进化形成的，因此，可以根据 PCK 的内涵来理解其包含的内容。基于 Grossman、Magnusson、Krajcik 和 Borko、Shulman 等对 PCK 的解释，他们认为 TPACK 包含四方面内容：TK、CK、PCKCX 和 TPCKCX。其中，CK 是指一定数量的学科内容知识在教师头脑中的重组，包括学科领域中的概念、事实以及它们的结构和相互联系的规则等；PCKCX 包括概念形成与表征的知识、教学技术、是什么使概念易于或者难于学习的知识、学生已具有的知识和特定教学情境中的认识论等；TK 是与信息技术相关的知识，既包括硬件知识也包括软件知识；TPCKCX 是在特定教学情境中设计整合技术的教学和学习的知识。[①]

（2）构成要素之间的关系

在情境化模型中，TPACK 被视为教师对 TK、CK、PCKCX 和 TPCKCX 四方面内容的综合性理解。TK、CK、PCKCX 和 TPCKCX 代表教师在特定的教学情境中应用技术开展教学应具备的四种不同知识。因此，情境化模型构成要素的关系如图2-9所示。

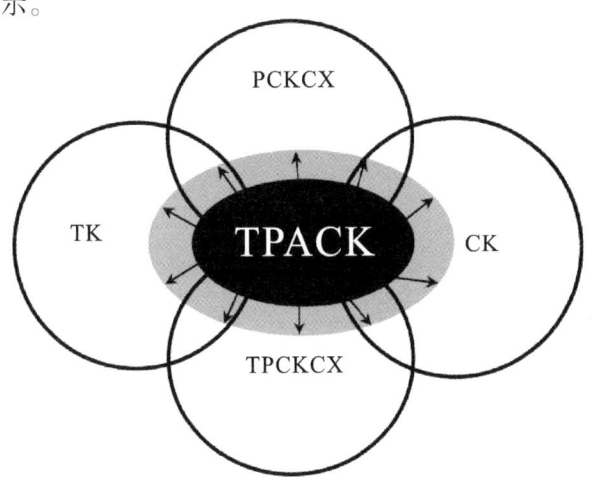

图2-9 情境化模型构成要素关系图

---

① JANG S J, TSAI M F. Exploring the TPACK of Taiwanese secondary school science teachers using a new contextualized TPACK model. Australasian journal of educational technology[J]. 2013, 29(4):566-580.

(3) 理论与实践价值

情境化 TPACK 模型应用 PCK 的内涵解释 TPACK,形成一种新的解释视角。

2.1.4　已有 TPACK 定义对比分析

美国学者 Mishra 和 Koehler 提出 TPACK 框架,形成最初的 TPACK 定义。然而,由于 TPACK 框架是一个高度抽象的概念性和分析性定义[1],它存在构成要素边界不清、没有对关键构成要素及其关系进行详细说明、包含内容不完整[2]以及缺乏牢固的理论基础[3][4]等问题。这些问题在宏观上弱化其理论价值,在微观上架空其实践指导力。[5] 后继研究者为解决这些问题,从不同角度对 TPACK 进行解释,形成其他各种定义。如前文定义详细描述所示,后继提出的定义都与 TPACK 框架有千丝万缕的联系。因此,笔者采用的定义对比分析思路是:将其他定义与 TPACK 框架进行对比分析,厘清它们之间的区别与联系。对比分析的内容包括:定义产生方式、其他定义与 TPACK 框架的联系和差异。

根据前文定义详细描述,以上三项内容对比分析结果见表 2-6。

表 2-6　TPACK 框架与其他定义的对比分析结果

定义名称	产生方式	与 TPACK 框架的联系	与 TPACK 框架的差异
TPACK 框架	在 PCK 中加入 TK 形成	—	—

---

[1] 焦建利,钟洪蕊. 技术-教学法-内容知识(TPACK)研究议题及其进展[J]. 远程教育杂志,2010,1:39-45.

[2] ORIT A U, YORAM E A. TPACK revisited: a systemic perspective on measures for predicting effective integration of innovative technologies in school systems[J]. Journal of cognitive education and psychology. 2014,13(1):19-31.

[3] NIESS M L. Investigating tpack: knowledge growth in teaching with technology. Journal of educational computing research[J]. 2011,44(3): 299-317.

[4] BRANTLEY DIAS L, ERTMER P A. Goldilocks and TPACK: is the construct "just right?"[J]. Journal of research on technology in education[J]. 2013, 46(2):103-128.

[5] 张静. 三重视角下融合技术的学科教学知识之内涵与特征[J]. 远程教育杂志,2014,1:87-95.

第 2 章　TPACK 的构成要素及发展的内涵

续表

定义名称	产生方式	与 TPACK 框架的联系	与 TPACK 框架的差异
TPACK 框架解释模型	通过限定和详解 TPACK 框架中的七种知识及其关系产生	沿用 TPACK 框架的构成要素	①对 TPACK 框架中的七种知识进行限定，重新解释 TK 与 TCK、TPK 和 TPCK，TPCK 与 TPK、TCK 和 PCK 的关系；②认为 TPACK 是特殊的 PCK
ICT-TPCK	在 TPACK 框架中加入学习者这一构成要素，并重构了基本要素的关系	沿用 TPACK 框架中的 PK、CK、TK 和境脉四个构成要素	①在基本要素中加入学习者要素；②将要素的复合方式改为所有基本要素一次性复合生成 ICT-TPCK；③认为 ICT-TPCK 与其他知识一样，是一种独立的知识
TPACK-XL	通过改变 ICT-TPCK 定义中的五种基本知识之间关系形成	使用 TPACK 框架三种基本知识的关系	①将 TPACK 框架中的七种知识扩展为三十一种；②指明各种知识的学科属性
TPACK 深度模型	通过在 TPACK 框架中加入设计、应用、伦理和熟练度四种要素形成	使用 TPACK 框架中的七种知识及其关系	将设计、运用、伦理和熟练度四项内容也作为 TPACK 的组成部分
多层次境脉 TPACK	通过细化 TPACK 框架的境脉形成	①采用 TPACK 框架的七种知识及其关系；②将 TPACK 框架的境脉细化为四个维度、五个层次	将境脉具体为文化、物理/技术环境、教师人际关系和个人心理，每个因素都包含宏观、中观、微观、外在和时间五个层次

续表

定义名称	产生方式	与TPACK框架的联系	与TPACK框架的差异
TPACK实践模型	在归纳总结教师整合技术开展教学的技能的基础上形成	采用TPACK框架中的三种基本知识（PK、TK和CK）	①将学习者知识也作为组成要素，并改变三种基本知识的表述；②从教师整合技术开展教学实践的视角解释TPACK
TMACK	通过替换TPACK框架中的PK形成	采用TPACK框架两种基本知识（TK、CK）和三种基本知识之间的关系	①将TPACK框架中的PK替换为MK；②用于说明信息技术环境下开展教学时师生共有的知识
TCPNet	使用系统理论和信息存储模式理论等重新解释TPACK框架中的三种基本知识的关系形成	采用TPACK框架中的三种基本知识	①用六种作用关系代替TPACK框架三种基本知识的复合关系；②用孤立点、双要素链和三要素环来说明TPACK框架中的复合型知识
情境化TPACK模型	用PCK的内涵解释TPACK框架中的七种知识形成	采用TPACK框架中的TK和CK、PCK和TPCK	重新解释TPACK框架中的PCK和TPCK，将PK并入PCK，将TCK、TPK并入TPCK

如表2-6所示，TPACK框架是通过扩展PCK形成的，而其他定义主要通过在TPACK框架中加入新的构成要素、重新定义构成要素之间的关系或详解已有构成要素的内涵与结构等方式产生。从定义产生方式看，十个定义之间的关系如图2-10。

第 2 章　TPACK 的构成要素及发展的内涵

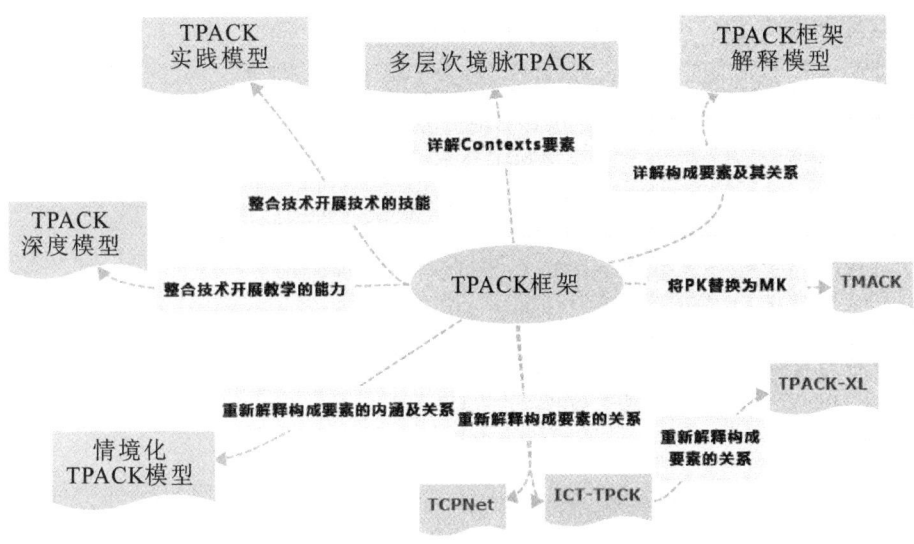

图 2-10　十个 TPACK 定义之间的关系

如图 2-10 所示,其他九个定义以 TPACK 框架为基础,通过四种方式产生。

第一,通过解释 TPACK 框架的构成要素及其关系产生。多层次境脉 TPACK、TAPCK 框架解释模型和情境化 TPACK 模型以这种方式产生。多层次境脉 TPACK 通过详解 TPACK 框架的境脉产生,TPACK 框架解释模型是在详解 TPACK 框架七种知识之间关系的基础上形成的,而情境化 TPACK 模型是借鉴 PCK 的内涵,重新解释了 TPACK 框架中的七种知识,将 PK 和 PCK,TCK、TPK 和 TPCK 合并形成的。

第二,通过改变 TPACK 框架中的构成要素产生。TMACK 是将 TPACK 框架中的 PK 修改为 MK 形成的。

第三,通过在 TPACK 框架中加入新的构成要素或改变构成要素的关系产生。TCPNet、ICT-TPCK 和 TPACK-XL 以此方式产生。ICT-TPCK 在 TPACK 框架中加入学习者知识要素,并改变了基本要素的复合方式;TPACK-XL 借鉴了 TPACK 框架中的三种基本知识的复合方式重构了 ICT-TPCK 中五个基本要素的关系,而 TCPNet 重构了 TPACK 框架中 PK、CK 和 TK 三种基本知识的关系。

第四,以 TPACK 框架提出的知识要素为基础,通过说明教师整合技术开展教学的能力或技能等产生定义。TPACK 实践模型和 TPACK 深度模型的产生属于这种方式。

以上四种定义产生方式,总体上分为两类:第一类是通过演绎 TPACK 框架产生新的定义,上述前三种方式属于这一类,它们都是通过解释、扩展或改变 TPACK 框架的构成要素及其关系形成新的定义。第二类是在说明教师整合技术开展教学能力或技能等的基础上产生定义,第四种方式属于这一类。

以上两类定义产生方式体现了两种不同的定义视角。第一类定义产生方式侧重于从理论层面说明教师整合技术开展教学的知识基础,而第二类定义产生方式着重在实践层面说明教师整合技术开展教学需要具备哪些能力或技能。这两类方式产生的定义说明的是 TPACK 不同侧面的内容,从本质上来说是统一的。

Mishra 和 Koehler 在提出 TPACK 框架时,明确指出其既是一种理论框架,也是一种实践框架。作为理论框架,TPACK 用于说明教师整合技术开展教学的知识有哪些,第一类定义产生方式形成的各个定义尝试回答此问题。作为实践框架,TPACK 能够指导教师开展整合技术的教学实践和教师 TPACK 发展实践,第二类定义产生方式形成的定义说明教师整合技术开展教学应具有的能力或技能等,具备实践引导功能。前者产生的各种定义体现的是 TPACK 的理论内涵,而后者产生的定义表现的是 TPACK 的实践功能。从两个视角产生的定义相互补充,系统全面地说明 TPACK 的内涵。

2.1.5 已有定义中的 TPACK 构成要素

依据前文所述,被分析的十个定义从整体上可以分为:说明教师整合技术开展教学的知识基础的定义、说明教师整合技术开展教学的能力或技能的定义。以下内容将对这两类定义说明的 TPACK 构成要素进行归纳与总结。

在分析的十个定义中,说明教师整合技术开展教学的知识基础的定义共有八个:TPACK 框架、TAPCK 框架解释模型、多层次境脉 TPACK、TMACK、ICT - TPCK、TCPNet、TPACK - XL 和情境化 TPACK 模型。其中,TPACK 框架解释模型和 ICT - TPCK 两个定义分别将 TPACK 视为特殊的 PCK 和一种独特的知识,与本书对 TPACK 的理解不同,因此,不对它们的构成要素进行分析。根据前文描述,其余六个定义说明的 TPACK 构成要素见表 2 - 7。

第 2 章　TPACK 的构成要素及发展的内涵

表 2-7　六个定义说明的 TPACK 构成要素

定义名称	构成要素
TPACK 框架	技术知识、教学法知识、学科内容知识、学科教学法知识、整合技术的学科内容知识、整合技术的教学法知识、整合技术的学科教学知识和境脉
多层次境脉 TPACK 模型	技术知识、教学法知识、学科内容知识、学科教学法知识、整合技术的学科内容知识、整合技术的教学法知识、整合技术的学科教学知识,境脉被分为文化、教师人际关系、教师心理、物理和技术环境四部分
TMACK	技术知识、学科内容知识、方法论知识、整合技术的学科内容知识、整合技术的方法论知识、学科方法论知识、整合技术的学科方法论知识和境脉
TCPNet	技术知识、学科内容、教学法知识,三种知识相互作用生成的双要素链和三要素环
TPACK-XL	技术知识、学科内容知识、教学法知识、学习者知识、境脉,五种知识复合生成的其他 26 种知识
情境化 TPACK 模型	技术知识、学科内容知识、特定教学情境下的学科教学法知识、整合技术的学科教学知识

综合表 2-7 中各个定义说明的 TPACK 构成要素发现,尽管各个定义对于 TPACK 由哪些知识构成存在分歧,但它们也表现出一定的相似性。六个定义均认为教师整合技术开展教学需要具备两大类知识:单一维度知识和复合型知识。对单一维度知识,TPACK 框架中包含技术知识、学科内容知识和教学法知识三种。这三种知识也是其他五个定义说明的单一维度知识的一部分。与 TPACK 框架不同,TPACK-XL 和 TMACK 两个定义将学习者或学生的知识作为单一维度知识中的一种。各定义中的复合型知识均是由不同数量的单一维度知识以不同方式复合生成的。

根据 Meredith 等对 TPACK 框架中境脉的解释,境脉包含教师个人因素、教师关于学生的知识、教师对于其身份认同等方面的内容。[①] 事实上,TPACK 框

---

① MEREDITH J C, SWALLOW M, OLOFSON W. Contextual understandings in the TPACK framework[J]. Journal of research on technology in education, 2017, 49: 228-244.

架中的境脉就包含关于学生的知识,但由于 Mishra 等在提出 TPACK 框架时,对境脉的解释比较模糊,未能使其在定义中得到体现。TPACK-XL 和 TMACK 两个定义将有关学生的知识作为教师整合技术开展教学的单一维度知识中的一种,是对原本包含在境脉中的这一要素进行强调说明。据此,本书认为,可以参照 TPACK 框架说明的知识来理解教师整合技术开展教学所需的知识,即在知识维度,TPACK 包含以下内容:TK、PK 和 CK 三种单一维度知识,TCK、PCK、TPK 和 TPCK 四种复合型知识,以及说明知识生成和应用情境的境脉。

在分析的十个定义当中,TPACK 深度模型和 TPACK 实践模型将 TPACK 视为教师整合技术开展教学的能力,这两个定义对 TPACK 构成要素的说明包括以下层次的内容:整合技术开展教学的知识和整合技术开展教学的技能及其他内容,具体见表 2-8。

表 2-8 两个定义说明的 TPACK 构成要素

定义名称	技能及其他内容	知识
TPACK 深度模型	设计、应用、道德和熟练度	TPACK 框架中的七种知识
TPACK 实践模型	使用 ICT 理解学生,使用 ICT 理解学科内容,规划整合技术的课程,使用 ICT 表征教学内容,应用整合技术的教学策略,应用 ICT 开展教学管理,将 ICT 融入教学情境,使用 ICT 评价学生	学习者知识,教学法知识,工具效能知识,学科内容表征知识

在提出定义的同时,以上两个定义提出者都各自开发了测量量表来评价教师整合技术开展教学的能力(TPACK 能力)或技能。通过对比分析,笔者发现,尽管存在差异,但两份测量量表都针对以下内容开展评价:整合技术表征学科内容、整合技术的教学过程和活动设计,整合技术开展教学评价以及辅助学生学习的知识与技能。两份量表的主要差异表现在 TPACK 深度模型测量量表中包含教师整合技术开展教学的伦理道德方面的内容。

综合 TPACK 深度模型和 TPACK 实践模型这两个定义说明的构成要素,笔者以为,它们涉及三方面的内容:整合技术开展教学的知识、整合技术开展教学的技能、整合技术开展教学的道德。在整合技术开展教学的知识方面,TPACK 深度模型有七种,即 TPACK 框架中的七种知识;而 TPACK 实践模型则有四种,

第2章 TPACK 的构成要素及发展的内涵

即学习者知识、教学法知识、工具效能知识和学科内容表征知识,其中工具效能知识相当于 TPACK 框架中的 TK,学科内容表征知识相当于 TPACK 框架中的 CK。两个定义描述的技能主要包括整合技术表征和传递学科内容、开展教学评价、进行教学管理、辅助学生学习以及设计和实施整合技术的教学过程和活动。整合技术开展教学的道德包括在教师职业道德和信息道德规范内合理使用技术开展教学的意识和行为。

综合以上论述,可以认为,八个定义说明的 TPACK 构成要素总体上有四类:整合技术开展教学的知识、整合技术开展教学的技能、整合技术开展教学的道德以及影响整合技术开展教学的境脉。它们均包含各自具体的内容,如图 2 – 11。

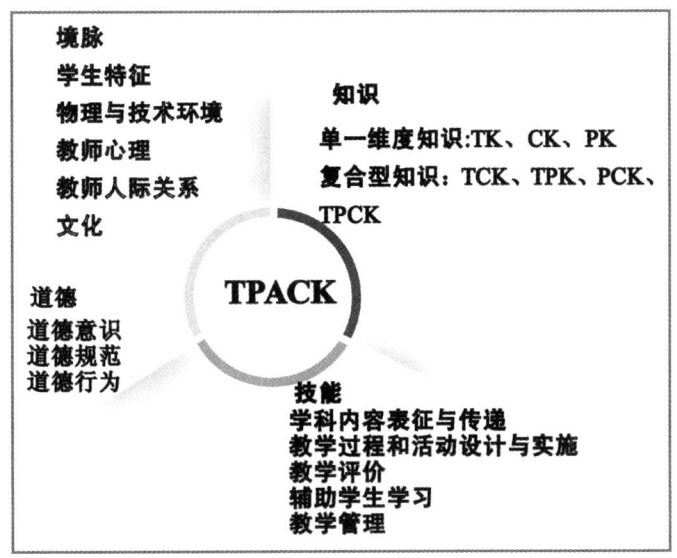

图 2 – 11　八个定义描述的 TPACK 构成要素

根据定义详细描述,说明教师整合技术开展教学的知识基础的六个定义使用了两种关系来描述单一维度知识和复合型知识之间的关系:"复合""相互作用"。

"复合"是指两种或两种以上的单一维度知识交互生成复合型知识。TPACK 框架、多层次境脉 TPACK、TMACK、TPACK – XL 四个定义使用了这种关系说明单一维度知识和复合型知识之间的关系。

定义 TCPNet 使用"相互作用"说明不同知识之间的关系。在这种关系中任何一种单一维度知识都会对其他两种单一维度知识产生影响,三种单一维度知识相互作用形成六种作用关系,它们借助六种关系形成双要素链和三要素环。

双要素链和三要素环相当于 TPACK 框架中的复合型知识。

值得进一步指出的是,在所有定义当中,单一维度知识和复合型知识都是教师整合技术开展教学必须具备的,它们并无主次之分。

TPACK 深度模型和 TPACK 实践模型两个定义都将整合技术开展教学的知识、技能与道德等视为彼此相对独立而又有联系的因素。虽然它们都认为教师整合技术开展教学的技能和道德与他们具备的知识有密切联系,但均并未对它们之间的关系进行深入说明。

2.2 TPACK 构成要素

2.2.1 TPACK 构成要素概述

定义对比分析结果表明,被分析的定义从理论和实践两个层面说明 TPACK 构成要素,这些要素总体上包括:整合技术开展教学的知识、整合技术开展教学的技能、整合技术开展教学的道德以及影响整合技术开展教学的境脉。如图 2-11 所示,整合技术开展教学的知识包括 TK、CK 和 PK 三种单一维度知识,TCK、TPK、PCK 和 TPCK 四种复合型知识。教师整合技术开展教学的技能主要有:整合技术表征和传递学科内容、教学评价、辅助学生学习、管理教学的技能,以及设计与实施整合技术的教学过程和活动的技能。整合技术开展教学的道德是在教师职业道德和信息道德规范内进行教学的意识与行为。影响整合技术开展教学的境脉由文化、物理与技术环境,教师个人心理和人际关系以及学生特征构成。

学者 Paratore 等认为影响教师应用信息技术进行教学的因素整体上有两类:内在因素(internal factors)和外在因素(external factors)。其中,内在因素包括:教师具有的使用技术进行教学的知识、技能和经验,教师对使用技术开展教学的态度和信念以及教师在应用技术进行教学过程中产生的自我效能感等。外在因素是与应用技术开展教学相关的管理支持、职业发展和技术支持,以及可访问的资源等。[1] 徐鹏认为:教师使用技术开展教学需要具有一定的知识。这种知识的习得与应用受内在要素和外在因素的影响。内在因素包括动机因

---

[1] PARATORE J R, O'BRIEN L M, JIMENEZ L, et al. Engaging preservice teachers in integrated study and use of educational media and technology in teaching reading[J]. Teaching and teacher education, 2016, 59: 247-260.

素和自我效能因素;外在因素包括教师培训因素、职业发展因素、人为因素、学校因素和政策制度因素。其中,人为因素是指领导、同事和学生的影响。综合上述两种观点,影响教师整合技术开展教学的内在因素有知识、经验、技能和心理等,它们都是教师自身的因素。外在因素有环境与资源因素、政策制度因素、职业发展与培训因素和人为因素等,它们都是教师自身之外的其他因素。[①]

在教师整合技术开展教学方面,我国教育管理部门已出台一些文件对相关能力提出要求。这些文件除对整合技术开展教学的知识和技能、意识与态度等进行规定外,在道德层面提出一定的要求。如规定教师要"具备信息道德与信息安全意识,能够以身示范"[②],要"能向学生示范并传授与技术利用有关的法律法规知识和伦理道德观念"[③]等。按照相关要求,我国中小学教师在整合技术开展教学时,需要有道德意识,并且表现出合乎道德规范的技术使用行为。

综合以上观点,将前文分析的八个定义说明的TPACK构成要素分为内在要素和外在要素两类。其中,内在要素包括整合技术开展教学的知识、心理、技能和道德,外在要素则是与整合技术开展教学相关的物理与技术环境、文化、教师个人人际关系以及学生特征。有效的教师整合技术的教学实践是内在要素和外在要素共同作用的结果,教师需对这两类要素都有一定的理解。TPACK构成要素如图2-12所示。

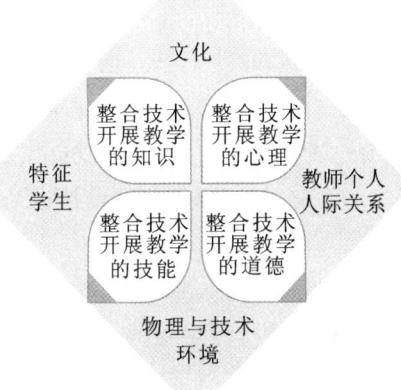

图2-12 TPACK构成要素

[①] 徐鹏.整合技术的学科教学知识影响因素模型构建研究[D].长春:东北师范大学,2014.
[②] 中华人民共和国教育部.教育部办公厅关于印发《中小学教师信息技术应用能力标准(试行)》的通知[EB/OL].[2019-10-15].http://old.moe.gov.cn/publicfiles/business/htmlfiles/moe/s6991/201406/170123.html.
[③] 中华人民共和国教育部.教育部关于印发《中小学教师教育技术能力标准(试行)》的通知[EB/OL].[2019-10-12].http://old.moe.gov.cn/publicfiles/business/htmlfiles/moe/moe_496/201212/145623.html.

2.2.2 TPACK 内在构成要素

1. 整合技术开展教学的知识

整合技术开展教学的知识包括单一维度知识和复合型知识两类。单一维度知识有 TK、PK 和 CK，复合型知识有 TCK、PCK、TPK 和 TPCK。对于以上七种知识的内涵，本书采用学者 Cox 的解释，如前文表 2-2 所示。

2. 整合技术开展教学的心理

学者 Scherer 等[1]、Kale[2]、Yerdelen-Damar 等[3]、Chai 等[4]、Kim 等[5]注意到一些心理因素会对教师整合技术开展教学产生重要影响，它们包括：态度（attitude）、信念（belief）、意愿（awareness）、意图（intention）以及自我效能感（self-efficacy）等。Kale 总结了部分心理因素与教师整合技术开展教学之间的关系，认为只有教师首先要意识到技术对教学和学习的益处以及可能带来的负面影响，认识到技术对教学的效能，对应用技术开展教学持积极态度，才有可能有效地整合技术开展教学。Angeli 和 Valanides 认为教师拥有的教育信念对他们产生整合技术开展教学的意愿和自我效能感等均会产生影响，而教师所持有的整合技术开展教学的态度、意愿及自我效能感等与其 ICT-TPCK 水平具有正相关关系。[6] 为此，他们都将与整合技术开展教学相关的态度、信念、意愿、意图和自

---

[1] SCHERER R, TONDEUR J, SIDDIQ F, et al. The importance of attitudes toward technology for pre-service teachers' technological, pedagogical, and content knowledge: comparing structural equation modeling approaches[J]. Computers in human behavior, 2018, 80:67-80.

[2] KALE U. Technology valued observation and review activities to enhance future teachers' utility value toward technology integration[J]. Computers & education, 2018, 117:160-174.

[3] YERDELEN-DAMAR S, BOZ Y, AYDIN-GÜNBATAR S. Mediated effects of technology competencies and experiences on relations among attitudes towards technology use, technology ownership, and self efficacy about technological pedagogical content knowledge[J]. Journal of science education and technology, 2017, 26:394-405.

[4] CHAI C S, CHIN C K, KOH J H L, et al. Exploring Singaporean Chinese language teachers' technological pedagogical content knowledge and its relationship to the teachers' pedagogical beliefs[J]. Asia-Pacific education researcher, 2013, 22(4):657-666.

[5] KIM C M, KIM M K, LEE C J, et al. Teacher beliefs and technology integration[J]. Teaching and teacher education, 2013, 29:76-85.

[6] ANGELI C, VALANIDES N. Epistemological and methodological issues for the conceptualization, development, and assessment of ICT-TPCK: advances in technological pedagogical content knowledge (TPCK)[J]. Computers & education 2009, 52:154-168.

我效能感等作为 TPACK 的组成部分。

在本章分析的定义中,Angeli、Chai 等将与整合技术开展教学相关的心理因素作为境脉的一部分,本书将其视为与整合技术开展教学的知识并列的一类因素。这样处理的依据有以下三方面:

第一,依据 Paratore 和徐鹏对影响教师整合技术开展教学的因素的分类思想,笔者将 TPACK 构成要素划分为内在要素和外在要素两类,而在他们的分类中,心理因素属于内在要素。

第二,我国中小学教师教育技术能力标准包含意识与态度、知识与技能、应用与创新和社会责任四个能力维度,其中意识与态度属于心理层面的内容,并和知识与技能等是并列的。

第三,学者 Ertmer 认为教师整合技术开展教学存在两重障碍:第一重障碍是与整合技术开展教学相关的环境、资源、知识与技能等;第二重障碍是教师的教学信念等[1]。而且,Ertmer 也认为教师要成为合格的整合技术开展教学的实践者,必须同时清除两重障碍[2]。本书认为,TPACK 发展的目标是帮助教师(包括师范生)成长为合格的整合技术开展教学的实践者。从发展的角度来看,整合技术开展教学的心理应该与知识、技能等同。

3. 整合技术开展教学的技能

参照 TPACK 深度模型和 TPACK 实践模型两个定义的说明,整合技术开展教学的技能指教师在一定信息技术环境下,针对特定学科内容,合理使用技术进行教学的技能,包括:应用技术表征和传递学科内容、开展教学评价、辅助学生学习和教学管理,以及设计与实施技术支持的教学过程和活动的技能。

4. 整合技术开展教学的道德

整合技术开展教学的道德是指与整合技术开展教学相关的道德规范、意识与行为。

---

[1] ERTMER P A. Addressing first – and second – order barriers to change:strategies for technology integration[J]. Educational technology research and development,1999,47(4):47 – 61.

[2] ERTMER P A. Teacher pedagogical beliefs:the final frontier in our quest for technology integration[J]. Educational technology research & development,2005,53(4):25 – 39.

2.2.3 TPACK 外在构成要素

1. 物理与技术环境

物理与技术环境是指国家、社会以及教育机构为教师开展整合技术的教学提供的基础设施和支持等。例如,是否提供教师开展教学所需的软件和硬件、教师是否能方便快捷地使用软件和设备;是否有专门人员协助教师解决在教学中碰到的技术使用问题等。

2. 文化

文化包括国家政策、社会氛围、教育管理部门和学校对教师教学的期望,能够提供的教学资源和颁发的课程标准与课程结构,以及社会人员对整合技术开展教学的信念等。

3. 学生特征

学生特征包括学生的知识背景、对应用技术开展学习的态度和信念、个人的兴趣爱好以及技术使用技能和经验等。

4. 教师个人人际关系

教师个人人际关系是指影响教师整合技术开展教学的同事关系、与学生之间的关系等。

2.2.4 TPACK 构成要素之间的关系

TPACK 的内外八种构成要素在理论与实践两个层面说明 TPACK 的内涵,是一个有机整体。

首先,它们统一于对"教师整合技术开展教学需要知道什么?"这一问题的回答当中。TPACK 作为一个理论框架,它至少需要回答以下四个问题:①为何要整合技术开展教学?②何时整合技术开展教学?③用何技术开展教学?④如何整合技术开展教学?八个构成要素比较全面地解答了以上问题。

第一,教师整合技术开展教学一方面源自于国家、社会和各级各类教育管理部门的要求,例如,我国《中小学教师教育技术能力标准》等文件将整合技术开展教学列为教师的基本能力,它们在一定程度上规定了我国中小学教师需要在教育教学中整合技术开展相关活动;另一方面源自于教师对技术在教学中的功能与价值的认同,教师意识到技术可能给他们的日常教育教学工

第 2 章　TPACK 的构成要素及发展的内涵

作带来的益处是他们应用技术开展教学的内在驱动力。除此之外,周围同事的示范与帮助同样也能对教师整合技术开展教学产生影响。在本节说明的构成要素中,外在要素中的物理与技术环境、文化和教师个人人际关系以及内在要素中的整合技术开展教学的心理均解答"为何要整合技术开展教学?"这一问题。

第二,在教学中教师能够在合适的时间选择合适技术来支持教学活动源自于他们对于技术、学科内容、教学方法三者关系的深入理解,本节说明的构成要素中的整合技术开展教学的知识意在解释技术、学科内容和教学法之间的复杂关系,而整合技术开展教学的技能意在指明教师应用技术进行教学要开展的活动,它们共同回答了"何时整合技术开展教学以及用何技术开展教学?"这一问题。

第三,教师整合技术开展教学有特定的程序与方法,也有一定的道德要求。在本节说明的构成要素中,整合技术开展教学的知识和技能既指明技术与教学整合的方向:技术与学科知识整合(TCK)、技术与教学方法整合(TPK)以及技术与学科知识教学整合(TPCK);同时也说明与此相关的技能:应用技术表征和传递学科内容、开展教学评价、辅助学生学习和教学管理,以及设计与实施技术支持的教学过程和活动的技能。整合技术开展教学的道德说明的是教师在应用技术开展教学时,要有道德意识,并表现出合乎道德规范的行为。而学生特征意在说明教师整合技术开展教学要考虑与学生相关的因素。整合技术开展教学的知识、技能和道德以及学生特征这些要素回答了"如何整合技术开展教学?"这一问题。

其次,八个构成要素统一于教师整合技术的教学实践当中。

第一,根据知识的定义,整合技术开展教学的知识是人们获得的相关经验和理论的总和[1];参照学者李克东对教学技能的解释,整合技术开展教学的技能是教师在教学中运用相关知识和理论促进学生学习的一系列整合技术的教学行为方式[2]。整合技术开展教学的知识是教师开展整合技术的教学的经验与理论,它们能够帮助教师知道如何应用技术开展教学。而整合技术开展教学的技能是教师应用技术开展教学的行为方式,它能够帮助教师顺利完成整合

---

[1] 熊秀华,杨丽飞. 论知识、能力、素质的相互关系[J]. 社会科学界(增刊),1999:121-122.
[2] 李克东. 教师职业技能训练教程[M]. 北京:北京师范大学出版社,1994.

技术的教学实践。整合技术开展教学的知识是整合技术开展教学的技能形成的基础,是其发展的源泉。整合技术开展教学的技能是对整合技术开展教学的知识的运用、深化和创新,是整合技术开展教学的知识的外在表现。整合技术开展教学的技能提高能够促进整合技术开展教学的知识的更新和完善。整合技术开展教学的知识和技能是教师整合技术开展教学实践的双翅,缺一不可。

第二,整合技术开展教学的心理与整合技术开展教学的知识和技能形成具有密切关系,并且会对技术在教学中应用的成败产生重大影响。[①] 首先,它会影响教师对拥有知识的看法和使用,积极正确的态度与信念能够有效地引导教师开展整合技术的教学实践,促进整合技术开展教学的技能发展;其次,教师拥有的整合技术开展教学的知识是其积极正确的态度与信念形成的基础,所开展的整合技术的教学实践有助于改变教师对于使用技术进行教学的态度与信念。[②]

第三,教师应当遵循一定的道德规范开展教学实践,唯有这样才能实现知识自身效用。[③] 整合技术的教学实践,同样应该如此。整合技术开展教学的道德能够规范技术在教学实践中的应用,让技术发挥预期的教育功能。整合技术开展教学的道德和知识相依相存,是实现整合技术的教学实践良性运行的保证。对整合技术的教学实践而言,需要有道德规范来引导与约束教师的技术使用行为。

第四,任何整合技术的教学实践都是在特定的文化、物理与技术环境和面向特定的教学对象进行的。文化为教师开展整合技术的教学实践营造社会氛围、提供政策指引,物理与技术环境为教师开展整合技术的教学实践提供技术基础,人际关系为教师开展整合技术的教学实践提供示范与帮助,而教学对象影响着教师对技术的选择和应用。它们从不同的角度影响与制约着整合技术的教学实践。

[①] 岳群智,王爱华.教师 TPACK 发展的心理动力分析[J].开放教育研究,2016,22(6):112 - 118.

[②] VEAL W R. Beliefs and knowledge in chemistry teacher development [J]. International journal of science education, 2004,26(3):329 - 351.

[③] 陈微."知识道德"新论[J].社会科学,2000,5:34 - 38.

2.2.5 TPACK构成要素与其他相关概念构成要素的关系

1. 与TPACK框架构成要素的关系

TPACK构成要素是TPACK框架构成要素的细化与重组。

在TPACK框架中,Mishra和Koehler总体上将TPACK构成要素分为两类:知识和境脉。然而,他们并没有对境脉包含哪些具体内容进行详细说明。在后续研究中,其他学者对境脉进行解释,逐渐明晰了其中的内容。本书在确定TPACK构成要素时,使用了TPACK框架中的七种知识,依据其他学者对TPACK内涵的理解和对境脉的解释,从整体上将构成要素分为内在要素和外在要素两大类。其中,内在要素包含整合技术开展教学的知识、心理、技能和道德。整合技术开展教学的知识是TPACK框架中的七种知识,整合技术开展教学的技能与道德来自于相关学者对TPACK内涵在实践层面的理解,而心理要素则来自相关学者对TPACK框架境脉的解释。而外在因素是TPACK框架的境脉除去心理因素之后的其他因素。

在提出TPACK框架时,Mishra和Koehler就明确指出其既是一个理论框架,也是一个实践框架。作为一个理论与实践框架,TPACK框架一方面说明教师整合技术开展教学的知识基础,另一方面能够指导整合技术的教学实践。然而,TPACK框架只描述了教师整合技术开展教学需具备的领域知识(field knowledge),并没有说明它如何指导整合技术的教学实践[1]。具备必要的领域知识是教师整合技术开展教学的前提基础,真实的教学实践还与教师的心理、技能与道德等密切相关。[2] 本节通过定义分析得到的TPACK构成要素对这些因素都进行详细说明,使得TPACK概念的实践特征进一步加强,较TPACK框架对TPACK构成要素的说明更详细,也更完整。

2. 与教育技术能力标准四个能力维度的关系

在确定TPACK构成要素以及对构成要素进行分类时,本书尝试将它们与

---

[1] GOKDAS I, TORUN F. Examining the impact of instructional technology and material design courses on technology pedagogical education competency acquisition according to different variables[J]. Educational sciences: theory & practice, 2017, 17: 1733-1758.

[2] ERTMER P A. Teacher pedagogical beliefs: the final frontier in our quest for technology integration[J]. Educational technology research & development, 2005, 53(4): 25-39.

我国中小学教师教育技术能力标准中的四个能力维度建立一定联系,以深化概念本土化。

从内容上看,我国中小学教师教育技术能力标准(教学人员)将教育技术能力定义为由四个能力维度、十四项一级指标构成的体系。四个能力维度及其一级指标分别是:①意识与态度,包括重要性的认识、应用意识、评价与反思和终身学习四项一级指标;②知识与技能,包括基本知识和基本技能二项一级指标;③应用与创新,包括教学设计与实施、教学支持与管理、科研与发展和合作与交流四项一级指标;④社会责任,包括公平利用、有效应用、健康使用和规范行为四项一级指标。[①] 通过定义分析,将 TPACK 构成要素分为内在要素和外在要素两类,内在要素包括整合技术开展教学的知识、技能、心理和道德,外在要素是影响整合技术开展教学的物理与技术环境、文化、教师个人人际关系和学生特征。四个内在要素的确定借鉴和参考了教育技术能力标准的四个能力维度。其中,整合技术开展教学的知识对应"知识与技能"维度,教学技术开展教学的心理对应"意识与态度"维度,整合技术开展教学的技能对应"应用与创新"维度,整合技术开展教学的道德对应"社会责任"维度。建立这种对应关系的理由是四个能力维度中的一些一级指标的内容与四个内在要素包含的内容具有相关性。如能力标准"知识与技能"维度一级指标基本技能所列举的技能与整合技术开展教学的知识中的 TK、TCK、TPK 和 TPCK 四种知识有关系;"应用与创新"维度一级指标教学支持与管理所列举的内容与整合技术开展教学的技能的内容是相似的;社会责任维度各个一级指标列举的内容是整合技术开展教学的道德的具体化;意识与态度维度一级指标应用意识中的内容与整合技术开展教学的心理中的态度等有相似性。

两者的区别在于,本节说明的 TPACK 构成要素侧重于从信息技术与学科知识教学融合的视角解释教师需要具有的知识、技能、心理和道德,偏向于在具体的实践层面进行说明。而教育技术能力标准侧重于从教育技术应用的视角来说明相关内容。从教育技术与信息技术的关系上来看,教育技术能力包含更宏观、更丰富的内容,包括信息技术与教学融合相关的知识、技能、心理和道德,但它是一种凌驾于学科领域和技术应用环境之上、抽象的和一般性的描述。

---

① 中华人民共和国教育部. 中小学教师能力标准(施行)[S]. 中国电化教育,2005,2(217):5-9.

2.3 TPACK 发展的内涵解析

《辞海》和《现代汉语词典》将"发展"释义为：事物由简单到复杂、由小到大、由低级到高级的变化；发育、进展；组织规模等扩大或开展、进步。从以上释义中，不难发现"发展"一词蕴含"过程""阶段""变化"等语义。据此，"发展"一词可以理解为事物变化的过程。事物的变化过程是什么样的，以及最终会演变成什么样，是由事物自身特性决定。据此，可以将 TPACK 发展理解为 TPACK 构成要素表现出应有的变化。

基于学者 Paratore 和徐鹏对影响教师整合技术开展教学的因素的分类方式，本书将 TPACK 构成要素分为内在要素和外在要素。对于这两类因素，Paratore 等认为在教师整合技术开展教学实践时，内在因素扮演着更重要的角色。如果教师缺乏必要的整合技术开展教学的知识、心理和技能，那么外在要素无论对于谁，它们都是没有差异的[1]，学者 Lee Y 和 Lee J 也持有类似观点[2]。同时，Paratore 等还认为，教师教育项目对于学校之外的影响教师整合技术开展教学的外在因素几乎不会产生影响，但会对与整合技术开展教学相关的态度、信念、自我效能感、知识和技能等产生实质性影响。[3]

据此笔者认为，师范生 TPACK 发展应该是内在要素的发展，具体是：提升整合技术开展教学的知识水平，培养整合技术开展教学的技能，形成整合技术开展教学的心理，以及形成遵循道德规范应用技术进行教学的意识和行为。

1. 提升整合技术开展教学的知识水平

具备一定的 TK、PK、CK、TCK、PCK、TPK 和 TPCK 是师范生有效整合技术开展教学的先决条件。因而，TPACK 发展首先要解决的问题是让师范生掌握整

---

[1] PARATORE J R, O'BRIEN L M, JIMENEZ L, et al. Engaging preservice teachers in integrated study and use of educational media and technology in teaching reading[J]. Teaching and teacher education, 2016, 59: 247-260.

[2] LEE Y, LEE J. Enhancing pre-service teachers' self-efficacy beliefs for technology integration through lesson planning practice[J]. Computers & education, 2014, 73: 121-128.

[3] PARATORE J R, O'BRIEN L M, JIMENEZ L, et al. Engaging preservice teachers in integrated study and use of educational media and technology in teaching reading[J]. Teaching and teacher education, 2016, 59: 247-260.

合技术开展教学的基础知识,即提升七种知识的水平。

2. 培养整合技术开展教学的技能

针对特定的学科内容,开展整合技术的教学,师范生需要根据教学情境选择合适的技术来展示教学内容,传递教学信息,支持师生教与学的活动,对教学过程进行监督和管理,以及评价教学效果等。即在整合技术的教学实践中,师范生需具备应用技术进行学科内容表征和传递、辅助学生学习、管理教学和评价教学效果技能,以及设计与实施技术支持的教学过程和活动的技能。这些技能需要在TPACK发展过程中来培养。

3. 形成整合技术开展教学的心理

师范生整合技术开展教学的心理对他们开展整合技术的教学实践会产生极其重要的影响,决定着他们采用何种教学决策和行为开展教学,导致不同的技术使用行为。根据技术接受模型的观点,要让人们产生真正的技术使用行为,首先要改变他们对于技术的态度、技术使用意愿和意图。因此,TPACK发展在帮助师范生掌握整合技术开展教学所需的各种知识与技能同时,也要促使他们形成使用技术开展教学的态度与信念,产生整合技术进行教学的意愿与意图。唯有如此,才能促使师范生在未来的教学中产生自主地整合技术开展教学的行为。

4. 形成遵循道德规范应用技术进行教学的意识和行为

信息技术在教学中应用,在对教学和学习带来积极变化的同时,也产生诸如技术版权、学习者隐私以及学习者是否能够公平地使用技术开展学习等诸多道德层面的问题。教师对这些问题的处理方式一方面会影响教学的开展,另一方面也会影响学生对这些问题的认知。师范生作为未来的教师,应该形成对这些问题的正确认识,并在教学实践中给学生进行示范。因此,帮助师范生形成遵循道德规范应用技术进行教学的意识和行为也应该是TPACK发展的组成部分。

第 3 章
师范生 TPACK 发展的实践过程理论分析

3.1 师范生 TPACK 知识要素①发展的实践过程分析

3.1.1 对 TPACK 知识要素的再认识

要分析 TPACK 知识要素发展的实践过程,首先要充分理解它们的内在属性及获得的一般规律。为此,本节首先对它们的属性及其获得的规律进行讨论。

本书提出的 TPACK 知识要素源自 TPACK 框架,Mishra 等在提出 TPACK 框架时就指明其是信息时代的教师专业知识框架。因此,对于 TPACK 知识要素属性和获得规律的理解理应在教师专业知识框架内进行。由于其复杂性,不同学者对教师专业知识有不同的理解,其中有两种常见的观点。②

第一种是结构观。这种观点认为教师专业知识就是教师掌握的与教育教学相关的知识总和,有不同的组成部分。这些知识可以通过学习外在已有的知识体系获得。关于教师专业知识由哪些具体知识组成,存在不同说法。

第二种是实践观。这种观点认为教师专业知识是教师在教学过程中形成的实践性知识,并且认为实践性知识是一种引导教师在特定情境中开展教学实践的知识。它既不是抽象的,也不是理论的,是一种教师个人的教育信念、教师对学生的感知和沟通能力、教师对自我的了解和调节意识、教师应对多变的教

---

① 在本章及后继章节中,TPACK 知识要素、TPACK 技能要素、TPACK 心理要素和 TPACK 道德要素分别指代整合技术开展教学的知识、技能、心理和道德。
② 张莉.专业共同体中的教师知识学习研究[D].长春:东北师范大学,2017.

育情境的教学机智、教师在教学活动中对"内容知识"的理解、把握和运用策略以及教师在日常行动中展现的批判反思精神等多种知识组成的混合体。① 它们不能被明确表述,属于一种内隐性知识。这是一种隐藏在教师教学实践行为背后的知识,跟教师的实践洞察力有非常密切的联系。

以上两种观点,前者侧重于区分专业教师与其他职业人员、不同学科的专业教师知识内容之间的差异。具备各种"结构观"定义所列举的知识是成为职业教师的基本前提。对于教师群体来说,不同知识内容也决定着他们的专业分工。而后者侧重于教师专业个性特征和成熟度。对专业教师而言,拥有越丰富的实践性知识,意味着他们更能适应复杂、多变的教育环境开展教学工作,他们的教学个性特征越明显。

尽管人们对教师专业知识的内涵存在不同的理解,但是笔者以为,以下几个观点被许多学者所认可。

1. 教师专业知识中既有"公共知识"成分,也有"个体知识"成分

"公共知识"是指在教师职业领域中对所有教师都有效的理论知识和实践技能、技巧的体系,它们是能够被清晰和系统地表述的教育教学知识,如教育学、教学论著作中罗列的教育教学的原理、原则、方法等。"公共知识"往往是理论性的,可以被文本化和广泛传播交流,是显性的。②

"个体知识"是指教师个人在真实的教育教学实践中通过自己的体验、沉思、感悟和领会总结出来的教育教学知识,如教师感悟的教学技能、技巧与经验,个人的直觉、灵感等。个体知识往往是隐性的和不易传递的,多数是缄默的,是教师个人在教育教学实践过程中,经过不断与环境对话与交流,在反思的基础上逐渐生成的。③

具备一定的"公共知识"是教师从事教育教学实践的必要条件,教师的"个体知识"是教师在教育教学实践中真正使用的知识。教师具有的"公共知识"是其"个体知识"形成和发展的基础。"公共知识"为教师开展教育教学活动提供最基本的依据,它们在教育教学实践中逐渐内化形成对实践过程产生影响的独特的"个体知识"。而"个体知识"通过系统的理论阐述和传播交流也可以转化

---

① 邹斌,陈向明.教师知识概念的溯源[J].课程·教材·教法,2005,6(24):85-89.
② 张立昌."教师个人知识":涵义、特征及其自我更新的构想[J].2002,10(22):30-33.
③ 张立昌."教师个人知识":涵义、特征及其自我更新的构想[J].2002,10(22):30-33.

为教师共同体所具有的知识,成为"公共知识"。

2. 教师专业知识具有综合性

教师专业知识的综合性有多种含义。首先,教师专业知识包含不同领域的知识,如学科知识、教育教学理论知识、科学文化知识等,还包括教师凭借经验主动解释、矫正、深化现成知识而形成的知识以及感悟到的教学技能、经验等。其次,教师专业知识常常是一个整体,不能分成截然不同的知识领域。[1] 最后,在教育教学实践中,教师通常是综合运用各种知识去解决所面对的教学问题的,很难具体说清应用哪种知识解决问题。

3. 教师专业知识是情境的,也是动态的

教师专业知识是关于教学实践的知识,教学实践都是在特定的教学情境中展开的,教师专业知识在一定的实践情境中塑造,同时也为塑造知识的实践情境服务,这就决定教师专业知识具有情境性。[2] 在教学实践中,当教师面对新的情境新的问题时,他们往往会通过使用已有知识与情境对话,对面临的问题进行"重新框定",寻找新的对策解决问题,在问题解决过程中形成针对新的情境的新知识。由于教学情境是动态变化的,因此教师专业知识也是动态发展变化的。

本书第 2 章将 TPACK 知识要素定义为包含七种知识的综合体,首先是一种"结构观"的理解,这种理解意在表达师范生整合技术开展教学,需要具备七种不同类型的知识。其次,沿用人们对于教师专业知识的理解,这七种知识既包含属于"公共知识"的去情境化的整合技术开展教学的理论或命题性知识,也包含属于"个体知识"的师范生自己感悟的整合技术开展教学的经验、心得等。

Mishra 等在提出 TPACK 框架时,就明确指出其中的七种知识与各种真实情境的教学实践密切相关,在特定情境中产生,也可以用于指导特定情境的教学实践。这种观点与教师专业知识的实践观是一致的。根据教师专业知识实践观的观点,笔者认为 TPACK 知识要素是服务于整合技术的教学实践的知识体,这些知识的部分内容,尤其是"个体知识"部分来自于整合技术的教学实践。

---

[1] 徐碧美. 追求卓越[M]. 北京:人民教育出版社,2002:73.
[2] ELBAZ F. Teacher thinking:a study of practical knowledge[M]. London:Croom Helm,1980:55.

师范生整合技术的学科教学知识(TPACK)发展实践模式研究

综合以上论述,师范生 TPACK 知识要素的七种知识是关于整合技术开展教学的理论性知识和实践性知识的综合体,前者以"公共知识""显性知识"的形态出现,而后者更多的是以"个体知识""隐性知识"的形态出现。理论性知识和实践性知识共同引导师范生运用技术进行教学实践,两者在相关理论知识的学习和整合技术的教学实践中得到积累与更新。

3.1.2 师范生 TPACK 知识要素发展的实践过程

基于对 TPACK 知识要素的以上理解,在知识维度,师范生 TPACK 发展过程既是师范生学习整合技术开展教学的理论性知识的过程,也是师范生开展整合技术的教学实践,形成实践性知识的过程,同时也是以上两种知识相互转化及更新的过程。因此,师范生 TPACK 知识要素发展的实践过程至少需要包含以下三种活动:①学习已有整合技术开展教学的理论性知识;②开展整合技术的教学实践,形成实践性知识;③进行理论性知识和实践性知识相互转化。原因在于以下三个方面:

首先,理论性知识是人们在实践中,借助一系列概念、判断、推理表达出来的关于事物的本质及其规律的知识体系,是系统化的理性认识,包括概念、原理、学说、假说等。[①] 在 TPACK 发展中,师范生需要学习的理论性知识是关于技术支持下的教学的本质及其规律的知识体系,它在理论上回答"为何要整合技术开展教学?""何时整合技术开展教学?""用何技术开展教学?"以及"如何整合技术开展教学?"等问题。这些知识是师范生开展整合技术的教学实践的理论依据,也是生成实践性知识的前导性知识。在属性上,TPACK 知识要素中的理论性知识既属于"显性知识",也属于"公共知识"。对于师范生个人,这部分知识的获取可以通过系统学习已有的知识体系来进行。

其次,通过教学实践形成实践性知识是教师专业知识"实践观"所推崇的思想。同理,师范生 TPACK 知识要素中的实践性知识的获得也可以遵循此思想。实践性知识是在与教学情境的对话中生成的,源于教学情境,同时服务于教学情境。因此,师范生 TPACK 知识要素中的实践性知识生成需要通过师范生开展整合技术的教学实践来进行。师范生 TPACK 知识要素发展的实践过程需要

---

① 冯契.哲学大辞典[M].修订本.上海:上海辞书出版社,2001:1818.

第3章 师范生TPACK发展的实践过程理论分析

包含整合技术开展教学的实践活动。

最后,师范生通过"公共知识"学习获得的理论性知识是对"为何要整合技术开展教学?""何时整合技术开展教学?""用何技术开展教学?"以及"如何整合技术开展教学?"等问题的事实性、原理性以及程序性的高度概括解答,具有系统性、抽象性以及普遍性特征。它们虽然可以为师范生开展整合技术的教学实践提供基本依据,但对于师范生,它们只是一种间接的、外在的经验,并不能自动导出恰当的教学行动,也不能直接解决真实的教学问题。因此,这些一般性的理论知识需要被师范生内化为在教学中"使用的理论"[①],并应用它们去解决具体教学问题,在问题解决的过程中验证与修正习得的理论,形成解决具体教学问题的实践性知识。另一方面,师范生在解决具体教学问题的实践中,能够从中获得整合技术开展教学的具体经验,形成与教学情境相呼应的实践性知识。然而,在具体教学中,教学情境总是变化的,源于特定教学情境的实践性知识需要被抽象和系统化,以适应其他类似教学情境。因此,师范生TPACK知识要素发展的实践过程需要包含将整合技术开展教学的理论性知识和实践性知识进行相互转换的活动。

基于以上对TPACK知识要素属性及其获得过程的认识,从学生学习的视角,师范生TPACK知识要素发展可以遵循如图3-1所示的实践过程。

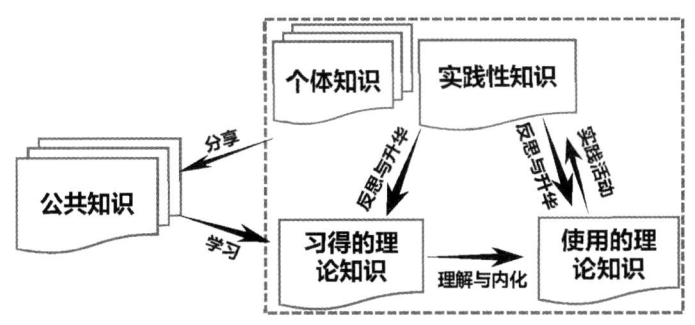

图3-1 师范生TPACK知识要素发展的实践过程

师范生TPACK知识要素发展的实践过程划分为五个活动环节。

活动环节一:围绕发展目标,教师根据教学所处的物理与技术环境,从已有

---

① 陈振华.解读教师个人教育知识[J].教育理论与实践,2003,11(23):6-11.

的理论知识中选择内容,用合适的方法系统讲授整合技术开展教学的一般理论知识。师范生参与各种教学活动,学习相关知识。

教师讲授的理论知识应该是对"为何要整合技术开展教学?""何时整合技术开展教学?""用何技术开展教学?"以及"如何整合技术开展教学?"等问题的解答。内容可以包括:用于教学的技术知识、技术与教学的关系、使用技术表征和传递学科知识的原理与方法、开展技术支持的教学和学习活动的原理与方法以及运用技术开展学科知识教学的原理、过程与方法等。这些知识应该既有关于"是什么"的命题性知识,也有关于"如何做"的程序性知识。

活动环节二:教师使用特定的教学方法,帮助师范生将习得的关于整合技术开展教学的理论知识内化成能够在具体教学中运用的知识。按照布鲁姆认知领域的教育目标分类,认知教育目标被分为记忆、理解、运用、分析、综合与评价六级水平。[1] 如果外在知识被学习者仅仅停留在记忆和理解水平,这种学习结果只是"知识",当学习者对外在知识的掌握达到能够"运用"及以上水平时,那么知识就表现为"技能"。[2] 活动环节二的目标是让师范生对理论知识的掌握达到"运用"及以上水平,将其转化为相应的技能。

活动环节三:师范生应用内化的知识开展整合技术的教学实践,对内化形成的知识进行验证,并生成应用技术开展教学的实践性知识。

活动环节四:师范生通过反思,将在实践中获得的实践性知识抽象和系统化,升华为理论性知识,并将其整合到原有的知识体系当中,形成新的整合技术开展教学的知识体系。源于具体实践活动的实践性知识具有情境性,它们需要被一般化才能够被迁移到其他的教学情境中。在此阶段,师范生围绕"为何要整合技术开展教学?""何时整合技术开展教学?""用何技术开展教学?"以及"如何整合技术开展教学?"等问题反思自己的实践过程与结果,形成可以被迁移的整合技术开展教学的知识,并将它们同化到自身已有的知识体系当中,更新与完善原有的知识结构。

活动环节五:教师引导师范生开展讨论交流,将个体掌握的整合技术开展

---

[1] 安德森,等.学习、教学和评价的分类学:布鲁姆教育目标分类学[M].修订版.上海:华东师范大学出版社,2008:25.

[2] 吴红耘,皮连生.心理学中的能力、知识和技能概念演变及其教学含义[J].课程·教材·教法,2011,11:108-112.

第3章 师范生 TPACK 发展的实践过程理论分析

教学的知识与同伴分享,将其转化为公共知识。

对于上述实践过程,进一步作以下三点说明:

第一,实践过程中的五个活动环节是根据知识属性来构建的,不同属性知识的获取分布在不同的活动环节中。然而,在师范生 TPACK 知识要素发展中,不同属性知识的获取是相互渗透、相互影响的,它们都可能出现在每个活动环节当中。笔者将不同属性知识的获取分布到实践过程的不同活动环节当中,主要是出于实践过程的可操作性方面的考虑。

第二,在实践过程中,知识获取总体上是按照"公共知识"→"习得的理论知识"→"使用的理论知识"→"实践性知识"→"公共知识"顺序进行的。其中,"习得的理论知识""使用的理论知识"和"实践性知识"属于"个体知识"。但事实上,师范生获取不同属性的知识通常不是线性的,往往都是同步进行的。本书采用线性思维来描述实践过程,是因为在具体师范生 TPACK 发展实践中,教学活动的开展往往是线性的。这种描述意在表达每个活动环节要关注的主要活动目标,而并非表达它们只进行图中说明的特定属性知识获取。

第三,实践过程的活动安排与 Shulman 的教师专业知识发展过程是相吻合的。Shulman 认为教师专业知识发展过程是教师在"理解"学科知识的基础上,通过实践活动,建立"新理解"的循环过程。这个过程一般包含"理解""转化""教学""评价""反思"和"新理解"六个活动步骤。其中既蕴含着教师对学科知识的评判性解释、表征、适应和调整的行为,也包括教师制定教学计划、实施教学计划以及课后对教学效果的评价与反思等活动。[1] 实践过程的第一和第二个活动环节旨在帮助师范生学习和理解应用技术开展教学的理论知识,与 Shulman 的教师专业知识发展过程的"理解"和"转化"两个阶段相对应;实践过程的第三个活动环节旨在让师范生通过教学实践来验证他们先前的理解,与发展过程中的"教学"和"评价"两个阶段相呼应;而第四个活动环节对应发展过程中的"反思"与"新理解"两个阶段。虽然实践过程并没有严格按照 Shulman 的教师专业知识发展过程的活动步骤,但并不违背他的

---

[1] 朱淑华,唐泽静,吴晓威.教师知识结构的学理分析:基于对西方教师知识研究的回溯[J].外国教育研究,2012,11(39):118-126.

基本思想。Shulman 在提出教师专业知识发展过程时特别指出,尽管发展过程的每一步骤是依次展开的,但是它们却并不代表一成不变的步骤或阶段,许多步骤可以按照不同的次序出现。一些步骤会伴随着某个教学行为的全部过程,一些步骤或许被缩减,或许变得更为详尽。[①]

3.2 师范生 TPACK 技能要素发展的实践过程分析

TPACK 技能要素包含的各种技能本质上属于教学技能的范畴,既有整合技术开展教学的操作技能,也有整合技术开展教学的智慧技能。教学技能的形成是在掌握一定的教学理论知识的基础上进行的,而教学技能的掌握能够反过来影响教学理论知识的学习。教师个人的教学理论知识和技能的发展相互依赖,彼此促进。[②] 同理,师范生 TPACK 技能要素的发展也不能脱离知识要素的发展而独立存在,理应蕴含在知识要素的发展过程当中。

教学技能是教学经验的结晶,需要经过练习、反复操作和个人体验,获得经验,才能逐步形成。学者 Gokdas 和 Torun 认为师范生获取整合技术开展教学的经验可以通过三种渠道来实现:设计、实践和评价。[③] 其中,设计是指师范生在特定的技术环境中设计与制作整合技术的教学作品(如教学方案或教学微视频等),实践是指师范生在特定的信息技术环境下开展整合技术的教学,而评价则是指师范生评价自己或他人的整合技术的教学作品或教学活动等。

在 TPACK 知识要素发展的实践过程中,可以通过五个活动环节帮助师范生学习和掌握整合技术开展教学所需的知识:①整合技术开展教学的公共知识学习。②将习得的理论知识转化为在未来教学实践中使用的知识。③开展实践活动生成实践性知识。④反思学习与实践过程与结果,更新整合技术

---

① SHULMAN L S. Knowledge and teaching:foundations of the new reform[J]. Harvard educational review, 1987,57(1):1 – 68.

② 胡淑珍,胡清薇.教学技能观的辨析与思考[J].课程·教材·教法,2002,2:21 – 25.

③ GOKDAS I,TORUN F. Examining the impact of instructional technology and material design courses on technology pedagogical education competency acquisition according to different variables[J]. Educational sciences:theory & practice, 2017,17:1733 – 1758.

第3章 师范生 TPACK 发展的实践过程理论分析

开展教学的知识体系。⑤进行知识分享,将整合技术开展教学的个体知识转化为公共知识。这些活动环节蕴含 TPACK 技能要素发展所需的三种活动。

首先,活动环节②是师范生内化习得的理论知识,将其转换为在未来教学实践中使用的知识。按照布鲁姆的观点,学习者对外在知识的掌握达到"运用"及以上水平时,那么知识就表现为"技能",这是师范生将习得的理论知识转化为技能的过程。①

其次,活动环节③是师范生应用已经掌握的整合技术开展教学的理论知识,开展实践活动,并在实践过程中生成整合技术开展教学的实践性知识的过程,其中包含 Gokdas 和 Torun 所说的"设计""实践"和"评价"活动。

最后,活动环节序列"①→②→③→④"构成一个"从理论知识到实践,从实践到新的理论知识"循环过程。在此过程中,师范生在理论知识学习的基础上,开展实践活动,体验整合技术开展教学的过程,获取整合技术开展教学的经验,可以从中获得整合技术开展教学的技能。

据此,TPACK 知识要素发展的实践过程同样适用于实现技能要素的发展。当实践过程被应用于实现 TPACK 技能要素发展时,进一步说明如下:

第一,教学是一种系统活动,师范生整合技术开展教学实践,完成教学任务,达成教学目标,是建立在各种活动系统开展的基础上的。因此,TPACK 技能要素包含的各种技能,不能采用割裂的方法去逐一实现,而是注重它们的整体发展,实践过程的各个活动环节的活动内容都要同时关照 TPACK 技能要素中所有技能的发展。

第二,在第2章本书将 TPACK 技能要素定义为:应用技术进行学科知识表征与传递、整合技术的教学过程和活动设计与实施、整合技术开展教学评价、辅助学生学习和教学管理等。这些技能的发展要依赖于各种知识的获取、内化、迁移与应用,如果要实现各种技能的发展,需要围绕以上各种技能设计师范生要学习的理论知识及开展的活动。

---

① 吴红耘,皮连生.心理学中的能力、知识和技能概念演变及其教学含义[J].课程·教材·教法,2011,11:108-112.

3.3 师范生 TPACK 心理要素发展的实践过程分析

师范生整合技术开展教学的心理形成过程是一个技术接受过程,即师范生在心理层面接受某种技术,并将其应用到教学当中。[①] 依据技术接受模型,人们接受技术的过程是他们理解技术对于生活、学习或工作的价值,感知技术在生活、学习或工作中的可用性(usefulness)和易用性(ease of use),建立起使用技术改变生活、学习或工作的态度、信念和意图,产生真正的技术使用行为的过程。[②] 在此视角下,师范生 TPACK 心理要素的发展是他们理解技术对于教学的功能与价值、感知技术在教学中的可用性和易用性,改变整合技术开展教学的态度与信念,建立起整合技术开展教学的意愿与意图,并产生真正的整合技术开展教学的行为的过程。

依据技术接受模型的观点,让用户接受技术关键在于让他们理解技术对于工作、学习或生活的功能与价值,感知技术在他们工作、学习或生活中的可用性和易用性。这是用户改变态度与信念,产生技术使用意愿、意图和行为的前提基础。因此,师范生 TPACK 心理要素发展实践要解决的核心问题是如何让他们理解技术对于教学的功能与价值,感知技术在教学中的可用性和易用性。对于此问题的解决,不同学者有不同的方法。

学者 Barrette 提出一种包含五个阶段的活动模型,来帮助教师理解技术对于教学的功能与价值,感知技术在教学中的可用性和易用性,进而决定使用或放弃使用技术开展教学:①知识学习阶段,教师学习技术,获取与技术相关的知识,了解技术的功能。②劝说阶段,教师对技术进行评价,包括技术能够给教学带来的益处,技术的兼容性、复杂性、可处理性和可观察性等。③决策阶段,教师个人决定接受或拒绝使用技术开展教学。④应用阶段,教师个人积极使用技术进行教学实践。⑤确认阶段,教师评价应用阶段的技术使用

[①] BARRETTE C M. Usefulness of technology adoption research in introducing an online workbook[J]. System,2015,49:133 – 144.

[②] 高芙蓉,高雪莲. 国外信息技术接受模型研究述评[J]. 研究与发展管理,2011,23(2):95 – 105.

第3章 师范生 TPACK 发展的实践过程理论分析

状况,决定继续还是放弃在教学中使用技术。① Banas 等认为在教学中开展以下三种活动,可以帮助师范生感知技术在教学中的功能与价值、可用性和易用性:开发整合技术的课程、设计和实施整合技术的课程教学计划以及反思整合技术的教学实践。② Cengiz 和 Cevdet 则认为可以通过"教师讲授理论知识→学生设计课程教学计划→应用教学计划开展教学实践→讨论与交流"活动循环来实现。③

与上述三种方法不同,学者 Kale 提出一种基于案例和文献研究的方法,具体做法是:①教师首先围绕技术在教学中的功能与价值提出一个要解决的问题,并提供解决问题所需的案例与文献。②师范生围绕问题,分析与评价案例与文献,开展协作,根据分析与评价结果初步提出问题解决方案。③师生开展讨论与交流,形成最终解决方案。④师范生反思问题解决过程与结果。④ 同样是通过问题解决来帮助师范生感知技术在教学中的功能与价值、可用性和易用性,形成整合技术开展教学的心理,学者 Kim 等和 Kounenou 等采用另外一种活动过程:①教师提出问题。②同伴或小组成员开展讨论交流形成问题解决方案。③师范生开展实践活动验证问题解决方案。④根据实践结果,同伴或小组成员再次开展讨论交流,完善问题解决方案。⑤师生总结与反思问题解决过程。⑤⑥

在以上五种方法中,Barrette、Banas 和 York、Cengiz 的方法采用理论知识

---

① BARRETTE C M. Usefulness of technology adoption research in introducing an online workbook[J]. System,2015,49:133-144.

② BANAS J R,YORK C S. Authentic learning exercises as a means to influence preservice teachers' technology integration self-efficacy and intentions to integrate technology[J]. Australasian journal of educational technology,2014,30(6):728-746.

③ CENGIZ,CEVDET. The development of TPACK, technology integrated self-efficacy and instructional technology outcome expectations of pre-service physical education teachers[J]. Asia-Pacific journal of teacher education,2015,43(5):411-422.

④ KALE U. technology valued? observation and review activities to enhance future teachers' utility value toward technology integration[J]. Computers & education,2018,117:160-174.

⑤ KIM C,KIM M K,LEE C J,et al. Teacher beliefs and technology integration[J]. Teaching and teacher education,2013,29:76-85.

⑥ KOUNENOU K,ROUSSOS P,YOTSIDI V,et al. Trainee teachers' intention to incorporating ICT use into teaching practice in relation to their psychological characteristics: the case of group-based intervention[J]. Procedia-social and behavioral sciences,2015,190:120-128.

学习和实践相结合的思路,学习整合技术开展教学的理论知识和开展整合技术的教学实践是其中的核心活动。而 Kim 等和 Kounenou 等的方法则是以问题解决为中心,在他们的方法中,核心活动是:协作问题解决、案例观摩、评价与反思等。

综合以上方法,它们共运用四种教学或学习活动来帮助师范生感知技术在教学中的功能与价值、可用性和易用性,改变他们整合技术开展教学的心理:讲授、示例、实践和反思。

讲授:这种活动是通过教师讲解,或教师提供学习资源、学生自主学习整合技术开展教学的理论知识,让师范生理解技术在教学中的功能与价值、感知技术在教学中的可用性和易用性,来改变他们应用技术开展教学的态度、信念、意愿和意图等。这是一种应用已有知识来影响师范生应用技术开展教学的心理的活动,它表现为教师选择和使用已有的理论知识来"劝说"师范生使用技术开展教学。师范生根据学习到的知识,接受或拒绝已有观点,形成自己的整合技术开展教学的心理。

示例:这是一种借助于他人整合技术开展教学的行为来影响师范生应用技术开展教学的心理的活动。教师向师范生展示整合技术开展教学的案例,师范生进行案例观摩与分析,观察和评价案例中的教师、专家或同伴整合技术开展教学的行为,感受技术在教学中的功能与价值、可用性和易用性,改变整合技术开展教学的态度、信念、意愿和意图等。

实践:这种活动是通过让师范生开展整合技术的教学实践,来实现改变他们整合技术开展教学的心理。师范生针对具体的教学问题,设计整合技术的教学方案,制作整合技术的教学作品,在真实或虚拟的情境中开展教学,评价教学效果,这是感知技术对于教学的功能与价值、技术在教学中的可用性和易用性最具体直接的方法。

反思:反思活动是师范生将"听到的""看到的"和"体验到的"技术在教学中的功能与价值、可用性与易用性内化为自身对技术与教学之间关系的深刻理解,以此形成整合技术开展教学的心理。

基于以上四种活动,师范生 TPACK 心理要素发展的实践过程如图 3-2 所示。

第3章 师范生 TPACK 发展的实践过程理论分析

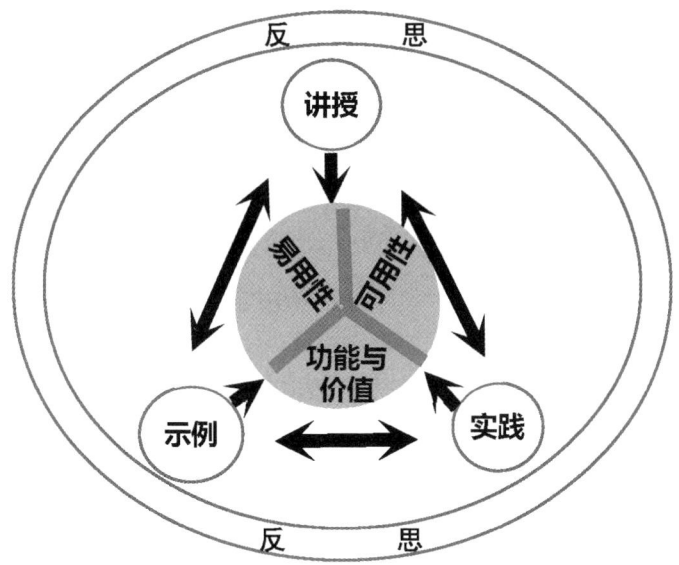

图 3-2　师范生 TPACK 心理要素发展的实践过程

对于以上过程,解释如下:

第一,实践过程主要基于技术接受模型构建。技术接受模型认为影响人们技术使用心理的因素很多,但最直接的因素是技术的功能与价值、可用性和易用性,其他因素都是首先影响这三个因素,进而影响人们使用技术的态度、信念、意愿、意图,产生真实的技术使用行为。[①] 因此,实践过程中的活动是围绕师范生感知技术在教学中的功能与价值、可用性和易用性进行设计的。

第二,实践过程的活动遵循理论联系实践的思想进行构建。实践过程包含了"讲授""示例""实践"和"反思"四种活动。其中,"讲授"是一种帮助师范生学习理论知识的活动;"实践"是让师范生设计整合技术的教学作品或开展整合技术的教学;"示例"是一种将理论知识学习与实践进行沟通与连接的活动安排;而"反思"是对理论知识学习和实践过程与结果的系统归纳与总结,也是一种沟通理论知识学习与实践的活动安排。

第三,实践过程由两重活动循环构成。首先,"讲授""示例"和"实践"三种

---

① SUMAK B,SORGO A. The acceptance and use of interactive whiteboards among teachers: differences in UTAUT determinants between pre - and post - adopters[J]. Computers in human behavior,2016,64: 602 - 620.

活动构成活动循环,其中任意一种活动都有箭头指向其他两种活动,这种图示意在表达这三种活动可以以不同方式组合、以不同顺序开展,也表达这三种活动在师范生 TPACK 心理要素的发展中,不是截然分离的,它们彼此之间可以相互渗透,交叉使用。其次,"反思"被置于"讲授""示例"和"实践"三种活动构成的循环之外,形成单独的循环活动。这种设计意在说明"反思"活动要渗透到"讲授""示例"和"实践"三种活动当中。既要对它们单独的活动过程和结果进行反思,也要对由它们构成的活动循环的过程和结果进行反思。

3.4 师范生 TPACK 道德要素发展的实践过程分析

师范生整合技术开展教学的行为既是教学行为,同时也是信息技术使用行为。在道德层面上,这种行为一方面要遵循教师职业道德规范,另一方面也要合乎信息道德规范。教师职业道德是教师在从事教育劳动过程中形成的比较稳定的道德观念、行为规范和道德品质的总和[1];信息道德是人们在信息的采集、加工、存储、传播和利用等信息活动各个环节中,用来规范其间产生的各种社会关系的道德意识、道德规范和道德行为的总和[2]。在本书,TPACK 道德要素是指师范生应用技术开展教学时,应该具有的道德意识、遵循的道德规范以及产生的道德行为的总和。

无论是教师职业道德或是信息道德,都是后天获得的。师范生整合技术开展教学的道德自然也不例外。学者傅维利等认为,教师职业道德的形成可以通过有针对性的教育和个体亲身体验两种方式[3]。TPACK 道德要素的发展也可以通过类似的方式。

有针对性的教育是教师在教师职业道德和信息道德的规范内,给予师范生整合技术开展教学的道德要求,帮助他们建立起整合技术开展教学的道德意识和道德规范。这是师范生非自我地、被动遵守外在规定性的过程。通过这种方式,师范生可以建立初步的整合技术开展教学的道德认识。这种认识是师范生

---

[1] 傅维利,张东娇.论教师职业道德形成与发展的基本规律[J].教育科学,1999,4:9-11.
[2] 龚花萍.教育信息化与高校信息道德素质教育[J].现代情报,2003,7:7-8.
[3] 傅维利,张东娇.论教师职业道德形成与发展的基本规律[J].教育科学,1999,4:9-11.

第 3 章 师范生 TPACK 发展的实践过程理论分析

TPACK 道德要素发展的基础境界,也是师范生在信息技术环境下开展符合道德规范的教学行为的前提条件。个体亲身体验是师范生在整合技术的教学实践中,通过处理复杂的道德实践问题、解决实践场域中的道德冲突,做出道德判断、进行道德决策,并对自我的道德选择进行有效辩护,形成自身的整合技术开展教学的道德意识、规范和行为。[①] 这是师范生作为道德自律主体在道德实践环境中印证、践行整合技术开展教学的道德的行动过程。在实践过程中,师范生体验、修正和调整自己的整合技术开展教学的道德意识、规范和行为,这也是师范生对自己整合技术开展教学的德行的自证过程。

有针对的教育是教师"告知"师范生在开展整合技术的教学时,应该遵循哪些道德,这是师范生产生整合技术开展教学的道德意识和认知整合技术开展教学的道德规范的过程。在认知层面,这是一种"知"的活动。个体体验是师范生在相关道德规范内,解决教学实践中的道德问题,在认知层面,这是一种"行"的活动。

完美理想的整合技术开展教学的道德应是知行统一的,然而,由于从"知"到"行"还存在情感、意志、综合判断、行动智慧等各种复杂的因素,"知"与"行"间并不存在因果关系。[②] 因此,TPACK 道德要素发展的实践需要一种"知行合一"的活动过程,来帮助师范生实现整合技术开展教学的道德"知"与"行"的统一。

当前,专门针对师范生 TPACK 道德要素发展的研究相对较少,在查阅的相关文献中并未有专门针对师范生 TPACK 道德要素发展的实践过程的描述。为此,本书考量了部分师范生教师职业道德和信息道德的培养过程。

在教师职业道德教育方面,韩玉提出了一种包括"教材文本回顾→教学澄清→实践证悟"三个活动环节的培养过程。[③] 遵循实践性、情境性和融合性原则,张瑞将师范生教师职业道德的教育过程分为"综合体验""管理实践""教学实践"和"综合实践"四个阶段,开展教师职业道德的"认知""实践"和"反思"活动。[④] 也有学者采用"教学"与"非教学"相结合的方式开展师范生职业道德

[①] 王夫艳.规则抑或美德:教师专业道德建构的理论路径与现实选择[J].教育研究,2015,10(429):64-74.

[②] 傅维利,张东娇.论教师职业道德形成与发展的基本规律[J].教育科学,1999,4:9-11.

[③] 韩玉.德育关怀:迈向教师的意义世界:免费师范生道德教育研究[D].重庆:西南大学,2010.

[④] 张瑞.职教师范生职业道德教育研究[D].天津:天津大学,2015.

教育,其中"教学"是通过教师讲授道德知识,让师范生了解道德规范,形成道德意识;而"非教学"是师范生通过自主学习、实践、内省和慎独形成合乎规范的道德意识与行为。①② 在信息道德方面,蔡连玉认为信息道德教育是让受教育者成为有"信息德性"和"信息伦理智慧"的人,从教育目的视角,有必要采用"道德灌输"教育方法。③ 但是,从方法论视角,"道德灌输"教育效率低下,应该采用能够体现道德主体更为有效的方法,开展道德方面的民主讨论和实践是其中有效的方法。④

综合以上各种教师职业道德和信息道德的培养过程,能够发现其中蕴含有"道德初步认知""自觉应有行为""了解如何行动""实际采取行动"以及"反思行动结果"等教育活动。

"道德初步认知"是通过受教育者自主自学、教师讲授等学习和教学活动,让受教育者了解作为教师在开展教学活动时应该遵循的道德规范。就师范生应用技术开展教学而言,这些道德规范包括教师职业道德、信息道德以及一些与教育教学相关的信息技术应用标准作出的道德层面的要求等。如我国《中小学教师教育技术能力标准(试行)》中社会责任部分的相关内容,《中小学教师信息技术应用能力标准(试行)》中信息道德和信息安全方面的内容等。前文提到的"教材文本回顾""认知""道德灌输"等都属于此类活动。

"自觉应有行为"是指受教育者根据了解的道德规范,确立他们在道德层面应该采取什么样的行为开展教学。这是一个受教育者将道德规范内化,产生道德意识,确立在未来教学中应该采取什么样的行为的过程。如韩玉提及的"课堂澄清"就属于此种活动。

"了解如何行动"是指受教育者在具体的教学情境中,准备采取哪些有道德意义的行为,解决实践场域中的道德冲突。这是受教育基于对已有道德的认知,以及符合规范的道德行为的理解,在道德层面决定如何开展活动。

"实际采取行动"是指受教育者将拟在教学中进行的有道德意义的行为付诸于实施。这是受教育者具体解决实践场域中的道德冲突,做出道德判断、进

---

① 将西艳.师范生教师职业道德教育存在的问题与对策[D].武汉:华中师范大学,2013.
② 何磊.免费师范生职业道德教育研究[D].重庆:西南大学,2011.
③ 蔡连玉.信息伦理教育研究:一种"理想型"构建的尝试[M].北京:中国社会科学出版社,2011:185.
④ 沙勇忠.信息伦理学[M].北京:北京图书馆出版社,2004:309.

第3章 师范生 TPACK 发展的实践过程理论分析

行道德决策,并对自我的道德选择进行有效辩护的过程,是他们对道德规范和道德行为的认知和理解的求证过程。前文提到"实践证悟""实践"等属于这种活动。

"反思行动结果"是指受教育者对自己在教学中解决道德冲突采用的道德规范、产生的道德决策正确与否、行动过程与结果是否符合道德规范进行反思,或对自我的道德选择进行辩护。通过反思,受教育者根据实践经验进一步深化自身的道德意识、形成新的道德规范以及应有的道德行为认识。前文提到的"感悟"与"反思"等属于这种活动。

以上五种活动,"道德初步认知"和"自觉应有行为"是受教育者对于教学中应遵循的道德的认知过程,属于道德教育中"知"的过程。它们所关注的是受教育者在教学中"应当如何做"。"了解如何行动"是受教育者准备如何行动,"实际采取行动"是受教育者开展具体行动,属于道德教育中"行"的过程。它们所关注的是受教育者在教学中"是如何做的"。"反思行动结果"是受教育在道德教育过程中对自我"知"和"行"过程的反思。受教育者反思自身的道德认知和实践过程,深化道德认识,更新自身的道德意识及对道德规范和行为的理解。反思既是对前一阶段认识和实践结果的总结,反思的结果也是开展下一阶段认知和实践的基础。

基于以上认识,师范生 TPACK 道德要素发展实践可以遵循图3-3所示的过程。

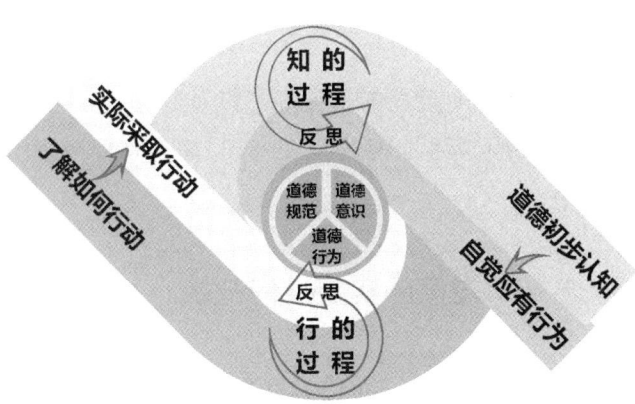

图3-3 师范生 TPACK 道德要素发展的实践过程

对于以上过程,进一步说明如下:

第一,师范生 TPACK 道德要素发展的目标是帮助师范生在了解和掌握整合技术开展教学的道德规范的基础上,产生遵循规范进行教学的意识,形成符合规范的行为。

第二,师范生 TPACK 道德要素发展的实践过程遵循"知行合一"的思路进行构建,包含"知的过程"和"行的过程"两个活动环节。其中,"知的过程"按照"道德初步认知"→"自觉应有行为"的活动顺序开展。这一活动过程主要用于帮助师范生在认识整合技术开展教学相关道德规范的基础上,产生道德意识。"行的过程"按照"了解如何行动"→"实际采取行动"的活动顺序开展。这一活动过程主要用于帮助师范生形成符合道德规范的整合技术的教学行为。

第三,"知的过程"和"行的过程"两个活动环节形成活动循环,其目的在于对师范生自身的道德意识、道德规范和道德行为进行迭代。师范生对整合技术开展教学的道德规范的认知是产生道德意识和形成道德行为的前提基础,"知"的结果是"行的过程"的起点。师范生有道德意义的教学行为能够对他们所认知的道德规范进行验证,通过"行的过程",师范生能够深化对整合技术开展教学的道德规范的认识,在道德层面发现他们行动中可能存在的问题。"行"的结果是下一个"知的过程"的起点。

第四,"反思"贯穿实践过程的"知的过程"和"行的过程"两个活动环节。在"知的过程"中,通过反思,师范生将习得的整合技术开展教学的道德规范内化为自身的道德认知,产生相应的道德意识,确定应有的行为。在"行的过程"中,师范生反思行动过程和结果,判断自身的行为是否符合道德规范,发现其中可能存在的道德问题,更新自己对于道德规范以及应有行为的认识,完善自己的行为。"反思"是实现师范生自身的道德意识、规范和行为迭代更新的重要环节。

3.5 师范生 TPACK 发展的实践过程分析

3.5.1 TPACK 知识、技能、心理和道德要素发展的实践过程综合分析

根据教师专业知识获得的一般规律,可以通过"整合技术开展教学的公共

第3章 师范生TPACK发展的实践过程理论分析

知识学习"→"将习得的理论知识转化为在未来教学中使用的知识"→"开展实践活动验证习得的理论知识,生成实践性知识"→"反思学习与实践过程和结果,更新整合技术开展教学的知识体系"→"进行知识分享,将整合技术开展教学的个体知识转化为公共知识"的活动循环,来实现师范生TPACK知识和技能要素的发展;基于技术接受模型,可以通过由"讲授""示例""实践"和"反思"四种活动构成的活动循环来帮助师范生感知技术在教学中的功能与价值、易用性和可用性,以此实现他们TPACK心理要素的发展;借鉴教师职业道德和信息道德的培养思想,本书以为总体上可以通过"道德初步认知"→"自觉应有行为"→"了解如何行动"→"实际采取行动"活动循环来实现师范生TPACK道德要素的发展。

以上三个实践过程,虽然构建的理论视角、目标指向以及具体的活动环节都存在差异,但有四个共同特征。

第一,每个实践过程都包含理论知识学习和实践两个活动环节,蕴含理论联系实践的思想。其中,三个实践过程中的"整合技术开展教学的公共知识学习""讲授"以及"道德初步认知"三个活动环节均属于理论知识教学或学习活动;"开展实践活动验证习得的理论知识,生成实践性知识""实践"以及"实际采取行动"都属于实践。

第二,每个实践过程都包含衔接理论知识学习和实践的中间活动环节。三个实践过程中的"将习得的理论知识转化为在未来教学中使用的知识"和"反思学习与实践过程和结果,更新整合技术开展教学的知识体系""示例"以及"自觉应有行为""了解如何行动"等都是用于沟通和衔接理论知识学习与实践两个活动环节的。

第三,每个实践过程的各种活动环节形成活动循环,师范生在循环活动中实现各种内在要素的螺旋式发展。知识与技能要素发展的实践过程借助于"公共知识"与"个体知识"相互转换和"实践性知识"与"理论性知识"相互转化两个活动循环实现师范生整合技术开展教学的知识更新和技能提高。心理要素发展的实践过程使用"讲授""示例"和"实践"构成的活动循环,从不同层面帮助师范生感知技术在教学中的功能与价值、可用性与易用性,形成整合技术开展教学的心理。道德要素发展的实践过程使用"知的过程"和"行的过程"两个环节构成的活动循环来实现师范生整合技术开展教学的道德发展。

第四,每个实践过程都包含反思活动环节。在知识与技能要素发展的实践过程中,反思活动出现在实践性知识向理论知识转化的过程当中。在心理要素发展的实践过程中,反思活动伴随着"讲授""示例"和"实践"三种活动,道德要素发展的实践过程中,要对"知的过程"和"行的过程"两个活动环节进行反思。

3.5.2 师范生 TPACK 发展的实践过程

师范生 TPACK 发展是整合技术开展教学的知识、技能、心理和道德的发展。因此,需要将前面通过理论分析形成的三个实践过程合并为一个过程。基于前文对三个实践过程共同特征的描述,在宏观层面,从学生学习的视角,师范生 TPACK 发展的实践过程如图 3-4 所示。

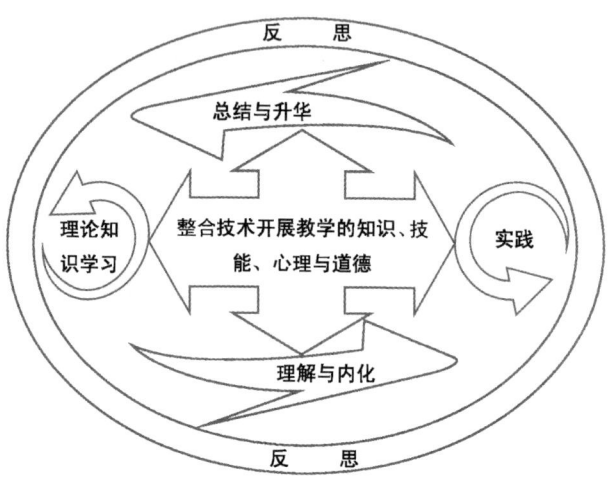

图 3-4 师范生 TPACK 发展的实践过程

对于以上实践过程,说明如下:

第一,实践过程整体上由整合技术开展教学的"理论知识学习"、整合技术开展教学的理论知识"理解与内化"、与整合技术开展教学相关的"实践"、实践经验"总结与升华"和"反思"五个活动环节共同构成。

第二,"理论知识学习"是指师范生学习现有整合技术开展教学的理论知识。对于知识(技能)要素发展而言,学习的理论知识主要包括特定的信息技术知识、学科内容知识、一般教学法知识、学科教学法知识、使用技术表征和传递教学内容的知识、使用技术开展教学与学习活动的知识、使用技术开展学科知识教学的知识等;对于心理要素发展而言,学习的是技术与教学关系、技术在教学中的功能与价值、技术在教学中的应用带来的利与弊等;对道德要素发展而

第3章 师范生 TPACK 发展的实践过程理论分析

言,学习的是使用技术开展教学应该遵循的道德规范、行为准则等。

需要进一步指出的是,要实现师范生 TPACK 发展,教师需要将以上知识整合为一个整体,以便于师范生系统学习。此外,理论知识的学习过程是一个循环过程。在具体 TPACK 发展实践中,师范生需要反复开展此项活动,才能系统掌握整合技术开展教学所需的各种知识,形成整合技术开展教学的心理,了解应该遵循哪些道德规范开展整合技术的教学,产生道德意识。

第三,"实践"是指师范生在信息技术环境下进行与整合技术开展教学相关的实践活动。如信息技术使用技能训练、使用信息技术表征和传递学科内容、进行技术支持的教学与学习活动、整合技术的教学人工制品设计与制作和进行信息技术支持的教学等。通过实践,师范生将习得的理论知识转化为整合技术开展教学的技能;体验技术在教学中的功能与价值、可用性及易用性,形成整合技术开展教学的心理;产生遵循道德规范进行教学的意识,形成合乎规范的行为。同样,"实践"也是一种循环活动。

第四,"理解与内化"是师范生开展特定的学习活动,深入理解在"理论知识学习"活动期间习得的知识。在知识和技能要素发展方面,将习得的理论知识内化为个体知识,将对知识的掌握达到应用及以上层次,形成技能;在心理要素发展方面,改变整合技术开展教学的态度和信念,产生整合技术开展教学的意愿与意图;在道德要素发展方面,产生遵循道德规范应用技术进行教学的意识,形成遵循道德规范应用技术进行教学应该具有的行为的认识。

第五,"总结与升华"是师范生归纳总结"实践"期间的活动经验。在知识和技能要素发展方面,将在具体信息技术环境下开展教学的经验进行系统抽象化,将它们转化成可迁移到其他教学情境的知识和技能;在心理要素发展方面,根据实践过程和结果,进一步理解技术在教学中的功能与价值、可用性和易用性,巩固整合技术开展教学的心理;在道德要素发展方面,形成自身的符合道德规范地使用技术进行教学的行为。

第六,"理论知识学习"→"理解与内化"→"实践"→"总结与升华"构成活动循环,师范生借助于活动循环,实现整合技术开展教学的知识、技能、心理和道德的迭代更新。

第七,"反思"渗透到其他四个活动环节当中。"反思"既是对理论知识学习过程和结果的反思,也是对实践过程与结果的反思,同时也是对其他四个活动环节组成的活动循环过程和结果的反思。

第4章

师范生 TPACK 发展实践模式构建

4.1 TPACK 发展实践模式的内涵及构建思路

4.1.1 TPACK 发展实践模式

在我国《汉语大词典》中,模式被解释为"事物的标准样式";《辞海》将"模式"译为"范型",是指可以被作为范本、模本、变本的式样。作为术语时,模式在不同的学科中有不同的内涵。从当前各个领域对该术语运用情况来看,"模式"至少有两种表现形式:一是对客观实物的相似模拟的实物模式,是对某类实物的再现;二是对真实世界的抽象描写或是思想观念的形象显示。[1] 这是一种形式模式,意在表明某种结构和过程的主要组成部分以及各组成部分之间的关系。[2]

我国学者查有梁从模式论高度对形式模式作了定性描述,认为:模式是为解决特定问题,在一定的抽象、简化或假设条件下,对原型客体的某种本质特性的再现。以它为中介,能更好地认识和改造原型与构建新型客体。人们可以从实践出发,经概括、归纳和综合,提出各种模式;从理论出发,经类比、演绎和分析,提出各种模式。查有梁认为,模式是一种科学操作方法,也是一种解决问题的思维方法,处于实践和理论之间的中介方法。模式既不等同于理论,也不等同于实践,但它是沟通理论与实践的中介与桥梁,介于理论与实践之间,与理论

---

[1] 查有梁.课堂模式论[M].桂林:广西师范大学出版社,2001:3.
[2] 吴也显.试析教学模式的研究[J].课程·教材·教学法,1992,4:19-23.

第4章 师范生TPACK发展实践模式构建

和实践密切相关。[①]

在本书中,"模式"是形式模式。参照现有文献对形式模式的论述,本书认为,实践模式是对某种实践过程的主要组成部分以及各组成部分之间关系的描述,而TPACK发展实践模式是对TPACK发展实践过程主要组成部分以及各组成部分之间关系的描述,是TPACK发展实践过程的抽象描写。它在纵向上是TPACK发展实践过程各阶段、环节或步骤之间的相互联系,表现为一定的活动程序;在横向上是与TPACK发展实践相关的各种要素的相互联系,表现为诸要素在一定时空结构内或某一活动环节中的组合方式。

参照其他模式的描述,本书同时也认为,模式是有一定结构的。成熟的模式通常由五个要素构成:理论基础、功能目标、操作程序、实施条件和评价方式。[②]

理论基础是指模式所蕴含的问题解决方法在解决问题时所遵循的理论。对TPACK发展实践模式而言,是指那些与TPACK发展规律相契合的,能够引导实践过程设计,确定与TPACK发展相关的各种要素在一定时空结构内或某一活动环节中的组合方式的理论。理论基础是模式的灵魂,它渗透到模式的其他要素当中,并制约着它们的关系,是其他要素建立的基础和依据。理论基础决定了模式的独特性。

模式都是为解决某种问题而构建的,都有各自的功能。模式的功能是对模式指导下的问题求解过程所能产生结果的预期。操作程序、实现条件和评价方式等要素的确定都是围绕功能目标展开的。

每个模式都有一套相对稳定的操作程序。操作程序是对问题求解活动开展的时间序列或逻辑步骤,以及每个步骤需要完成的任务的详细说明,是模式采用理论的具体表现。TPACK发展实践模式的操作程序是对与TPACK发展相关的各种活动的详细说明。

一种模式要发挥效力,实现功能目标,通常会受到各种因素的影响,这些影响因素构成模式的实施条件。实施条件决定了模式的适用范围。对TPACK发展实践模式而言,参与到实践当中的教师和师范生,开展实践所需的环境以及实践内容等均会影响TPACK发展目标的达成,它们是实践模式实施条件的组成部分。

---

① 王文静.基于情境认知与学习的教学模式研究[D].上海:华东师范大学,2002.
② 张武升.关于教学模式的探讨[J].教育研究,1998,7:60-63.

因功能目标、操作程序和实施条件等存在差异,每种模式都会产生各自的问题求解结果的评价标准和方法,评价方式对此进行规定与说明。TPACK发展实践模式的评价方式是对TPACK发展过程和效果的评价方法和标准的说明。

4.1.2　TPACK发展实践模式构建思路

从方法论角度来看,模式构建主要有三种方法:归纳法、演绎法和综合法。归纳法是从已有的问题解决经验中归纳总结出问题解决模式,然后在后续的问题解决实践中不断循环反复,日渐成型;演绎法是从一种科学理论假设出发,演绎出问题解决模式,然后用严密的实验证实其有效性;而综合法是综合归纳法与演绎法进行模式构建。①

笔者拟综合演绎法和归纳法构建师范生TPACK发展实践模式:一方面基于一定的理论演绎实践模式;另一方面,在模式演绎过程中,参考与借鉴现有发展实践表现出来的一些共同特征,以提高模式的可操作性。对实践模式的演绎采用"处方式"的思路,即对构成模式的功能目标、理论基础、操作程序、实施条件和评价方式五个要素分别进行详细说明。在对各个要素进行说明时,以已有师范生TPACK发展实践的特征为实践依据,第3章描述的实践过程及其他相关理论作为理论依据。师范生TPACK发展实践模式构建思路如图4-1所示。

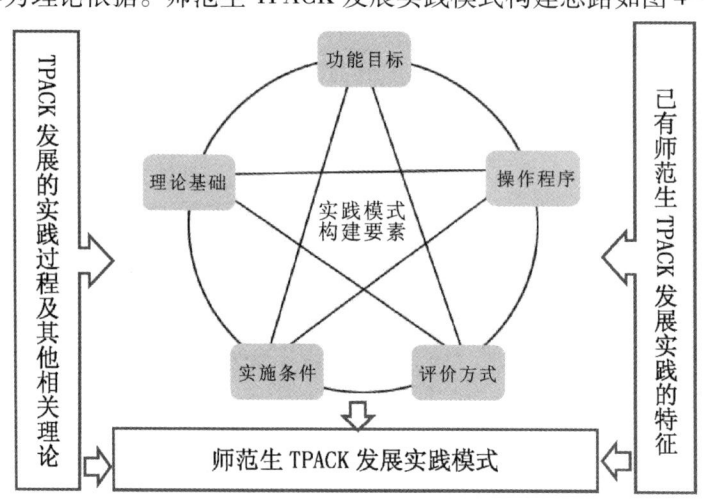

图4-1　师范生TPACK发展实践模式构建思路

---

① 曹一鸣.数学教学模式构建与超越[D].南京:南京师范大学,2003:31-35.

4.2 国内外师范生 TPACK 发展实践的特征

4.2.1 研究设计

Noblit 和 Hare、Frange 等认为,定位、评价和综合某种质性研究的过程和结论,可以采用元分析方法中的元民族志方法(meta-ethnography method),由研究人员对比分析相关研究文献来完成。[1][2] 参照他们提出的研究过程,对已有师范生 TPACK 发展实践特征的研究分六个步骤完成。

1. 定义研究问题

本节拟回答的问题:国内外已有师范生 TPACK 发展实践有哪些共同特征?

2. 筛选研究文献

开展研究所需的文献从笔者在进行 TPACK 的研究脉络梳理期间收集的期刊和学位论文中选取。文献筛选由笔者和两名助研硕士研究生共同完成,分四步进行。

第一步,按照 001、002……的顺序对备选文献进行编号。

第二步,在阅读文献摘要和概览文献正文的基础上,从备选文献中筛选出与师范生 TPACK 发展相关的研究论文。进行文献筛选时,共同遵循以下三个筛选条件:①文献中的研究主题与师范生 TPACK 发展相关。②文献中的研究是定性研究。③文献发表或出版时间在 2005 年[3]及以后。

第三步,汇总筛选出的文献,形成待分析文献集合。文献汇总时,对于有分歧的文献,通过讨论决定是否将其列为待分析文献。最终形成的待分析文献集合包含英文文献 189 份、中文文献 67 份。

第四步,评价文献。形成待分析文献集合后,使用学者 Atkins 等提出的文

---

[1] NOBLIT G, HARE R. Meta-ethnography: synthesising qualitative studies[M]. California: Sage Publications, 1988:72.

[2] FRANCE E F, WELLS M, LANG H, et al. Why, when and how to update a meta-ethnography qualitative synthesis[J]. Systematic reviews, 2016, 5(1):44-56.

[3] 因为 TPACK 概念在 2005 年被正式提出,因此本书以 2005 年作为文献筛选的时间节点。

献质量评价标准,对选定文献进行质量评价。质量评价分以下三个步骤完成:

第一步,用001、002……256的序号对将选定的256份文献进行编号。

第二步,浏览文献正文,运用评价标准对选定的文献逐篇进行评价。

第三步,汇总每份文献的3份评价结果,形成最终的评价结论。在评价结果汇总时,如果发现某项内容的评价意见存在分歧,则由笔者和助研研究生三人讨论达成一致意见。

Atkins等提出的文献评价标准是采用13个问题来评定文献质量[①],我们选定的256份文献的质量评价结果汇总见表4-1。

表4-1 文献质量评价结果汇总表

问题	是	否	不确定
这是一项定性研究吗?	240	16	0
研究问题是否被清晰地描述?	231	25	0
采用定性研究方法是否有正当的理由?	243	0	13
采用的研究方法是否适合研究问题?	248	0	8
研究背景是否被清楚地描述?	162	71	23
研究者的角色是否被清楚地描述?	148	83	25
抽样方法是否被清楚地描述?	198	40	18
抽样策略是否适合研究问题?	153	38	65
数据收集方法是否被清楚地描述?	180	68	8
数据收集方法是否适合研究问题?	232	0	24
分析方法是否被清楚地描述?	241	0	15
分析方法是否适合研究问题?	225	0	31
研究结论是否得到足够证据支持?	215	23	18

选择13个问题的答案均为"是"的文献作为最终要分析的文献,因此,最终确定需要分析的文献共133份。其中英文文献105份,中文文献28份。每一份

---

① ATKINS S, LEWIN S, SMITH H, et al. Conducting a meta-ethnography of qualitative literature: lessons learned[J]. BMC medical research methodology, 2008, 8, 21-31.

第4章 师范生TPACK发展实践模式构建

文献都描述了一项独立的师范生TPACK发展实践。

3.记录每项发展实践的教学要素的信息

此阶段工作是逐篇研读选定的文献,分析每项发展实践的特征,并记录相关信息。对教学的考察,通过分析教学要素及其相互关系来进行。[①] 因此,对每项师范生TPACK发展实践特征的分析,主要通过分析教学要素的特征及其关系来进行。

当前,人们对于教学由哪些要素构成有不同的认识,存在多种观点。本书采用"七要素说",即从学生、教学目的、教学内容、教学方法、教学环境、教学反馈和教师七个方面分析选定发展实践的特征。分析工作依然由笔者和两位助研研究生三人共同完成,分析过程共分三个步骤:

第一步,以001、002、……133的序号对133篇文献进行编号。

第二步,逐篇阅读每一份文献,并记录文献描述的七个教学要素的信息。为统一记录结果,便于后续研究开展,笔者设计了一份文献研读记录表,见表4-2。

表4-2 文献研读记录表

记录人		
文献编号		
项目	记录内容	备注
学生		
教学目的		
教学内容		
教学方法		
教学环境		
教学反馈		
教师		
其他		

[①] 张楚廷.教学论纲[M].北京:高等教育出版社,2002:28.

表4-2中各个项目记录的信息如下:

记录人:标记记录表由谁产生,此信息主要用于记录人识别。

文献编号:用于标记记录内容来自哪篇文献,用于后期记录内容的查证。

学生:记录参加发展实践的师范生信息。

教学目的:记录发展实践拟实现哪些TPACK发展目标,即发展实践拟在哪些方面提升师范生TPACK水平。

教学内容:记录发展实践为达成TPACK发展目标,讲授哪些知识,进行了哪些实践,以及它们与TPACK发展目标之间的关系。

教学方法:记录发展实践使用什么样的教学思想、教学设计模型、教学过程或教学活动来实现发展目标。

教学环境:记录发展实践是在什么样的环境下进行的。师范生TPACK发展受社会环境、校园环境和课堂教学环境影响,此次分析主要关注课堂教学环境。

教学反馈:记录教师用什么方法评价发展效果,同时记录评价开展的时间、评价者是谁、评价内容是什么、评价过程是什么样的和以什么方式反馈评价结果等。

教师:记录进行发展实践的教师的信息,如人数、他们各自承担的工作、他们所具有的知识和技能等。

其他:记录文献中无法包含在以上项目当中但需要特别说明的信息。

在文献阅读和分析过程中,笔者和两位助研研究生三人各自根据文献内容填写记录表。填写时,如果文献未对某一记录项目进行说明,则填写"未提及";如果对填写内容有特殊的理解,则在备注栏中说明。在此研究环节,每份文献各有3份原始记录表,共形成399份研读记录表。

第三步,共同对每份文献的3份原始记录表进行汇总。汇总时,首先讨论3份记录表中的七个教学要素的信息,然后将它们合并,形成该文献中的七个教学要素信息的综合记录表。此阶段工作共形成了133份记录表。

4.汇总所有发展实践的教学要素的信息

此阶段的工作是将上一阶段形成的133份记录表汇总形成一份记录表。对于某一个教学要素的记录信息,汇总过程如下:①将001号与002号文献的该教学要素的记录信息进行对比,在讨论的基础上将它们合并成一条信息,此信息是001号和002号文献对该教学要素描述信息的综合。②将得到信息与003号文献的该教学要素的记录信息进行对比,同样通过讨论,将两者合并成一条新的信息。合并得到的信息是001、002和003号文献对该教学要素描述信息的综合。③以此类推,直至将133份记录表中的该教学要素的记录信息合并成一条信息。最终形成的信息包含133份文献对此教学要素的描述。

133份记录表中的"其他"项目记录信息的处理与七个教学要素记录信息的处理方式一致。

对于前文列举的七个教学要素,均采用以上方法进行汇总。汇总形成的教学要素的描述信息也采用记录表方式进行表示,见表4-3。

表4-3 教学要素信息汇总表

教学要素	描述项目	描述内容	文献编号	备注
学生	学生描述1	学生描述内容1	编号1……M	说明1
	……	……	……	……
	学生描述N	学生描述内容N	编号1……M	说明N
教学目标	教学目标1	教学目标描述1	编号1……M	说明1
	……	……	……	……
	教学目标N	教学目标描述N	编号1……M	说明N
教学内容	教学内容1	教学内容描述1	编号1……M	说明1
	……	……	……	……
	教学内容N	教学内容描述N	编号1……M	说明N
教学方法	教学方法1	教学方法描述1	编号1……M	说明1
	……	……	……	……
	教学方法N	教学方法描述N	编号1……M	说明N
教学环境	教学环境1	教学环境描述1	编号1……M	说明1
	……	……	……	……
	教学环境N	教学环境描述N	编号1……M	说明N

续表

教学要素	描述项目	描述内容	文献编号	备注
教学反馈	教学反馈方式1	教学反馈描述1	编号1……M	说明1
	……	……	……	……
	教学反馈方式N	教学反馈描述N	编号1……M	说明N
教师	教师描述项目1	教师描述内容1	编号1……M	说明1
	……	……	……	……
	教师描述项目1	教师描述内容N	编号1……M	说明N
其他	项目1	描述内容1	编号1……M	说明1
	……	……	……	……
	项目N	描述内容N	编号1……M	说明N

如表4-3所示,每个教学要素都包含若干个描述项目,每个描述项目代表该教学要素在发展实践中的一种表现,用描述内容来对这种表现进行详细说明。为便于描述项目与描述内容查证,以及各个描述项目在发展实践中出现频次的统计,汇总表使用文献编号来标注各个描述项目及其描述内容所在的文献。如果需要对某个描述项目进行特殊说明,则在备注列中进行。

5. 解释发展实践的教学要素的特征

此阶段的工作是对上一阶段得到的七个教学要素的汇总信息进行描述和解读,进而阐述每个教学要素在师范生TPACK发展实践中表现出来的特征。

6. 总结和阐述师范生TPACK发展实践的特征

此阶段的工作是根据上一阶段得到的七个教学要素在师范生TPACK发展实践中表现出来的特征,系统阐释师范生TPACK发展实践的总体特征。

4.2.2 师范生TPACK发展实践的教学要素的特征

1. 发展实践的学生

在本节中,学生是指参与TPACK发展实践的师范生。133份文献对师范生信息的描述主要包括:参与人数、人口学信息、背景知识以及教学经验等。其中,参与人数是指有多少名师范生参加发展实践;人口学信息主要是与师范生

第4章 师范生TPACK发展实践模式构建

相关的院校、专业、年级或年龄和性别等方面信息;背景知识主要包括师范生学习过哪些与TPACK发展相关的课程及已具有的技术知识或技能等;教学经验是指师范生是否进行过教育实习、教育见习、模拟教学或微格教学等。

(1) 参与人数

共有112份文献描述了参加实践的师范生人数。其中12份文献描述的人数少于15人,87份文献描述的人数为15~50人,其余13份文献描述的人数大于50人。描述信息显示:参与人数低于15人的发展实践主要通过招募志愿者作为教学对象。当人数多于50人时,发展实践多数以班级为单位开展教学,班级通常在两个或两个以上。除6项发展实践采用网络技术支持的虚拟班级外,其他发展实践均采用校园中的班级实体。

(2) 人口学信息

院校信息:在地域上,发展实践中的师范生主要来自美国、英国、中国、新加坡、土耳其、澳大利亚等国家或地区高校。也有少数来自非洲地区的高校,这些发展实践得到联合国或欧美发达国家教育机构的资助。在学校层面,有11项发展实践中的师范生来自不同的学校,其他发展实践中的师范生都来自同一所学校。

专业信息:总共81份文献描述了参加发展实践的师范生学习的专业。涉及的专业主要有科学、数学、物理、化学、生物、文学、历史、语言等。相关实践的数量见表4-4。

表4-4 针对不同专业师范生的发展实践的数量

专业名称	数量	专业名称	数量
科学(信息技术)	15	数学	13
物理	8	化学	4
生物	5	文学	10
历史	3	语言	6
其他	17		

对教学对象是否来自不同的专业进行分析与统计,结果显示,在81项发展实践中,只有9项实践中的教学对象来自不同专业。

年龄与年级:相关描述信息显示,参加发展实践的师范生的年龄大多处于18~25岁。也有少部分文献提及的实践参与者的年龄在该年龄阶段之外,最大年龄是45岁。年龄较大的参与者大多数是申请教师职业资格的其他职业人员,他们并不是严格意义上的师范生。

师范生所在年级包含一年级(freshman year)、二年级(sophomore)、三年级(junior)和四年级(senior),也有少数发展实践中的师范生处于毕业后未入职的状态。共有100份文献描述了师范生的年级信息,各年级段的研究数量见表4-5。

表4-5 针对不同年级师范生的发展实践的数量

类别	数量
一年级	8
二年级	27
三年级	44
四年级	15
毕业后未入职	6

在对师范生所在年级信息进行分析时,笔者也关注了发展实践中的师范生是否来自不同的年级。结果显示,在100项发展实践中,有12项发展实践是跨年级进行的,即有不同年级的师范生参加同一项发展实践。

性别:有52份文献对参与实践的师范生的性别进行说明,但从记录信息分析发现,虽然相关研究统计了这方面的信息,但它们都没有分析教学实践是否对不同性别的师范生TPACK发展产生不同的影响。性别在相关研究中不是一个影响发展实践的因素。因此,在进行人口学信息分析时,没有处理这方面信息。

(3)背景知识

107份文献对参加发展实践的师范生先前学习过的与TPACK发展相关的课程进行说明。这些课程总体上可以分为三类:方法课程(method course)、技术课程(technology course)以及教育技术课程(education technology course)。

方法课程主要是指教育学方面的课程,这类课程的教学目标是帮助师范生了解和掌握一般性的教学知识。69篇文献说明了师范生在参加实践前已学习的方法课程。在数量上,师范生学习过的方法课程有1~6门,受学习时间的影响,高年级师范生已学习的方法课程一般要多于低年级师范生;在内容上,它们主要包括一般教学理论、教学方法等。

第4章 师范生TPACK发展实践模式构建

技术课程是指与信息技术相关的课程,课程内容涉及硬件设备的工作原理、功能与操作技能,通用信息技术软件(如Microsoft office等)或教学软件(如几何画板、Moodle网络教学系统等)的功能和使用技能等。89份文献对参加实践的师范生学习过哪些技术课程进行了说明。其中,14项实践中的师范生学习过硬件设备(如电子白板、交互性多媒体教学设备等)使用课程,53项实践中的师范生学习过通用信息技术软件使用课程,41项实践中的师范生学习过教学软件使用课程。相关信息显示,参加发展实践的师范生至少学习过其中的一种课程。

教育技术课程是指引导师范生将信息技术应用到教学当中的一类课程,有18份文献提及参与发展实践的师范生学习过该类课程。

(4)技术知识和技能

26份文献提到,在信息社会成长起来的师范生是信息社会的"土著居民",具有适应信息社会生活所需要的技术知识和技能,如信息检索、开展网络社交等知识与技能,但是他们缺乏将这些知识和技能应用于教学和学习的经验。

(5)已有TPACK水平

超过半数的发展实践(94项)在教学开始前对师范生已有TPACK水平进行测量。测量结果表明,无论在哪个维度,师范生TPACK水平都处于中等水平。TCK、TPK、PCK和TPCK四种复合知识,尤其是与技术相关的三种知识的水平有很大的提高空间;师范生对于整合技术开展教学的态度、信念以及道德意识也有待于改善,他们整合技术开展教学的各种技能也需要进一步提升。

(6)教学经历

有85份文献对师范生是否具有教学经历进行描述。描述信息显示,发展实践中的师范生大多数没有开展真实教学的经历,他们缺乏整合技术开展教学的经验。只有11项发展实践中的师范生具有开展教学的短期经历。相关信息也表明,由于信息技术在教育领域中的普及应用,相关师范生在进行教学时,都是在信息技术环境下进行的。但是,相关学者认为,这些师范生进行教学时,主要利用信息技术来检索和传递教学信息,没有将信息技术与教学和学习活动进行深度融合。虽然他们具有在信息技术环境下进行教学的经历,但并不具有真正意义上的整合技术开展教学的经验。

(7)学生的特征

基于以上描述信息,参加TPACK发展实践的师范生具有以下三方面特征:

第一,师范生多数已学习过方法课程和技术课程,但整合技术开展教学的知识、技能、心理和道德水平处于相对较低的水平,都有进一步提高的需求。

第二,出生并成长于数字时代的师范生具有比较丰富的技术知识和技能,但缺乏在真实或虚拟环境中整合技术开展教学的经历,也缺乏整合技术开展教学的经验,这在一定程度上影响了他们整合技术开展教学的知识、技能、心理和道德的形成。

第三,参加同一项发展实践的师范生多数具有类似的专业背景和前导知识,通常是以班级为单位参加 TPACK 发展实践。

2. 发展实践的教学目标

根据本书第 2 章对 TPACK 发展的内涵解读,将发展实践的教学目标分为知识目标、技能目标、心理目标和道德目标四种。在 133 项实践中,有 21 项实践将 TPACK 视为一种独特的知识,与本书对 TPACK 内涵的理解不一致。因此,在教学目标统计时将此 21 项实践排除在外。以上四种教学目标涉及的发展实践数量见表 4-6。

表 4-6 四种教学目标涉及的发展实践数量

教学目标	实践数量
知识目标	104
技能目标	63
心理目标	24
道德目标	5

如表 4-6 所示,有 104 项实践的教学目标包含知识目标,63 项实践的教学目标包含技能目标,24 项实践的教学目标包含心理目标,而与 TPACK 道德要素发展相关的实践则相对较少,只有 5 项。

TPACK 构成要素是一个有机整体,多数被分析的发展实践都包含多重教学目标。在 112 项发展实践中,有 63 项实践明确地将师范生整合技术开展教学的知识和技能发展作为教学目标,有 4 项实践将师范生整合技术开展教学的知识、技能和心理发展作为教学目标,12 项实践的教学目标是提高师范生整合技术开展教学的知识和心理水平,5 项实践关注师范生整合技术开展教学的知识和道德的发展,而独自关注 TAPCK 知识和心理要素发展的实践分别有 20 项和 8 项。没有发现专门针对师范生整合技术开展教学的技能和道德发展的实践。

（1）知识目标

在将整合技术开展教学的知识发展作为教学目标的 104 项实践中，有 80 项实践以 PK、CK、TK、PCK、TPK、TCK 和 TPCK 七种知识的共同发展为教学目标，而其他 24 项实践重点关注与技术相关的 TCK、TPK 和 TPCK 三种知识的发展。

（2）技能目标

针对 TPACK 技能要素发展的 63 项实践主要通过师范生设计与制作整合技术的教学人工制品或在信息技术环境下开展整合技术的教学来培养相关技能。教学人工制品制作包括撰写整合技术的教学计划，有 25 项实践采用此方式；制作教学视频，采用这种方式的实践有 11 项；设计与制作教学数字故事，采用这种方式的实践有 3 项；设计与制作在线课程，有 8 项实践应用了此方法。另有 16 项实践通过师范生在真实信息技术环境下开展教学来实现师范生 TPACK 技能要素的发展。

（3）心理目标

在心理层面，影响师范生应用技术开展教学的因素主要是态度、信念和自我效能感等。因此，提升师范生整合技术开展教学心理水平的 15 项实践多数将改变师范生应用技术开展教学的态度和信念，提升师范生整合技术开展教学的自我效能感作为教学目标。

（4）道德目标

遵循信息技术使用道德规范和国家相关政策的要求，合理合法地使用技术开展教学是师范生应具备的基本素质，有 5 项发展实践的教学目标包含使用技术开展教学道德方面的内容。

（5）教学目标的特征

被分析的师范生 TPACK 发展实践在教学目标的设置上表现出以下特征：

第一，在知识目标方面，多数实践注重帮助师范生掌握应用技术开展教学所需的七种知识，但也有部分实践重点关注与技术相关的 TPK、TCK 和 TPCK 三种知识的发展。在技能目标方面，主要通过让师范生设计与制作整合技术的教学人工制品和应用技术开展教学来实现相关技能的发展。在心理目标方面，发展实践重点帮助师范生建立起整合技术开展教学的态度和信念，提升整合技术开展教学的自我效能感。在道德目标方面，发展实践主要培养师范生能够遵循道德规范合理合法地使用技术开展教学。

第二,共有84项发展实践将两种或两种以上要素的发展作为教学目标。其中,知识目标和技能目标的组合共有63项,4项实践将三种要素的发展作为教学目标,未发现有将四个要素发展作为教学目标的实践。将单一要素发展作为教学目标的实践有28项。这种情况表明,当前大多数发展实践将TPACK知识和技能要素的共同发展作为目标。

第三,在包含多重教学目标的发展实践中,都包含知识要素的发展。这种状况在一定程度上表明,整合技术开展教学的心理、技能和道德的发展要在整合技术开展教学的知识获取的基础上进行。

3. 发展实践的教学内容

发展实践的教学内容总体上由两部分构成:理论知识模块和实践模块。

1) 理论知识模块

针对知识、技能、心理和道德四个内在要素,被分析的发展实践通过讲授不同的理论知识来实现它们的发展。

(1) 与知识和技能要素发展相关的理论知识

在发展实践中,与知识要素发展相关的理论知识主要是TK、PK、TCK、TPK和TPCK,它们的主要内容见表4-7。

表4-7 与知识要素发展相关的理论知识

理论知识	具体内容
TK	特定硬件设备的工作原理、操作方法与技能,计算机软件(如Word、PowerPoint等)使用方法与技能等
PK	一般教学原理、特定的教学方法(如协作学习等)的原理与实施过程等
TCK	收集、整理与制作文字、图像、音视频和动画等数字化资源的知识,使用特定技术呈现和传递学科内容的知识
TPK	使用特定技术开展教学与学习活动的知识
TPCK	在特定信息技术环境下进行具体学科知识教学的知识

在发展实践中,师范生通常按照三种顺序学习以上内容。

第一,师范生在学习技术知识(TK)的基础上,学习如何使用相关技术来表征和传递学科内容、支持特定的教学与学习活动,最后学习如何使用它们开展学科知识教学。这种顺序的特点是从单一维度知识学习逐渐向复合型知识学

第4章 师范生TPACK发展实践模式构建

习过渡,通常是出现在师范生一、二年级TPACK发展实践中。

第二,师范生首先学习如何使用合适的信息技术来表征和传递学科内容(TCK)以及开展教学和学习活动(TPK),在此基础上学习如何使用合适的技术开展具体的学科内容教学(TPCK)。这种学习顺序的特点是从二维复合型知识学习逐渐向三维复合型知识学习过渡,主要出现在对PK、CK、TK有一定积累的高年级师范生的TPACK发展实践中。

第三,师范生首先学习特定的教学方法(PK),进而学习如何使用技术来支持其中的教学与学习活动(TPK),以及支持学科内容表征与传递(TCK),最后学习如何在信息技术环境下使用此种教学方法开展具体的学科知识教学(TPCK)。这也是一种从单一维度知识逐渐向复合型知识学习过渡的顺序,具体表现为PK到TPK、TCK,再到TPCK。这种学习顺序主要出现在低年级师范生TPACK发展实践中。

(2) 与心理要素发展相关的理论知识

改变师范生对应用技术开展教学的态度与信念,产生使用技术开展教学的意愿和意图,关键是要让他们认识到技术对于教学的价值,以及技术在教学中的应用可能给教学带来的利与弊。因此,相关实践都将技术与教学的关系、技术对于教学的功能与价值以及技术能够给教学带来什么影响等内容作为促进心理要素发展的知识。

(3) 与道德要素发展相关的理论知识

在道德要素发展的实践中,相关学者通常认为,师范生应用技术开展教学,在道德层面上应遵循信息道德、与信息技术使用相关的行为准则以及教师职业道德等。因此,他们讲授的理论知识主要涉及以上几个方面。

2) 实践模块

实践模块中的内容主要包括以下几项:

(1) 信息技术硬件设备或软件使用技能练习

这类实践是让师范生熟悉和掌握特定硬件设备或软件的操作方法,为将来使用这些设备或软件开展教学做准备,如电子白板操作练习、PowerPoint软件使用技能练习等。

(2) 在信息技术环境下处理教学信息

这类实践是让师范生应用掌握的信息技术处理与学科教学内容相关的信息,如运用国际互联网检索教学资源,用Word准备教学文档,用视频软件准备教学视频等。

（3）开展信息技术支持的教学或学习活动

该类实践是让师范生在信息技术环境下应用特定的软件或硬件开展特定的教学活动或支持学生的学习活动，如使用电子白板进行交互式教学，使用BBS、社交软件等进行师生互动等。

（4）设计与制作教学人工制品

该类实践要求师范生针对特定的信息技术环境，完成一个完整的整合技术的教学作品制作，如制订教学计划、制作教学视频、在线课程或电子讲稿等。

（5）观摩与评价教学案例（或教学作品）

这类实践是让师范生分析与评价使用信息技术开展教学的优秀案例或作品。如观摩教学、微课或在线课程等。

（6）开展信息技术支持的教学

该类实践通常要求师范生应用自己设计与制作的教学计划，在信息技术支持的教学环境中进行真实的或虚拟的教学。

根据描述信息表明，大多数学者认同以上实践都会对TPACK四个内在要素的发展产生影响。因此，它们在不同教学目标的发展实践中都有出现。

3）教学内容的特征

133项被分析的发展实践的教学内容有以下两方面特征：

第一，多数发展实践的教学内容都设置理论知识和实践两个模块，这两个模块的内容相互渗透、相互依存，形成"为实践学习理论知识，在实践中学习理论知识"的关系。

第二，在多数发展实践中，理论知识模块和实践模块被有机地整合在一起，形成有特色的TPACK发展课程。有超过半数（72份）的文献提到，为实现教学目标，相关学者开发了各自的TPACK发展课程。

4. 发展实践的教学方法、发展模型和与教学设计模型

在133份文献中，共有47份文献明确说明发展实践采用的教学方法和教学过程与活动设计的理论依据，而其他文献只是对发展实践的教学活动进行了一般性描述。经过分析统计发现，主要有7种教学方法被应用于TPACK发展实践，另有5种TPACK发展模型和4种教学设计模型被应用于指导发展实践的教学过程与活动设计。以下内容将对这些教学方法、TPACK发展模型和教学设计模型进行说明。

第 4 章　师范生 TPACK 发展实践模式构建

1）发展实践使用的教学方法

发展实践使用的教学方法主要有：通过设计学习技术、基于案例的学习/基于案例评价的学习、基于项目的学习、通过创建数字故事学习、基于问题的学习以及基于游戏的学习等。

（1）通过设计学习技术

Mishra 和 Koehler 在提出 TPACK 概念的同时，也认为"通过设计学习技术"是促进教师 TPACK 发展的有效方法。[1] 该方法在被分析的发展实践中得到广泛应用。值得指出的是，虽然 Mishra 和 Koehler 提出使用此方法来发展教师 TPACK，但他们并没有对这种方法的实施过程进行详细说明。因此，相关学者在应用此方法开展师范生 TPACK 发展实践时，都是以"基于设计的学习（design based learning/learning by design）"为理论依据，在综合考虑教学目标、教学内容、技术环境、教学资源以及教学对象的基础上，设计各自的教学与学习活动。

这种方法的教学主导思想是让师范生设计整合技术的教学作品，解决真实的教学问题，借此发展他们的 TPACK。在相关实践中，师范生的学习过程总体表现为：学习整合技术开展教学的理论知识→提出要解决的问题→讨论形成作品设计方案→制作作品→作品展示与评价→作品设计方案及成果修改与完善→学习反思与总结。

（2）基于案例的学习/基于案例评价的学习

整合技术开展教学的优秀案例中包含教师整合技术开展教学的具体活动，能够给师范生示例如何整合技术开展教学，给师范生带来整合技术开展教学的间接经验。师范生对优秀案例进行观摩、分析与评价，既是他们对已学知识的应用，也是对未知知识的探索，对 TPACK 四个内在要素的发展均会产生影响。

采用"基于案例的学习"的发展实践通常包含以下师生活动：

教师活动：讲授理论知识、提供案例、组织并参与讨论与交流、辅导或指导、教学评价等。

学生活动：理论知识学习、检索案例、案例观摩与分析、讨论交流、总结反思、撰写学习心得、制作教学作品、开展整合技术的教学等。

在具体的发展实践中，以上各种活动以不同方式进行组合，形成各自能够

---

[1] MISHRA P, KOEHLER M. Technological pedagogical content knowledge: a framework for teacher knowledge[J]. Teachers college record, 2006, 6(10): 1017-1054.

实现 TPACK 发展目标的教学和学习过程。

采用"基于案例评价的学习"的发展实践通常也包含以上教师和学生活动。与前者不同的是,当师范生进行案例评价时,教师要为他们提供案例评价模板,以指导他们对案例进行有效评价。师范生依据评价模板完成案例评价后,需要撰写案例评价报告,作为学习总结。

(3)基于项目的学习

在使用这种方法的实践中,师范生通过完成一个项目来实现 TPACK 发展,要完成的项目通常是制作一个整合技术的教学人工制品。采用"基于项目的学习"的发展实践通常包含以下师生活动:

教师活动:讲授完成项目所需的理论知识、提供资源、辅导与指导、教学人工制品评价。

学生活动:学习完成项目所需的理论知识、选择要制作的教学人工制品、制定制作方案、制作方案分享与评价、教学人工制品制作、制作过程反思与总结。

(4)通过创建数字故事学习

该方法通过师范生创建用于支持特定学科知识教学的数字故事,帮助他们发展 TPACK。

数字故事的创建一般包含七个步骤:①学科教学主题选择(subject matter selection),师范生从课程中选择用于创建数字故事的教学主题。②信息选择(message selection),师范生根据教学对象的情况选择合适的要包含在数字故事中的教学信息。③分镜头脚本编写(scenario writing),师范生撰写数字故事的分镜头脚本。④材料选择(material selection),师范生根据分镜头脚本和教学对象,选择合适的音频和视频等用于创建数字故事。⑤故事模板创建(story board creation),师范生根据分镜头脚本和教学对象,选择合适的故事来讲述教学内容。⑥软件使用(software use),师范生选择合适的软件来制作数字故事。⑦形成数字故事(digital story),师范生综合前面六个步骤的工作,形成最终的数字故事。①

在师范生按照以上步骤创建数字故事时,教师在各个环节给予他们指导和帮助。当师范生完成数字故事创建后,教师组织他们进行数字故事展示与评价,以及故事创作过程反思。

---

① HATICE S T,TUGBA Y Y. Effects of creating digital stories on foreign language education pre-service teachers' TPACK self–confidence[J]. Educational studies,2015,41(4):444–461.

第 4 章　师范生 TPACK 发展实践模式构建

(5) 基于问题的学习

在使用这种方法的实践中,师范生通过解决未来在信息技术环境下开展教学可能面对的真实问题来实现 TPACK 发展。总体上,发展实践的教学过程一般由以下四个活动环节构成[1]:

定义问题:教师提供问题情境,师范生以小组为单位提出教学过程中要解决的问题。提出的问题必须是他们未来整合技术开展教学可能面对的真实问题,且是非良构的。

提出问题解决方案:师范生以小组为单位提出若干个问题解决方案,并从中选择出最优的方案。

尝试解决问题:师范生在真实情境中应用选定的解决方案尝试解决问题,并评估解决方案。

展示和讨论问题解决过程与结果:师范生以小组为单位向同伴展示问题解决过程与结果,师生共同对各个小组展示的内容开展讨论与交流。

在师范生依据以上四个活动环节解决问题时,教师要求师范生记录他们的问题解决过程与结果,并组织他们开展讨论与交流。师范生根据教师的要求,记录各阶段的活动过程和结果,并撰写反思日志。

(6) 基于游戏的学习

应用这种方法进行发展实践,有两种不同的方式:一是教师让师范生开展基于游戏的教学,师范生通过教学实践实现 TPACK 发展;二是教师让师范生设计教育游戏,师范生通过设计活动实现 TPACK 发展。

在第一种方式中,发展实践通常被分为两个阶段[2]:①师范生熟悉"基于游戏的学习"理论。在此阶段,教师首先介绍游戏应用于教学的背景、合理性、可能性、存在的挑战及原理;并组织师范生体验如何应用游戏开展教学,师范生就如何使用游戏开展教学进行讨论与交流。在学习知识和体验的基础上,师范生对教师提供的应用游戏开展教学的案例进行评价。此阶段活动的目标是帮助师范生理解教育游戏应用于教学的巨大潜力、教育游戏如何被应用于教学以及

---

[1] TEE M Y, LEE S S. From socialisation to internalisation: cultivating technological pedagogical content knowledge through problem – based learning[J]. Australasian journal of educational technology, 2011, 27(1):89 – 104.

[2] MARIA M M, THEODOSIA P. Pre – service teacher training on game – enhanced mathematics teaching and learning[J]. Technology knowledge & learning, 2016, 21:379 – 399.

它们给教学带来的利与弊,从而改变他们对应用游戏进行教学的态度,发展他们应用游戏开展教学的思维,提高他们应用游戏进行教学的技能。②课程设计、应用和反思。在此阶段,师范生以小组为单位,设计与实施基于游戏的教学计划,并对教学过程与结果进行反思。

以第二种方式开展的实践为例,其通常包括以下三个教学环节[①]:①师范生结合自己所学专业,选择要包含在教育游戏中的教学主题。②教师讲授如何设计教育游戏,师范生学习相关知识。③师范生设计、制作和评价教育游戏。

(7) 技术支持的科学探究模型(technology-embedded scientific inquiry model)

学者 Muammer 等提出此模型。这种模型的主导教学思想是将各种技术工具嵌入探究式教学中,用技术支持各种探究活动。技术与探究活动的融合体现在三方面[②]:①支持技术的科学概念处理,师生选择使用合适的技术工具对课程内容包含的科学概念进行澄清,以加深对概念的理解。②技术支持的科学调查,师生使用合适的数字工具与软件收集、展示和分享数据。③技术支持的科学交流,师生使用虚拟平台就与科学相关的研究命题及其研究方案、研究过程、研究结论展开讨论与交流。师范生在展开以上活动的过程中实现 TPACK 发展。

2) 指导教学过程和活动设计的 TPACK 发展模型

相关文献中一共出现 5 种模型:

(1) 基于学习活动类型(learning activity type)的 TPACK 发展模型

这种 TPACK 发展模型基于这样一种假设组织发展实践的教学与学习活动:教师制订教学计划是一种常规化活动选择、组织和序列化的决策过程,有效教学计划的制订取决于教师已具备的教师专业知识。各种教师专业知识可以通过与教学相关的实践活动获得。因此,教师 TPACK 发展可以通过让他们制订在信息技术环境下进行教学的课程教学计划来实现。

在这种发展实践中,师范生制订教学计划是核心活动。针对特定的学科内容,教学计划制订过程包括五个步骤:①选择学习目标;②根据学生的学习经历

---

① TOKMAK H S. Pre-service teachers' perceptions on TPACK development after designing educational games[J]. Asia-Pacific journal of teacher education,2015,43(5):392-410.

② MUAMMER C. Effects of 'environmental chemistry' elective course via technology-embedded scientific inquiry model on some variables[J]. Journal of science education & technology,2014,23:412-430.

制定可实施的教学决策;③从活动类型中选择合适的活动并将其序列化,将各种活动组合成符合学生学习特征的学习过程;④选择合适的形成性和总结性评价策略,以便对学生学习了什么以及学习结果进行评价;⑤选择能够帮助学生学习的工具和资源。[①] 在制订教学计划时,以上五个活动步骤依次实施,如果发现依照前面的活动无法继续后续的活动,则要对前面的活动进行修正与完善。如此反复,直至最终完成教学计划制订。

(2) 技术映射(technology mapping)模型

技术映射模型由学者 Angeli 及其合作者提出。这里的映射是指师范生在了解技术对教学的功能及限制的基础上,将技术功能与教学内容和教学方法建立联系,解决学生学习学科知识面对的难题的过程。依据此模型,师范生需要通过开展以下活动来实现 TPACK 发展:①师范生基于已有的经验,考虑针对特定的学生群体开展某一学科主题教学时,学生所面对的学习难题是什么。②师范生根据学生已有的知识,将学科主题划分为若干个彼此有联系的教学内容模块,并确定各自的教学目标。③师范生就如何使用技术将教学内容转换为学生可理解的陈述方式进行决策,并进行迭代,直至产生合适的教学方案。在产生合适的教学方案的过程中,师范生必须知道如何运用技术转换教学内容的陈述,如何根据不同学生群体修改教学内容的陈述方式,以及如何在教学中创新性地使用技术改变已有的教学方法。[②]

(3) 技术集成教育模型(technology integration education model)

技术集成教育模型将促进师范生 TPACK 发展的教学实践划分为互为关联的两个阶段:促使师范生产生使用技术开展教学的动机和提升师范生应用技术开展教学的技能。师范生使用技术开展教学的动机的产生是以他们对技术在教学中的价值认识为基础的。师范生认识到技术对于教学的价值,能够改变他们的教学信念,教学信念的改变能够影响他们对使用技术开展教学的态度、主观意愿及行为,进而激发他们使用技术开展教学的动机。师范生使用技术开展

[①] HARRIS J B, HOFER M. Instructional planning activity types as vehicles for curriculum-based TPACK development[M]. Williamsburg:W&M publish,2009.

[②] ANGELI C, VALANIDES N. Epistemological and methodological issues for the conceptualization, development, and assessment of ICT-TPCK: advances in technological pedagogical content knowledge[J]. Computer & education,2009,52(1):154-168.

教学的技能可以通过让他们使用技术完成特定的教学任务来培养。任务的价值与目标、师范生在任务过程中得到的反馈信息以及他们的自我调节能力均会对技能形成产生影响。[①]

(4) TPACK 发展的瀑布模型

我国学者聂晓颖融合瀑布模型(软件开发模型)以及学者 Jang 提出的 TPACK-COPR 教学设计模型构建此模型。这是一个通过开展整合技术的教学实践来实现师范生 TPACK 发展的模型,该模型将师范生 TPACK 发展的实践过程分为理解、设计、实践、评价和反思五个阶段。[②]

理解阶段:师范生在确定学科教学内容、教学目标、教学资源、教学环境以及教学对象等教学要素的基础上,决定使用什么技术开展教学,并列出技术清单。

设计阶段:师范生确定如何使用技术去支持各种教学与学习活动,形成教学计划、教案或课件等。

实践阶段:师范生应用设计阶段形成的教学计划教案式课件进行授课。

评价阶段:师范生对自己开展的教学进行形成性和总结性评价,从教与学两个角度归纳总结教学的失当之处。

反思阶段:师范生回顾、重现并批判性地分析上述四个阶段开展的活动,最终推动 TPACK 水平提升。

在发展实践中,以上五个阶段依次渐进开展,每个阶段的活动结果是下一个阶段活动的输入。在进行各阶段的活动时,如果发现上一阶段的活动结果存在问题,则返回上一阶段对其进行修正。如此反复,直至完成五个阶段的所有活动。

(5) 以协同知识建构活动为核心的 TPACK 发展模型

我国学者吴焕庆基于协同知识建构理论,提出以协同知识建构活动为核心的 TPACK 发展模型。此模型将 TPACK 发展看作既是师范生吸收生成知识的

---

① HOLLAND D D, PIPER P P. A technology integration education (TIE) model: millennial preservice teachers' motivations about technology, pedagogical, and content knowledge (TPACK) competecncies[J]. Educational computing research, 2014, 51(3): 257-294.

② 聂晓颖. 职前教师 TPACK 能力培养的瀑布模型构建研究:以数学学科为例[J]. 电化教育研究, 2017, 4(288): 122-128.

个人建构过程,也是通过协作生成知识的协同建构过程,同时还是一个通过共享和创造知识的集体建构过程。以上三个过程通过吸收、反思、生成、内化、共享、论证、协商、应用、创造等活动独立或协同运行。①

3）指导教学过程和活动设计的教学设计模型

（1）Angeli 等的教学系统设计模型

Angeli 等认为,TPACK 发展受师范生所处的校园环境、所具有的教学经验及教育信念的影响。教师教育者在进行促进师范生 TPACK 发展的教学设计时,首先要考虑这三种因素。同时,Angleli 等也认为,师范生 TPACK 发展的关键是让他们学会使用信息技术工具来处理应用传统方法难以表征和传递的教学内容,以及难以实施的教学策略,TPACK 发展要在师范生已有的知识和信息技术使用技能的基础上进行。因此,教师首先要向师范生讲授使用信息技术来表征和传递教学内容、支持教学和学习活动的理论知识,并建立各种知识之间的联系。教师在讲授以上知识的同时,还要安排师范生应用这些知识进行教学作品设计,生成可评价的教学人工制品。教师借助教学人工制品评价师范生的学习状况。在学习过程中,师范生要时常反思学习状况,改善自己的学习行为。

依据此思想,Angeli 等将与 TPACK 发展相关的学习过程划分为理论知识学习和实践两个环节。其中,理论知识学习包括技术知识、教育理论及其教育寓意和教学方法学习以及以上三种知识如何建立联结等。实践环节是师范生应用学习到的知识开展整合技术的教学计划设计。其间,教师既是理论知识的讲授者,也是实践的引导者和示范者。②

（2）TPACK—COPR 教学设计模型

Jang 认为交互性电子白板在教学中的应用,一方面能够支持教师进行教学资源的计划与开发,帮助教师向学生示范技术工具使用技能;另一方面能够有效提高学生学习注意力,提高学习效果。在师范生教师专业知识发展中,训练

---

① 吴焕庆.以协同知识建构为核心的教师 TPACK 提升路径研究:一项基于设计的研究[J].电化教育研究,2017,10(294):118-123.

② ANGELI C,VALANIDES N. Preservice elementary teachers as information and communication technology designers: an instructional systems design model based on an expanded view of pedagogical content knowledge[J]. Journal of computer assisted learning,2005,8:292-302.

师范生使用交互性电子白板开展教学对于他们的TPACK发展能够起到积极的推动作用。同时,Jang也认为同伴之间的互动交流是产生新想法和批评意见的重要渠道,同伴辅导(peer coaching)能够促进反思,帮助师范生应用教学模型和教学策略开展教学,提高他们对教学概念和策略的理解,是一种教师专业知识发展的重要方法。据此,他将电子白板与同伴辅导教学方法进行结合,提出了TPACK-COPR教学设计模型。

该模型将促进师范生TPACK发展的教学过程划分为四个阶段:理解TPACK、观察同伴教学、真实情境下的教学以及反思TPACK。在教学中,以上四个阶段依次开展,并形成循环。

理解TPACK:师范生以小组形式学习特定的技术知识和教学方法,并开展讨论与交流。学习内容包括课程教材中的内容、TPACK理论、电子白板的功能与应用技能等。这一阶段的学习活动能够帮助师范生进一步理解学科内容、提高他们使用合适的教学策略和方法解决难题的能力,以及帮助他们识别哪些教学主题难以使用传统方法开展教学。

观察同伴教学:完成理论基础知识学习之后,师范生观察有使用电子白板教学经验的同伴如何使用这种工具开展教学,并使用他们掌握的理论知识对同伴的教学进行评论,提出建议。

真实情境下的教学:在观察同伴教学的基础上,师范生设计教学计划,并依据教学计划开展教学。教师录制所有学生的教学过程。

反思TPACK:师范生观看自己或同伴的教学视频,分析教学行为,总结分享教学经验,进行反思,提高TPACK水平。[1]

这是一个面向电子白板教学情境的教学设计模型,但它也可以应用于其他信息技术环境中。如在Jang和Chen后续开展的一项师范生TPACK发展实践中,技术环境被更换为Web环境,同样也实现预期的TPACK发展目标[2]。

(3) Koh的师范生TPACK发展教学过程

新加坡学者Koh及其合作者通过两轮设计研究,提出了一种针对在电子白

---

[1] JANG S J. Integrating the interactive whiteboard and peer coaching to develop the TPACK of secondary science teachers[J]. Computers & education,2010,55:1744-1751.

[2] JANG S J,CHEN K C. From PCK to TPACK:developing a transformative model for pre-service science teachers[J]. Journal of science education and technology,2010,19:553-564.

板教学情境中的 TPACK 发展教学过程。教学过程由四个阶段组成：

第一阶段，教师向师范生介绍电子白板的功能并示范其使用方法。然后，教师为师范生提供在线学习包，供他们课后自主学习。在线学习包内含电子白板使用教程、电子白板模拟软件、使用电子白板教学的案例以及案例分析指导手册等。

第二阶段，教师复习电子白板的重要功能，师范生应用教师发布的在线学习材料和模拟软件自主练习使用电子白板和开展自我测验，并且以小组为单位讨论和反思电子白板被应用于教学的利弊。师范生以小组为单位围绕"教师为什么在教学中使用电子白板？""教师以什么方式使用电子白板提高教学交互性？""教师使用了电子白板的哪些特性开展教学？"以及"如何使用这些特性开展教学？"通过此四个问题对教师提供的案例进行分析。教师组织师范生讨论和交流案例分析结果，帮助师范生关注案例使用的教学方法。完成以上活动后，教师再次为师范生提供包含使用电子白板开展教学案例的数字学习包，师范生使用学习包开展自主学习。

第三阶段，师范生以小组为单位操作真实的电子白板设备，并和同伴分享在电子课程中学习到的知识。在此基础上，各学习小组成员探索学习包中的课程案例，分析这些案例是如何被开发的，其中的教学和学习活动如何被设计成有交互性的，以及设计思想如何被应用到自己的课程设计中，并将他们的发现与同伴分享与交流。完成以上活动后，小组成员协作完成一个应用电子白板进行教学的方案。

第四阶段，每个小组向教师和其他小组成员分享他们掌握的有关电子白板的知识，并展示设计的教学方案。教师和其他小组成员对分享的内容和展示的教学方案进行评论，并提供反馈意见。各个小组根据评论和反馈意见对各自的教学方案进行完善。[1]

(4) IDDIRR 教学设计模型

IDDIRR 教学设计模型是学者 Lee 和 Kim 在综合 Angeli 和 Valanides、Jang 和 Chen 的模型的基础上提出的。IDDIRR 教学设计模型将促进师范生 TPACK

---

[1] KOH J H L, DIVAHARAN S. Towards a TPACK – fostering ICT instructional process for teachers: lessons from the implementation of interactive whiteboard instruction [J]. Australasian journal of educational technology, 2013, 29(2): 233 – 247.

师范生整合技术的学科教学知识(TPACK)发展实践模式研究

发展的教学实践划分为六个环节：

介绍(introduce,I)：教学开始时，教师首先向师范生介绍 TPACK 框架，解释并举例说明其中的七种知识，使师范生建立能够帮助他们开展后续活动所需的基本知识。

展示(demonstrate,D)：教师应用一个整合技术开展教学的案例向师范生展示 TPACK，师范生在教师展示过程中提升他们对 TPACK 的理解。

开发(develop,D)：师范生应用先前两个阶段学习到的知识，以小组为单位开发一个整合技术开展教学的计划。

应用(implement,I)：各个小组选择一个成员充当教师，其他成员作为学生，应用开发的计划进行教学。

反思(reflect,R)：各个小组完成教学后，反思教学过程并讨论教学计划。

修改(revise,R)：各个小组根据反思和讨论结果修改教学计划。[①]

2017 年，Lee 及其合作者对该模型进行修正，修正后的模型将促进师范生 TPACK 发展的教学实践分为三个阶段：

了解 TPACK。师范生讨论和交流 TPACK 框架的七种知识，然后将七种知识与真实的整合技术开展教学的案例建立联系。在讨论过程中，教师给予必要的引导与反馈。通过以上活动，师范生初步了解 TPACK。

体验 TPACK。师范生在信息技术环境下开展探究性学习，解决若干个高级思维问题，体验以学习者为中心的教学方法以及技术支持的教学和学习活动。此阶段的活动目标是帮助师范生将 TPACK 整合进入个人的知识系统当中。

实践 TPACK。师范生应用前两个阶段学习到的知识，以小组为单位开发一个整合技术开展教学的课程教学计划，并与同伴和教师进行讨论与交流，获取反馈意见，根据反馈意见修改和完善教学计划。最后应用完善后的教学计划开展教学。此阶段的活动目标是帮助师范生深化对 TPACK 的理解。[②]

---

① LEE C J, KIM C M. An implementation study of a TPACK – based instructional design model in a technology integration course[J]. Education technology research & development, 2014, 62:437 – 460.

② LEE C J, KIM C M. A technological pedagogical content knowledge based instructional design model: a third version implementation study in a technology integration course[J]. Education technology research & development, 2017, 65:1627 – 1654.

4）教学方法的特征

以下将从教学指导思想和教学过程两个角度说明师范生 TPACK 发展实践使用的教学方法、教学设计模型和发展模型的共同特征。

（1）教学指导思想

在教学指导思想方面，发展实践使用的教学方法、教学设计模型和发展模型表现出以下三个特征：

第一，理论联系实践。发展实践使用的教学方法、教学设计模型和发展模型总体上遵循着这样一种思路来引导学习活动设计：首先，师范生在教师指引下，学习整合技术开展教学所需的理论知识，然后应用掌握的知识开展实践活动，解决真实教学情境中的具体问题，在实践过程中验证、修正、完善和更新已有的整合技术开展教学的知识体系。在发展实践中，师范生的学习过程总体表现为"理论知识学习→实践→实践经验升华"的活动循环。师范生在这种"知"与"行"相结合的活动循环中，获得整合技术开展教学的知识与技能，形成整合技术开展教学的心理，以及产生遵循道德规范使用技术进行教学的意识和形成自身的符合道德规范的技术使用行为，实现 TPACK 发展。

第二，以学习者为中心。在发展实践使用的教学方法、教学设计模型和发展模型当中，师范生被置于"中心"地位，表现为：师范生在教师的引导下，学习整合技术开展教学的理论知识，进行与整合技术开展教学相关的实践，解决信息技术环境下真实的教学问题，在理论知识学习和问题解决过程中自我实现 TPACK 发展。

第三，教师作为示范者。依据研究文献提及的教学方法、教学设计模型和发展模型进行师范生 TPACK 发展实践，师范生的学习过程表现为一个整合技术开展教学的理论知识学习、实践以及实践经验升华的活动循环。其间，教师通过"示范"来帮助师范生实现从"知"到"行"的转变，充当"示范者"角色。

在发展实践中，教师通过三种方式向师范生示范：①教师亲自向师范生示范如何整合技术开展教学。②教师选择优秀的整合技术开展教学的案例，让师范生观摩、分析和评价案例。教师借助案例中的优秀教师向师范生示范如何整合技术开展教学。③教师组织师范生向同伴展示如何整合技术开展教学，并对展示的内容进行评价和提出修改意见。教师和部分师范生共同为其他师范生进行示范。

(2)教学过程

综合133项发展实践的教学过程,这些实践在"理论联系实践"、"以学习者为中心"和"教师作为示范者"三个教学指导思想的指引下,围绕TPACK发展目标,总体上按照以下四个环节开展教学与学习活动:①教师讲授整合技术开展教学的理论知识。②教师通过示例或展示整合技术开展教学的案例,让师范生感受和理解如何整合技术开展教学。③师范生设计与制作整合技术的教学人工制品或开展整合技术的教学,体验如何整合技术开展教学。④师范生反思学习与实践过程与结果,总结经验,撰写心得。以上四个教学环节彼此依赖、相互渗透,并根据需要开展循环,发挥着各自的功能。

第一,帮助师范生掌握整合技术开展教学的理论知识。虽然参加发展实践的师范生都具有一定的技术知识、教学法知识和学科内容知识,但在TPACK发展实践之前,这些知识通常都是孤立存在的。师范生往往意识不到技术对于教学的重要价值,缺乏整合技术开展教学的意识与意愿,鲜有整合技术开展教学的经验,也难以综合应用技术解决真实情境中的教学问题。因此,在多数师范生TPACK发展实践中,教师通常都会以不同方式向师范生介绍技术对教学的价值,应用技术开展教学的利与弊,技术可以如何被应用于学科内容表征和支持教学与学习活动,应用技术开展教学应遵循的道德规范等,旨在让师范生了解和熟悉整合技术开展教学的相关知识,为他们提高整合技术开展教学的技能、心理和道德水平作知识储备。

第二,帮助师范生学习他人整合技术开展教学的经验。无论是授课教师的示例,还是其他教师的整合技术开展教学的案例,都能形象直观地展示如何整合技术开展教学。师范生基于掌握的理论知识,对示例或案例中的教师整合技术开展教学的过程、方法和行为等进行观摩、分析与评价,能够获得他们整合技术开展教学的经验。

这些经验对于师范生TPACK发展具有重要意义。对知识要素发展而言,它们能够帮助师范生将学习到的"公共知识"内化,形成"个体知识";对技能要素发展而言,它们能够帮助师范生建立在未来教学中使用的整合技术开展教学的技能;对心理要素发展而言,它们能够让师范生具体地感受技术在教学中的功能和价值、可用性与易用性,形成整合技术开展教学的心理;对道德要素发展来说,它们能够帮助师范生建立起符合道德规范的"应有"行为。

第4章 师范生 TPACK 发展实践模式构建

第三,帮助师范生获得整合技术开展教学的直接经验。师范生应用掌握的整合技术开展教学的理论知识设计与制作教学人工制品,在信息技术环境下进行教学实践,解决真实的教学问题,在问题解决过程中亲历整合技术开展教学的历程,能够帮助他们获得整合技术开展教学的直接经验。这些经验对于知识要素发展而言,能够帮助师范生获得整合技术开展教学的"新"知识,这些知识是师范生在具体行动中形成的,属于"实践性知识";对技能要素发展而言,它们能够帮助师范生形成在特定信息技术环境下开展教学的技能;对心理要素发展而言,它们同样能帮助师范生具体地感受技术在教学中的功能和价值、可用性与易用性,形成整合技术开展教学的心理;对道德要素发展来说,它们能够帮助师范生形成自身的符合道德规范的"实际"行为。

第四,帮助师范生将获得的经验升华为可迁移的一般性知识与技能。无论是师范生通过示例或案例观摩、分析与评价获得的间接经验,还是在实践过程中形成的直接经验,都具有情境性。要将这些经验应用到其他教学情境当中,需要将它们抽象为可迁移的一般性知识和技能。在发展实践中,这种转化借助于"反思"活动来完成。师范生反思理论知识学习与实践的过程与结果,归纳总结在具体信息技术环境下整合技术开展教学使用的知识和产生的行为,将其系统、抽象化,使之可迁移到其他的教学情境当中。这是整合技术开展教学的经验向一般性知识和技能的升华。

这种升华能够帮助师范生获得"新"知识,更新已有的整合技术开展教学的知识体系,形成能够应用于不同信息技术环境的整合技术开展教学的技能,坚定整合技术开展教学的信念,巩固符合道德规范的技术使用行为。

5. 发展实践所在的环境

共有 62 份文献描述发展实践所处的环境,描述信息显示,有 39 项实践是在信息技术支持下的传统教室中进行的,其他 23 项实践是在混合式环境下开展的。综合文献对环境的描述,发展实践所处的环境表现出以下三个特征:

第一,发展实践所在的教室都配备有信息技术设备和数字化教学资源,在理论知识教学环节,它们能够支持教师开展整合技术的教学活动。在 62 个被描述的教室中,有 51 个教室配备了多媒体教学系统,11 个教室配备了交互式电子设备。其中,35 个教室连通了校园网络或国际互联网。教师可以借助于信息技术设备表征和传递教学内容,组织教学和学习活动,管理教学过程以及开展教学评价等。

第二,在实践环节,教学环境能够支持师范生开展硬件设备和软件操作练习、处理数字化学习资源,以及开展技术支持的学习活动。描述信息显示,多数发展实践的实践活动是在多媒体计算机机房中进行的,每个师范生或学习小组都有各自可以使用的硬件设备或软件。使用的设备多数与校园网或国际互联网连接,能够支持师范生在实践过程中获取网络资源或开展讨论与交流。对于一些没有在校园中普及配置的信息技术设备(如交互式电子白板),通常借助于模拟软件来支持相关活动的开展,或者采用小组分时操作的方式实现操作练习。在一些发达国家,由于计算机或便携式移动终端等已经在学生群体中普及使用,部分实践活动让师范生在课外使用自己的设备来进行。

第三,在混合式教学中,使用网络教学系统来支持相关活动的开展。网络教学系统被应用于发布教学资源,支持师范生开展自主或协作学习,支持师生开展讨论与交流,进行教学人工制品的展示、分享与评价以及支持师范生撰写学习心得、反思日志和学习总结等。

总之,师范生TPACK发展实践所处的环境是一个信息化环境。这种环境既可以是技术支持的传统教室,也可以网络环境,或是两者的有机整合。环境中配备的软硬件及教学资源等能够支持表征与传递学科知识、实施教学与学习活动、组织与管理教学过程和开展教学评价等。

6. 发展实践的教学反馈

本书围绕以下五个问题对133份研究文献中与评价相关的信息进行分析:①采用哪些方法进行发展效果评价?②在何时进行发展效果评价?③由谁完成发展效果评价?④评价内容是什么?⑤评价结果以何种方式反馈给师范生?分析结果阐述如下:

1) 评价方法与评价内容

在发展实践中,教师主要采用自我报告法、绩效评价法、访谈法、开放式问卷调查法和观察法五种方法进行发展效果评价。除此之外,少数教师采用其他方法评价发展效果,如分析师范生在解决问题过程中产生的对话[1]、师范生撰写的反思日志、学习总结等。

自我报告法是被采用得最多的一种评价方法,共有117项实践采用此方法

---

[1] 詹艺.基于TPACK框架的话语分析:师范生在教学设计过程中关注什么[J].远程教育杂志,2011,6:73-78.

第4章 师范生 TPACK 发展实践模式构建

检验发展效果。这种评价方法主要使用李克特量表让师范生自我评价 TPACK 水平,形成量化评价结果,并即时将评价结果反馈给师范生。

在使用自我报告法开展 TPACK 知识要素发展效果评价时,评价内容主要是七种知识的水平,开展心理要素发展效果评价时,评价的内容往往是师范生对整合技术开展教学的态度和信念,以及自我效能感等;开展道德要素发展效果评价时,评价内容通常是师范生使用技术开展教学的道德意识、规范以及是否会遵循道德规范开展教学等。

使用自我报告法进行发展效果评价,需要测量量表。分析结果显示,多数发展实践在使用这种方法评价发展效果时,都会根据实际情况编制量表。在使用自我报告法的发展实践中,共发现 63 份不同的测量量表。尽管如此,以下几个量表被广泛借鉴改编:Schmidt 量表、Archambault 量表、Graham 量表、Koh 量表、Sabin 量表、Chai 量表、Akman 量表以及 Yurdakul 量表。

绩效评价法主要用于技能要素发展效果的评价,所有与技能要素发展相关的实践都采用这种评价方法。应用绩效评价方法进行发展效果评价时,教师、师范生或者其他专家对师范生设计制作的整合技术的教学作品开展同伴互评、教师(专家)评价或自评,最后,教师综合多方评价结果形成评价结论。评价结论既可能是量化的,也可能是质性的。

通过评价师范生设计的整合技术的课堂教学计划来判断师范生整合技术开展教学的技能是使用绩效评价法检验发展效果常见的操作方式。汇总结果表明,共有 47 项实践使用这种方式。除此之外,也有部分教师通过评价师范生制作的教学视频或分析师范生撰写的反思日志等来检查发展效果。

分别有 48 项和 39 项实践使用开放式问卷调查法和访谈法来评价发展效果。当教师采用这两种方法进行发展效果评价时,一般都会根据评价目标拟定访谈提纲和调查问题。分析结果表明,访谈和调查的内容主要包括:师范生怎么认识在教学中使用信息技术;是否具有使用信息技术开展教学的意愿;为什么要在教学中使用信息技术;会在教学中使用哪些信息技术;在什么时候使用信息技术;如何使用信息技术支持教学和学习活动;使用信息技术进行教学存在哪些障碍;如何克服使用信息技术开展教学存在的障碍;如何评价整合技术的教学等。

只有 12 项发展实践使用课堂观察法进行发展效果评价,这种状况主要受师范生 TPACK 发展情境制约。由前文学生信息分析结果可知,师范生 TPACK

发展实践多数采用班级授课的方式。在这种情况下,师范生通常不具备在真实情境下开展整合技术教学的条件,通过观察师范生整合技术的教学行为来评定TPACK水平,检验教学效果,不易于实施。事实上,使用观察法评价发展效果的实践都属于个案研究。

在分析每项实践使用什么方法进行发展效果评价的同时,笔者对它们使用的评价方法数量进行统计。统计结果显示,有23项实践只采用一种方法评价发展效果。其中,14项使用的是自我报告法,5项采用绩效评价法,4项使用访谈法或观察法,未见有单独使用开放式问卷法进行发展效果评价的实践。其余110项实践使用两种及以上的方法进行发展效果评价。

当教师使用两种方法进行发展效果评价时,有两种常见的组合方式:一是"自我报告法"+"绩效评价法、访谈法或开放式问卷调查法",这是一种将量化与质性评价相结合的评价方式;二是"绩效评价法"+"访谈法、开放式问卷调查法或观察法",这是采用两种质性评价方法进行发展效果评价的方式。除此之外,还有"访谈法"+"观察法"或"观察法"+"反思日志、学习总结分析"等组合,这些组合主要出现在师范生TPACK发展个案研究中。

有实践使用三种及以上的方法来评价发展效果。在这些实践中,评价方法组合通常表现为"自我报告法"+"绩效评价法"+"访谈法、开放式问卷调查法、观察法或反思日志(学习日志、学习总结)分析"。这种组合方式将量化评价与质性评价、自我评价与教师(或专家)评价进行有机整合,收集不同来源的数据,让多方证据相互印证,能够比较真实地评价师范生TPACK水平。

2) 评价主体

自我报告法的评价主体是学习者(即参加实践的师范生),绩效评价法和观察法的评价主体既可以是学习者,也可以是教师,或是熟悉整合技术开展教学的专家。需要特别指出的是,当教师采用这种方法进行发展效果评价时,通常会采用学生自评、同伴互评和教师(专家)评价相结合的方式,教师最后综合三方评价结果形成最终评价结论。当教师采用开放式问卷调查法或访谈法进行发展效果评价时,评价通常由教师完成,师范生提供评价所需的信息。

3) 评价时间及结果反馈方式

教师通常会在教学开始前或结束后运用自我报告法进行师范生TPACK水平测量。教学开始前的测量结果一般作为教师制订发展计划的依据,通常也作为检验发展效果的依据之一,教师通常会把它与教学结束后的测量结果进行对比,以此判断实践是否促进师范生 TPACK 发展。在信息环境下,自我报告法产生的评价结果以量化方式直接反馈给师范生。

在使用绩效评价法评价发展效果时,对师范生绩效作品的评价一般在师范生初步完成作品制作和最终形成作品之后。前者属于形成性评价,其目的是帮助师范生发现作品制作过程中存在的问题,以便进行修正与完善。在进行形成性评价时,当教师完成学生自评、同伴互评和教师(专家)评价结果汇总后,会将不同来源的评价意见以及形成的评价结论及时地反馈给师范生,以便他们根据评价意见和结论对作品进行修正与完善。后者是终结性评价,教师将此阶段得到的评价结果作为检验发展效果的依据之一。所有采用此方法的发展实践都在师范生完成作品后,对最终作品进行评价。绩效作品的终结性评价结论通常在教学结束后作为课程学习结果评价结论的一部分反馈给师范生。

访谈和问卷调查通常是在教学结束之后进行,教师将访谈和调查结果作为评定发展效果的依据。也有少数发生在教学开始前,教师依据访谈或调查结论来制订教学计划、选择教学内容等。对师范生整合技术的教学行为观察一般安排在教学的最后阶段,观察结论作为评定发展效果的支持材料。在以班级为单位的师范生 TPACK 发展实践中,调查、访谈和课堂观察结论通常作为教师评价发展效果、完善日后教学的参考依据,一般不反馈给学生。而在师范生 TPACK 发展的个案研究中,这些结论会作为学习评价结论的一部分反馈给师范生,以帮助他们了解自身的学习状况。

4)教学评价的特征

综合以上描述,133 项发展实践所采用的 TPACK 发展效果评价方法表现出以下三方面特征:

(1)综合使用质性和量化方法评价发展效果

在发展实践中,教师一方面应用自我报告法测量师范生 TPACK 水平,进行发展效果量化评价;另一方面对师范生在学习过程中形成的教学人工制品等开展质性评价,或通过访谈和问卷调查定性描述师范生整合技术开展教学能力。量化评价和质性评价结论相互补充,彼此印证,形成相对全面的发展效果评价结论。

(2)从终结性评价转向形成性评价

在发展实践中,评价活动贯穿整个实践过程,渗透到各个活动环节当中,被作为一项支持师范生 TPACK 发展的常规性活动,而不仅仅局限于对发展效果进行评价。

(3) 教师/专家评价和学生评价相结合

在对教学人工制品等进行评价时,多数发展实践都采用教师/专家评价与学生评价相结合的方式,其中学生评价包括自评和互评。

7. 发展实践的教师

有 23 份文献说明了教师的信息。分析结果显示,在这些发展实践中,有 15 项实践是由教育技术课程教师(或教学团队)完成的,5 项发展实践的教师或团队是教育学课程教师,其余 3 项实践是由学科教师进行的。他们均具有整合技术开展教学的理论知识与实践经验。其中,部分教师是教育技术领域的专家学者。根据描述,发展实践的教师具有以下四方面特征:

(1) 具有一般信息技术能力

一般信息技术能力是指教师具有某些信息技术知识与技能,对于使用技术进行日常信息处理感到舒适,能够熟练地应用不同技术进行信息处理,能够接受各种新兴技术,理解技术对日常生活造成的影响等。[①] 在师范生 TPACK 发展实践中,教师要整合信息技术开展教学,给师范生进行示范,他们自身首先要能够使用信息技术,并理解它们如何工作。描述信息表明,发展实践的教师具有这方面的能力。

(2) 具备使用技术开展教学的能力

被分析的发展实践都是在特定的信息技术环境下进行的。发展实践的顺利开展,在一定程度上表明相关教师具有这方面的能力。

(3) 具有整合技术开展教学与学习的信念

描述信息表明,作为教育者,开展师范生 TPACK 发展实践的教师通常认为:信息技术在教学中的应用能够给教学和学习带来益处;信息技术能够改变和变革教学实践;要让师范生有效整合技术开展教学,必须要让他们认识到信息技术对教学和学习过程的影响,让师范生意识到信息技术对于教学和学习的价值;要采用"以学习者为中心(student centered)"的教学方法来实现师范生 TPACK 发展。

---

① UERZ D, VOLMAN M, KRAL M. Teacher educators' competences in fostering student teachers' proficiency in teaching and learning with technology: an overview of relevant research literature[J]. Teaching and teacher education, 2018, 70: 12-23.

(4)具有教学革新的能力

师范生 TPACK 发展实践大多是在教学改革或改变教学方式的背景下进行的,教师整合技术变革教学方法和方式是一个复杂的过程,涉及多维度内容的改变,通常需要教师具备教学革新和专业学习的能力。[①] 文献描述信息表明,选定的发展实践都根据各自的教学情境采用合适的方法开展教学,达成各自教学目标。这在一定程度上表明这些发展实践的教师具有整合技术革新教学的能力。

4.2.3 师范生 TPACK 发展实践的特征

综合 4.2.2 节的描述,被分析的师范生 TPACK 发展实践整体表现出来的特征如图 4-2 所示。

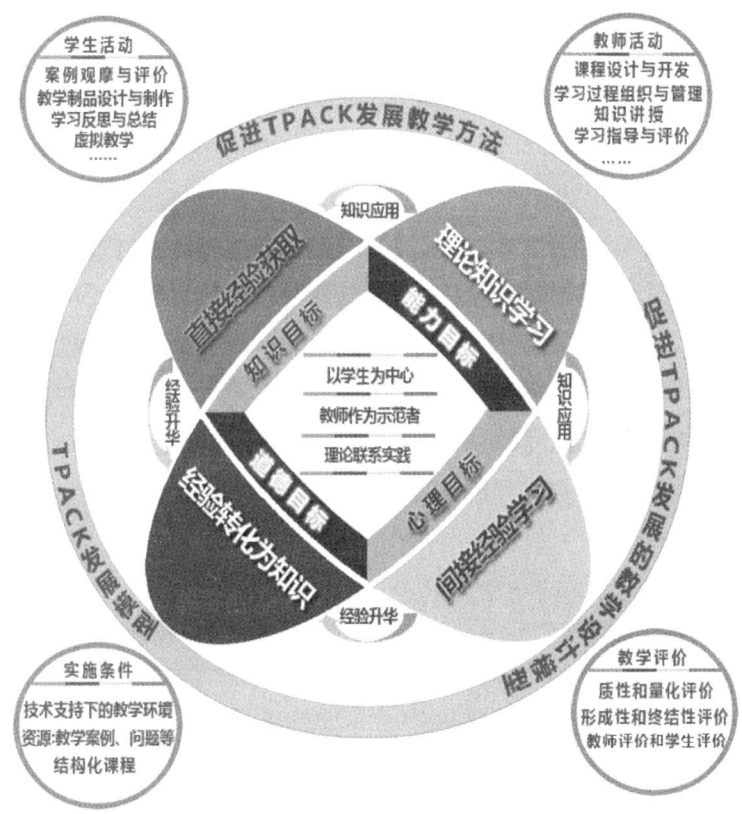

图 4-2 师范生 TPACK 发展实践的特征

---

① VANDERLINDE R. School-based ICT policy planning in a context of curriculum reform [D]. Ghent, Belgium: Ghent University, 2011.

图4-2中各组成部分的内涵解释如下：

第一，发展实践将"以学生为中心""理论联系实践"以及"教师作为示范者"作为教学主导思想，以师范生整合技术开展教学的知识、技能、心理和道德的发展作为教学目标。

第二，发展实践围绕整合技术开展教学的理论知识学习、经验获取以及整合技术开展教学的知识与经验之间的相互转换组织教学与学习活动。

第三，发展实践的教学和学习活动设计遵循一定的教学方法、TPACK发展模型或者教学设计模型。发展实践中出现的主要教学方法、发展模型和教学设计模型见表4-8。

表4-8 发展实践中出现的教学方法、发展模型和教学设计模型

类别	具体内容
教学方法	通过设计学习技术，基于案例的学习，基于案例评价的学习，基于问题的学习，通过创建数字故事学习，基于项目的学习，基于游戏的学习，技术支持的科学探究模型等
TPACK发展模型	基于学习活动类型的TPACK发展模型，技术映射模型，技术集成教育模型，瀑布模型，以协同知识建构为核心的发展模型等
教学设计模型	Angeli的教学系统设计模型，TPACK-COPR教学设计模型，IDDIRR教学设计模型，Koh的师范生TPACK发展教学过程等

第四，在发展实践中，师范生的学习过程总体上表现为"整合技术开展教学的理论知识学习，整合技术开展教学的间接经验获取，整合技术开展教学的直接经验获取，整合技术开展教学的经验升华"四个活动环节的循环，各活动环节包含的典型教师和学生活动见表4-9。

表4-9 各活动环节包含的主要教师与学生活动

活动环节	教师活动	学生活动
理论知识学习	讲授知识，提供学习资源等	课内听讲，自主学习等
间接经验获取	示范，提供案例等	案例观摩、分析与评价等
直接经验获取	提出要解决的问题，指导、辅导与评价等	设计与制作整合技术的教学人工制品，实施与评价整合技术的教学等
经验升华	引导、评价等	撰写学习或反思日志、学习总结等

第五,发展实践采用量化评价和质性评价、形成性评价和终结性评价、教师(专家)评价和学生评价(自评和互评)相结合的方法进行发展效果评价。

第六,发展实践是在技术支持的环境中开展教学与学习活动的,需要有包含理论知识和实践内容的发展课程来支持各种活动开展。除此之外,还需要有整合技术开展教学的案例、源自真实情境的教学问题及其他相关资源来支持师生活动开展。

4.3 师范生TPACK发展实践模式构成要素

依据拟定的模式构建思路,本节将参照归纳总结的师范生TPACK发展实践的特征和根据理论分析形成的实践过程,对师范生TPACK发展实践模式的五个构成要素分别进行说明或演绎。

4.3.1 功能目标

实践模式的总体功能是为师范生TPACK发展提供一种实践方案。本书将TPACK视为由整合技术开展教学的知识、技能、心理和道德四种内在要素和物理与技术环境、文化、学生特征以及教师个人人际关系四种外在要素构成的框架,TPACK发展是四个内在要素的发展。对于以上四种内在要素,各自发展目标如下:

1. 知识要素的发展目标

国内外已有师范生TPACK发展实践特征分析表明,在整合技术开展教学的知识方面,当前发展实践的教学目标设置有两种倾向:一是将提升七种知识的水平作为教学目标,二是将提升四种复合型知识,尤其与技术相关的三种复合型知识的水平作为教学目标。现有发展实践的特征同时也表明,出生并成长于信息时代的师范生具有在技术环境下开展信息活动的知识,同时通过修读教育类课程,他们也具有一定的教育学方面的知识,但是缺少整合技术开展教学的经历与经验,缺乏应用技术表征和传递学科内容、使用技术支持教学和学习活动以及在具体信息技术环境下开展教学的知识。据此,将知识要素的发展目标设定为提升复合型知识的水平。

2. 技能要素的发展目标

师范生整合技术开展教学的技能是其具有知识的外在表现,与知识要素发展目标相对应,技能要素的发展目标是:培养应用技术表征和传递学科内容的技能、应用技术开展教学或学习活动的技能、针对特定的教学情境设计学科知识的教学计划、设计与制作教学作品以及开展教学的技能等。

3. 心理要素的发展目标

TPACK 心理要素包括整合技术开展教学的态度、信念、意愿、意图和自我效能等不同方面和层次的内容。在 TPACK 心理要素发展中,形成整合技术开展教学的态度和信念最为关键,它们是师范生产生整合技术开展教学的意愿与意图前提基础。因此,在心理要素发展方面,发展目标拟指向改变应用技术开展教学的态度,坚定信息技术在教学中的应用能够对教学和学习产生有益影响的信念,以此来促进师范生产生整合技术开展教学的意愿和意图。

4. 道德要素的发展目标

在道德要素发展方面,发展目标是让师范生了解与熟悉应用技术开展教学应遵循的道德规范,并且在它的引导和约束下,产生遵循道德规范应用技术进行教学的意识,并能够在整合技术的教学中表现出合乎道德规范的技术使用行为。

4.3.2 理论基础

1. 理论基础选择

通过理论分析,在宏观上可以借助于"理论知识学习"→"理论知识理解与内化"→"实践"→"实践经验总结与升华"的活动循环来帮助师范生实现 TPACK 发展。基于对现有师范生 TPACK 发展实践特征的总结,笔者在第 4.2.3 小节指出:在具体实践中,师范生通过学习整合技术开展教学的理论知识、获取整合技术开展教学的间接与直接经验和将整合技术开展教学的知识和经验进行相互转换三种活动,实现 TPACK 发展。综合师范生 TPACK 发展实践的理论需求与特征,本书选择"基于案例推理的学习"和"设计型学习"的理论观点作为师范生 TPACK 发展实践模式的理论基础。

在以下内容中,本书将从教学理念和教学过程两个方面就它们对于师范生 TPACK 发展实践模式的适切性进行分析。

2. 理论基础适切性分析

1) 从教学理念上分析

从教学理念上看,"基于案例推理的学习"和"设计型学习"蕴含的教学理念与当前发展实践所遵循的"理论联系实践""以学习者为中心"和"教师作为示范者"三个教学指导思想是相吻合的。

  设计型学习(learning by design,LBD 或 design – based learning,DBL)是一种以项目为中介、学习小组为单位开展活动的教学形式。这种教学形式将学生置身于一个真实的情境中,挑战具有一定难度的设计任务。学生通过设计和制作作品、解决问题,达到理论知识和实践技能学习的目的。设计型学习强调学生参与到项目当中,动手实践和设计。其主要教学思想是让学生在真实的任务情境中,利用所学的知识和技能,创造性地设计出能满足一定目的或具有一定功能的产品,以解决真实情境中的实际问题。① 这是一种以"动手做(hand – on)"为取向的教学形式,旨在促进学生高层次批判性思维、创造性思维以及科学推理能力的发展。②

  基于案例推理(case based reasoning,CBR)的学习是学习科学领域一种新的学习方式。③ 这种学习方式认为学习者已掌握的知识在人脑中会以案例的形式存在,当学习者遇到一个新问题时,通常会从记忆的案例中找出以往处理过的类似问题的经验和知识,并将其修正后去解决新问题。如果把学习者当前面临的问题或情况称为目标案例,把记忆中的案例称为源案例,那么 CBR 就是根据目标案例的特征,从源案例库中搜索相似的案例,并在源案例指导下完成目标案例求解的过程。④ 在问题求解过程中,学习者利用自己经验或学习专家的经验,产生新问题解决的经验与知识。总体而言,基于案例推理的学习是一种基于先前经验进行类比推理的学习方式,它揭示的是学习者在学习过程中遇到新问题时,会通过先前经验作出"做什么"和"如何做的"决策,通过过去经验预测"可能会发生什么",进而解决问题,学习新的知识与经验。这种学习方式将学习者的推理、学习与记忆过程融合为一个整体。⑤

  基于以上论述,基于案例推理的学习的核心理念是学生借鉴与参考已有解

---

① 张静,刘赣洪.多维视角下教师 TPACK 发展机制与培养路径[J].远程教育杂志,2015,33(3):95 – 102.
② 王佑镁,李璐.设计型学习:一种正在兴起的学习范式[J].中国电化教育,2009,10:12 – 16.
③ 丁炜.基于案例推理的学习[J].外国中小学教育,2007,12:44 – 47.
④ 赵卫东,李旗号,盛昭瀚.基于案例推理的决策问题求解研究[J].管理科学学报,2000,12:29 – 35.
⑤ 冯锐.基于案例推理的经验学习[M].上海:华东师范大学出版社,2011:15.

决问题的经验与方法,解决现实问题,在问题解决过程中形成新的问题解决经验,获得新知识。而设计型学习的核心理念是让学生进行作品设计与制作,获取作品设计和制作经验,习得相关知识。两种教学方式都是让学生在解决具体问题过程中学习新知识,蕴含着"以学习者为中心"的理念。在以上两种教学方式中,无论是基于自己或他人的经验解决现实问题的过程,还是通过真实作品设计与制作解决问题的过程,都是学生学习新知识过程,也是学生应用习得的知识进行实践的过程。这一过程体现出"理论联系实践"的理念。在基于案例推理的学习中,如果学生借鉴专家的问题解决方法去解决问题,这是专家为学生示范;设计型学习要求教师亲身为学生示范如何设计与制作作品或提供作品设计与制作案例供学生借鉴与参考,它们体现的是"教师(专家)作为示范者"的理念。以上三种理念与当前师范生 TPACK 发展实践表现出来的三个教学指导思想是相吻合的。

2)从教学过程上分析

基于"设计型学习"和"基于案例推理的学习"的理论观点,能够演绎出一种教学过程,一方面包含实践过程的所有活动环节,另一方面涵盖当前 TPACK 发展实践所包含的三种关键活动。

(1)教学过程演绎

国内外学者已提出了一些设计型学习的实施模型,比较常见的有:逆向思维学习过程模型、基于设计的科学学习循环模型、学习挑战模型、基于设计的科学探究循环模型[1]以及迭代设计运作原理[2]等。我国学者闫志明将设计型学习应用到师范生 TPACK 发展实践中,提出了一种专门针对师范生 TPACK 发展的设计型学习模式。[3] 对于以上模型或模式,本书选择逆向思维学习过程模型、基于设计的科学探究循环模型和设计型学习模式进行解释说明,以此来阐述设计型学习的实施过程。

逆向思维学习过程模型将设计型学习的实施过程分成如下步骤:①教师

---

[1] 李美凤,孙玉杰.国外"设计型学习"研究与应用综述[J].现代教育技术,2015,25(7):12-18.

[2] 曹东云,谢利民.一种设计型学习的教学设计框架:基于美国高中"可持续发展"的课例分析[J].外国中小学教育,2012,12:56-60.

[3] 闫志明.高校师范生 TPACK 水平提高的设计学习模式研究[D].广州:华南师范大学,2012.

确定教学主题或概念。②教师从课程中找出一个教学问题。③教师将教学问题转换为一个学生"从未见过"的设计挑战。④教师制定评估标准,基于课程标准和课程内容列出两个清单:"不想要的"和"需要的"。这两个清单用于指导和组织学生的工作,建立让学生评估自己工作的标准或作为学生成绩评分的一种手段,为学生开展设计提供支脚架。⑤学生开展协作学习,寻求问题解决方案并设计模型,形成作品,初步解决问题。在此期间,学生评价他人的模型并提供反馈,同时自己根据得到的反馈精炼模型。⑥教师进行传统指导课程教学,为学生完善设计提供指导与帮助。⑦学生综合他们在制作模型和参与指导课程学习时所获得的知识,重建和评估模型,修正完善作品,最终解决问题。① 教师使用逆向思维学习过程模型开展教学时,依次开展以上活动步骤,并在实施过程中根据需要进行回溯,形成活动循环。

基于设计的科学探究循环模型是学者Kolodner提出的,该模型由"设计/再设计"与"调查/探索"两个活动循环构成,分别对应学生开展设计型学习时的"设计"和"学习"两种活动。其中,"设计/再设计"活动循环包括计划设计、理解挑战、展示与分享、分析与解释、建模与检验五种活动,而"调查/探索"活动循环包括提出假设、澄清问题、展示与分享、分析结果、实施调查、设计调查六种活动。两个循环用"需要做"与"需要知道"进行连接,表明"设计"与"学习"两种活动如何建立联系。在进行作品设计时,如果学生遇到需要利用未了解的科学概念和原理等去解决问题,就转到"调查/探索"循环,开展以"假设—检验"或"调查—发现"为核心的认知活动,获得解决问题的方法。然后,重新回到"设计/再设计"循环中,继续开展设计活动。在作品设计过程中,两种活动循环转换,直至整个设计任务完成。②

学者闫志明提出的设计型学习模式包含五个活动阶段:设计准备阶段,真实问题理解阶段、教学方案设计阶段、教学资源设计阶段和设计成果分享阶段。师范生在各阶段依次开展以下活动:储备理论与技术知识、理解真实问题、设计教学方案、设计教学资源和展示设计成果。这是一种需要有丰富教学经验的中小学教师支持的设计型学习模式。与上述师范生的学习活动相对应,中小学教

---

① DOREEN NELSON. Design-based learning[EB/OL].[2018-05-23]. http://www.cpp.edu/~dnelson/methodology/6.5steps.html.

② KOLODNER J L. Learning by design:integrations of design challenges for better learning of science skills[J]. Cognitive studies,2002,9:338-350.

师的支持活动依次是:提出真实问题、解释真实问题、提出设计建议、反馈设计信息和评价设计成果。

基于以上三种设计型学习实施模型(模式)包含的活动,我们可以形成这样一种教学过程:师生为开展设计做准备↔学生开展设计↔师生评价作品。此教学过程的三个活动环节与逆向思维学习过程模型、设计型学习模式和基于设计的科学探究循环模型的活动步骤(阶段)的对应关系见表4-10。

表4-10 三个活动环节与实施模型中活动的对应关系

活动环节	逆向思维学习过程模型	基于设计的科学探究循环模型	设计型学习模式
师生为开展设计做准备	活动步骤①②③④	"调查/探索"活动循环	设计准备阶段、真实问题理解阶段
学生开展设计	活动步骤⑤⑥	"设计/再设计"活动循环	教学方案设计阶段、教学资源设计阶段
师生评价设计	活动步骤⑦	"设计/再设计"活动循环中的评价活动	设计成果分享阶段

三个活动环节包含的教学与学习活动进一步说明如下:

在"师生为开展设计做准备"活动环节,教师根据教学内容,提出要通过设计活动解决的具体问题,并讲授解决问题的先导性知识和说明作品评价标准,为师范生开展设计、解决问题提供支架。与之对应的学生活动是理解问题,学习解决问题需要用到的知识与技能等。

在"学生开展设计"活动环节,师范生应用已有的知识提出作品制作方案,制作和评价作品,对制作方案进行验证,尝试解决问题。其间若发现进行设计的知识和技能存在不足,提出的制作方案或制作的作品存在问题,则重新学习新的知识与技能,完善方案和作品。如此反复,直至最终完成作品制作,解决问题。教师在师范生提出作品制作方案、学习新的知识和技能以及制作作品期间,对他们进行指导和辅导,并对作品进行评价,帮助他们修改和完善作品。

在"师生评价设计"活动环节,教师提供作品评价标准,师生共同对作品制作方案及完成的作品进行评价。通过评价,教师检验教学效果,师范生总结与反思作品设计与制作经验,获得解决问题的新知识与新技能。

学生制订作品制作方案,依据方案制作作品是设计型学习的核心活动。虽然现有设计型学习实施模型(模式)对设计型学习的实施过程进行说明,但多数模型并没有详细描述学生该如何制订作品制作方案及制作作品。因此,根据现有的设计型学习实施模型,难以详细演绎学生制定作品制作方案以及进行作品制作的过程。对教学过程中的"学生开展设计"活动环节的进一步演绎需要寻求其他理论支持。

无论是学生制订作品制作方案,还是制作作品,都是问题求解过程,基于案例推理的学习的理论观点为如何完成这一问题求解过程提供了一种思路。

(2)基于案例推理的学习的实施模式

基于案例推理的学习这种教学形式的基本假设是类似的问题有相似的解决方法,学生可以通过学习案例所蕴含的问题解决过程与方法,学习所面对问题的求解方法。国内外许多学者和研究团队已经提出一些实施模式来解释与说明基于案例的推理过程。其中比较有影响的有 Aamodt 和 Plaza 提出的 CBR 模式[1]、Bradley 提出的 CBR 模式[2]。

Aamodt 和 Plaza 认为基于案例的推理过程由检索、复用、修正和保留四个阶段构成。其中,检索是指推理者从先前掌握的案例中找出与当前需要解决的新问题相似的案例;复用是推理者尝试利用案例中的问题解决过程与方法去解决新问题,产生新问题的建议性解决方案;修正是推理者根据新问题的情境对建议性解决方案进行修正,使之适合于新问题的解决,形成确定性解决方案;保留是推理者将新问题解决的经验以案例的形式进行存储,以备解决未来的问题。

需要特别说明的是,Aamodt 和 Plaza 提出的实施模式将先前案例和一般知识置于核心位置。先前案例代表的是推理者或他人解决问题的具体经验,一般知识代表的是解决问题所需的前导知识,它能够对推理过程中的决策进行支持。先前案例和一般知识都是启迪推理者解决问题的引导性资源,CBR 模式四

---

[1] AAMODT A, PLAZA E. Case-based reasoning: foundational issues, methodological variations, and system approacges[J]. AI communications, 1994, 7(1): 39-59.

[2] ②BRADLEY P. Case-erased reasoning: business application[J]. Communications of the ACM. 1994, 37(3): 40-42.

个阶段中各种活动的开展均需要得到它们的支持,而推理者在活动过程中形成的经验和获得的知识会对已有经验和知识进行扩充。

开展基于案例推理的学习,需要有代表问题解决经验的先前案例,Aamodt 和 Plaza 提出的 CBR 模式并没有交代这些案例如何构建,Bradley 等提出的 CBR 模式对此进行修正。Bradley 在 Aamodt 和 Plaza 提出的 CBR 模式中加入了一个重新分配步骤,修正后的案例推理模式延续了 Aamodt 和 Plaza 提出的 CBR 模式的检索、复用、修正和保留四个推理阶段及其过程,加入的重新分配步骤是通过分割世界中的可能问题及其解决方案来建立案例库。

Richmond 提出更详细的基于案例推理的问题解决流程,认为基于案例推理的问题解决过程一般包括阐释问题、形成问题解决方案、评价问题解决方案、获得和存储经验四个阶段。[①] 其中,阐释问题是问题解决者在明确问题空间,认识新问题与其他问题之间的关系,确定问题解决所要达到目标的基础上,从个人记忆或者资源中搜索与要解决的问题相似的其他问题,为解决面对的问题提供可能。阐释问题是问题解决者通过迭代,逐渐将一系列相似的案例精简为更为相似的案例,再将更为相似的案例精简到最为相似的案例的过程。形成解决问题方案是问题解决者对源案例的问题解决方法进行解析,开展类比推理,将源案例的问题解决方法复制到或者改编修正后迁移到目标案例中,形成所面对问题的建议性解决方案或方法。评估问题解决方案是问题解决者尝试运用前一阶段形成的建议性解决方案去解决问题。问题解决的结果可能有两种结果:成功解决或是解决失败。若是成功解决,则转入第四个环节。否则,终止尝试或重新尝试。如果是重新尝试,则要确定解决方案中哪些部分需要修正。在对解决方案进行修正的基础上,再次对其进行验证。如此反复,直至方案能够解决问题。在评估问题解决方案阶段,建议性解决方案形成一种经检验的方案。在获得和存储经验阶段,问题解决者反思前三个阶段的问题解决过程,提取和整合有用的知识,并将其置入个人知识库中。

综合以上实施模式以及问题求解过程,笔者以为,它们都蕴含着这样的一种问题解决思路:面对要解决的新问题,问题解决者可以基于解决问题的一般

---

① RICHMOND D. Lesson learned from designing a comprehensive case – based reasoning tool for support of complex thinking[D]. Virginia: The Virginia Polytechnic Institute and State University,2007.

知识,首先检索出与要解决问题相似的案例,然后尝试用案例中的问题解决方法去解决新问题,并在尝试过程中逐步修正方法,直至完全解决问题。

(3)对教学过程的进一步演绎

在设计型学习中,学生提出作品制作方案,并根据方案制作作品,这是一个解决问题的过程①。既然如此,可以依据基于案例推理的学习所倡导的问题求解方法来组织其中的活动。即学生在提出作品制作方案和制作作品期间,开展基于案例推理的学习,从案例中汲取制定作品制作方案以及制作作品的途径与方法,并通过类比推理,将其应用到自己所要制作的作品当中,仿照案例提出作品制作方案和制作作品。参照 Richmond 的基于案例推理的问题解决流程,将教学过程进一步演绎为如表 4-11 所列。

表 4-11 以设计型学习理论观点为基础演绎的教学过程

活动环节		师生活动
师生为开展设计做准备		教师:定义问题,讲授知识与技能,提供支架
		学生:理解问题,学习知识与技能
学生开展设计	制订作品制作方案	教师:提供案例,指导与辅导,评价
		学生:检索、观摩与分析案例,类比与推理,提出作品制作方案,评价与完善作品制作方案
	完成作品制作	教师:提供资源,示范,指导与辅导,评价
		学生:学习知识与技能,制作作品,评价与完善制作方案,评价与完善作品
师生评价设计		教师:教学效果评价
		学生:总结与反思

以上教学过程依然包括三个活动环节。"师生为开展设计做准备"和"师生评价设计"两个环节保留了前文的演绎,"学生开展设计"活动环节被划分为"制定作品制作方案"和"完成作品制作"两个子环节,并采用基于案例推理的问题解决思路对两个子环节的活动进行了演绎。

---

① 伍海燕,王佑镁.整合设计与学习:科学教育中的设计型学习探析[J].全球教育展望,2010,12:75-78.

依据基于案例推理的实施模式及问题解决流程演绎"制定作品制作方案"和"完成作品制作"两个子环节的活动时,将学生制订作品制作方案和完成作品制作的过程视为问题解决过程。师范生首先从教师提供的案例库中筛选出与要设计和制作的作品最为相似的案例,在学习相关知识和技能以及对案例进行观摩、分析和评价的基础上,将案例中的作品设计与制作思路、方法与过程等类比推理到自己要设计与制作的作品当中,提出自己作品的制作方案。师范生通过真实的作品制作来检验制作方案的有效性,根据作品制作过程与结果来检验制作方案的可行性,并根据检验结果修正和完善方案。师范生制作作品的过程既是对源自案例的作品制作方案的检验与完善过程,同时也是形成最终作品、解决问题的过程。

在师范生制订作品制作方案期间,教师首先提供案例库,以便于他们检索出与要制作的作品最为相似的案例。然后引导和辅导学生开展案例观摩、分析与评价,帮助他们归纳总结出蕴含在案例中的作品制作过程与方法,并将其迁移自己的作品制作当中,形成自己的作品制作方案。在师范生形成作品制作方案后,教师对方案进行评价,帮助学生完善方案。在师范生制作作品期间,教师提供制作作品所需的资源,并指导和辅导他们进行作品制作。在师范生初步完成作品制作后,教师对作品开展评价,帮助他们完善作品。

(4)教学过程与第 3 章提出的 TPACK 发展的实践过程之间的联系

师范生 TPACK 发展的实践过程整体上是由整合技术开展教学的理论知识学习、理论知识理解与内化、与整合技术开展教学相关的实践、实践经验总结与升华和反思五个活动环节共同构成的。以上五个活动环节被有机地融入到演绎的教学过程中。

第一,如表 4-11 所示,在演绎的教学过程中,师范生有两次学习理论知识和技能的活动。第一次发生在"师生为开展设计做准备"活动环节。在此期间,师范生学习解决问题所需的一般知识,学习的是开展基于案例推理的前导性知识。第二次发生在"学生开展设计"活动环节的"完成作品制作"子环节。在此期间,学生学习制作作品的知识与技能。

第二,教学过程中的案例观摩、分析与评价以及教师示范等用来实现实践过程的"理论知识理解与内化"活动环节。案例是一个真实问题的解释性表征,包括有问题解决者所要追求的目标、实现目标或问题解决的方案以及执行解决方案的结果。① 它蕴含丰富的、难以提取的隐性知识,这些知识是问题解决者在特定时间、空间和社会环境条件下解决问题的具体过程、方法和结果,是内化的知识。师范生学习案例所蕴含知识的同时,也能够帮助他们理解内化所习得的脱离情境的抽象的理论知识。② 在演绎的教学过程中,案例观摩、分析与评价等活动主要是帮助师范生获得案例中所蕴含的问题解决方法,并将其复制到或改编后应用到自己要解决的问题中。由于案例的特殊属性,笔者以为这些活动同时也具有帮助师范生理解和内化知识的功能。因此,能对应实践过程的"理论知识理解与内化"活动环节。

第三,师范生通过案例推理提出作品制作方案,依据方案制作作品,解决问题,这是一种实践活动,对应实践过程的"实践"活动环节。

第四,实践过程的"总结与升华"活动被融入到教学过程中的评价活动当中。如表 4-11 所示,演绎的教学过程中存在三种评价活动:对案例开展评价,对作品制作方案和作品进行形成性评价和终结性评价。对案例开展评价的目的不仅仅是对案例进行价值判断,更重要的是通过评价,师范生可以发现蕴含在其中的问题解决方法是否适用于解决自己的问题。对作品及其制作方案进行形成性评价的目的是发现其中可能存在的不足,以便于进一步修正与完善。对作品及制作方案进行终结性评价的目的是判断问题是否得到圆满解决。评价活动既有问题是否得到解决的判断,也有对问题解决方法与过程的诊断分析,其间要求师范生对前面成功或失败的经验进行总结。教学过程中的评价活动承担了实践过程的"总结与升华"活动环节的功能。

第五,在"学生开展设计"活动环节中,师范生通过案例推理形成作品制作方案;通过制作作品验证方案的有效性;在开展评价的基础上,完善作品及制作方案,直至解决问题。在开展以上活动期间,师范生要反思制作方案的提出和作品制作的过程与结果,以便为修正和完善制作方案和作品提供依据。此外,在"师生评价设计"活动环节,师范生在对最终的制作方案和作品进行评价的同时,也要反思整个作品设计与制作过程,将期间获得的问题解决经验系统抽象化,形成可迁移的知识。实践过程的"反思"活动环节,被分布到以上各种活

---

① KOLODNER J L. Case-based reasoning[M]. San Mateo,CA:Morgan Kaufmann Publishers,1993:48.

② 郑金洲.案例教学:教师专业发展的新途径[J].教育理论与实践,2002,7:36-41.

动中。

(5)教学过程与已有师范生TPACK发展实践过程的联系

如师范生TPACK发展实践的特征分析结果所示,现有发展实践包含三项核心教学/学习活动:学习整合技术开展教学的理论知识、获取整合技术开展教学的经验以及实现整合技术开展教学的知识与经验之间的相互转换。在演绎的教学过程当中,有与之对应的教学和学习活动。

首先,在开展设计、制作作品、解决问题期间,师范生要学习进行案例分析、提出作品制作方案以及制作作品的前导性知识。它们对应现有发展实践的理论知识学习活动。

其次,师范生开展案例推理,提出作品制作方案,并根据制作方案完成作品制作。这是师范生学习他人经验,形成自己的问题解决经验的过程。它们与发展实践中的获取整合技术开展教学的经验是对应的。

最后,师范生基于已掌握的知识开展案例推理,在案例观摩、分析和评价过程中获得设计与制作作品的方法,这是一种将理论知识转化为解决问题经验的活动;通过类比推理,将案例中的作品制作过程与方法迁移到自己的作品制作当中,并完成作品制作,这是一种将问题解决间接经验转化为直接经验的活动;而归纳总结作品设计与制作经验,评价作品制作结果,形成新的案例等活动是将问题解决经验转化为知识的活动。它们对应现有实践中的整合技术开展教学的知识与经验相互转换的活动。

以上所有活动被有序地编排入教学过程的不同活动环节当中,教学过程包含当前师范生TPACK发展实践中的三种核心活动。

综合以上教学理念的分析和教学过程的演绎,"设计型学习"与"基于案例推理的学习"的理论观点可作为实践模式的理论基础。

4.3.3 操作程序

前文演绎的教学过程是以设计型学习为基础的,可以视为设计型学习的一种实施过程。对于设计型学习,学者Doppelt等认为它的一般性实施步骤是:

第4章 师范生 TPACK 发展实践模式构建

"定义设计问题→识别设计需求→制定问题解决方案→设计和制作作品→评价"。[①] 土耳其学者 Baran 等认为实施设计型学习需要遵循一些基本原则。概况来说,它们是:集体讨论设计思想、小组成员合作完成设计、在真实环境中开展设计、对问题解决方案和作品进行迭代以及反思设计经验等。[②] 本节将依据以上实施步骤和原则对教学过程进行进一步演绎。

就实施步骤而言,前文演绎的教学过程事实上已经包含 Doppelt 等提出的设计型学习的各个步骤,不过一些活动步骤被合并在同一个活动环节当中。具体来说,Doppelt 等实施步骤中的"定义设计问题"和"识别设计需求"被合并在"师生为开展设计做准备"活动环节中,"制订问题解决方案"和"设计和制作作品"被合并在"学生开展设计"活动环节中,而"评价"对应"师生评价设计"活动环节。如果要将教学过程演绎得更详细一些,只需将前两个活动环节拆解开即可。

对于实施设计型学习应遵循的原则,由于前文演绎的教学过程没有详细说明各个活动环节中的师生活动的开展顺序,小组成员合作、对问题解决方案和作品进行迭代等原则在其中未得到体现。无论是设计型学习,还是基于案例推理的学习都强调学生在学习过程中,通过活动循环对形成的问题解决方案和作品进行迭代,使之逐渐趋向于完善。此外,针对 TPACK 知识、技能、心理和道德要素发展的实践过程分析表明,TPACK 四个内在要素的发展需要建立在理论知识学习与实践循环活动的基础上。因此,无论是在理论依据上,还是在 TPACK 发展要求上,教学过程中都要有活动循环。

综合设计型学习的实施步骤与原则和基于案例推理的问题求解过程等,笔者从师生活动的视角,将教学过程详细演绎如图 4-3 所示,并将其作为师范生 TPACK 发展实践模式的操作程序。

[①] DOPPELT Y,MEHALIK M M,SCHUNN C D,et al. Engagement and achievements:a case study of design-based learning in a science context[J]. Journal of technology education,2008,19:22-39.

[②] BARAN E,UYGUN E. Putting technological,pedagogical,and content knowledge(TPACK) in action:an integrated TPACK-design-(DBL)approach[J]. Australasian journal of educational technology,2016,32(2).

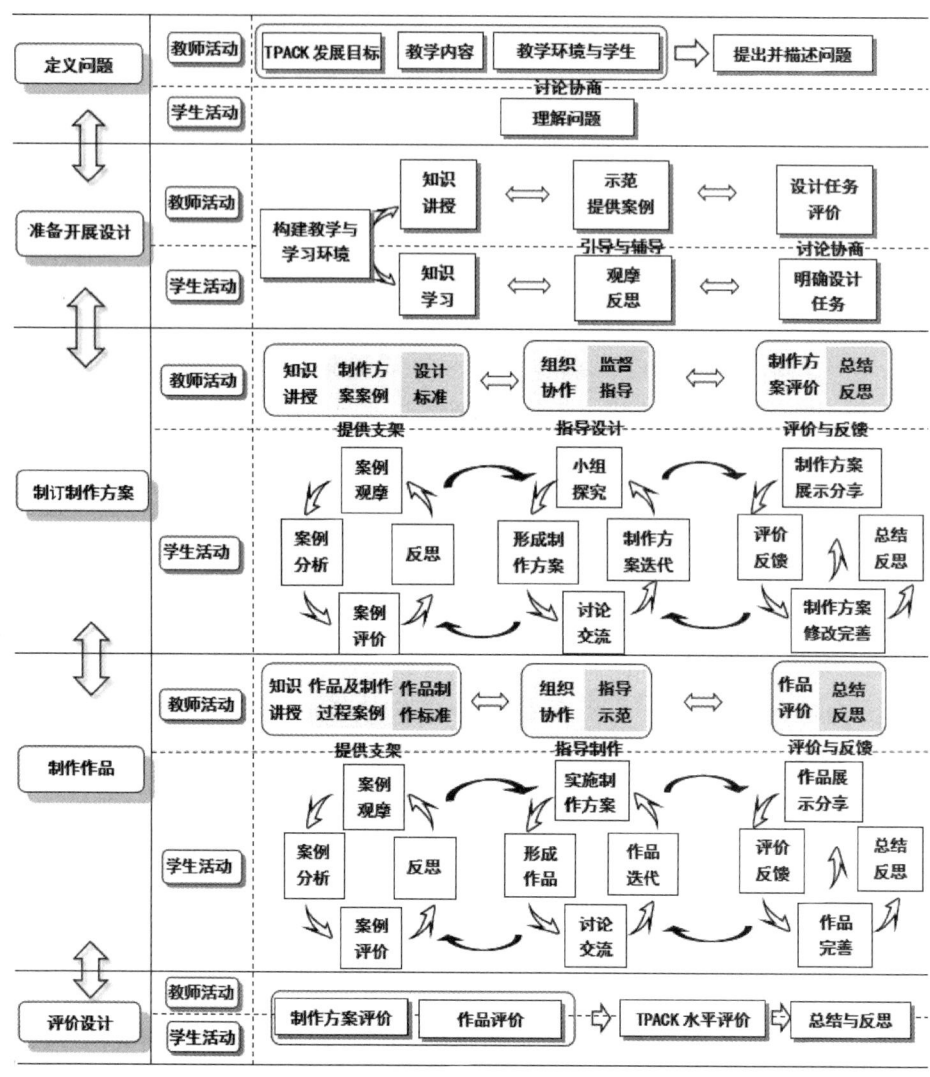

图4-3 师范生TPACK发展实践模式的操作程序

以师范生设计和制作作品,解决具体问题为主要指导思想安排操作程序中的师生活动。操作程序由五个活动环节构成:定义问题、准备开展设计、制订制作方案、制作作品和评价设计。依据操作程序进行师范生TPACK发展实践,以上五个活动环节依次开展,每一个活动环节的结果是后一个活动环节的输入。在开展某一活动环节时,如果发现依据前一环节的结果无法开展活动,则回溯到上一环节对先前形成的结果进行修正与完善。如此反复,直至形成最终作

第4章 师范生TPACK发展实践模式构建

品,完成设计任务,解决问题。师范生在设计和制作作品、解决问题的过程中实现TPACK发展。

1. 定义问题

在定义问题活动环节,教师首先根据TPACK发展目标,选择和确定能够帮助达成发展目标的教学内容。选定的内容要能够支持整合技术开展教学的知识、技能、心理和道德的发展。然后,教师综合分析教学环境和学生特征等影响TPACK发展的因素,定义一个或若干个需要解决的问题作为实践内容。定义的问题必须是师范生在未来教学生涯中整合技术开展教学可能面对的真实问题。最后,教师向师范生阐释教学目标、教学内容和拟解决的问题,并与师范生进行讨论协商。通过讨论协商,师生共同完善TPACK发展目标、教学内容和待解决的问题,师范生理解他们将面对的设计挑战。

此阶段活动的目的是确定师范生TPACK发展目标以及师范生要学习的理论知识和要开展的实践,为进行后面的其他活动奠定基础。

2. 准备开展设计

首先,师生共同构建教学和学习环境。教师发布教学资源、搭建师生交流互动平台。师范生组建学习小组、搭建自主学习和小组协作学习环境、获取教师提供的资源等。开展这些活动的目的是形成具体的TPACK发展情境。

其次,教师选择合适的教学方法讲授理论知识,师范生跟随教师活动学习知识。对解决问题而言,活动的目的是帮助师范生储备解决问题所需的前导性知识。在TPACK发展方面,对知识要素发展而言,活动的目的是帮助师范生学习整合技术开展教学的理论知识;对心理要素发展而言,活动的主要目的是"劝说"师范生整合技术开展教学;对道德要素发展而言,活动的主要目的是让师范生了解整合技术开展教学应遵循的道德规范。

再次,教师通过示例向师范生展示理论知识如何被应用于解决实际问题以及问题解决后形成的作品。师范生观摩示例,分析和评价教师示范,并就他们观摩到的内容进行反思,深入理解将要解决的问题。在师范生观摩与反思期间,教师给予他们必要的引导。

在TPACK发展方面,对知识要素发展而言,此活动能够帮助师范生将学习到的理论知识内化为在未来教学中"使用"的知识;对技能要素发展而言,此活动能够让师范生形成在未来教学中使用的技能;对心理要素发展而言,此活动通过真实示范让师范生感知技术在教学中的功能与价值、可用性和易用性,影响他们对整合技术开展教学的态度和信念等;对道德要素发展而言,此活动帮助师范生形成合乎道德规范的"应有"行为。

最后,综合理论知识学习和示范观摩、分析、评价与反思结果,师范生明确要完成的设计任务,并与教师进行讨论协商。在讨论协商过程中,教师对设计任务进行评价,师范生完善设计任务。

在开展 TPACK 发展实践时,以上活动依次实施,并根据实际需求开展循环,对设计任务进行迭代。

3. 制订制作方案

首先,教师选择合适的教学方法讲授第一阶段提出问题的解决过程与方法,并提供案例向师范生展示真实的问题解决过程。师范生在知识学习的基础上,开展基于案例推理的学习,观摩、分析和评价案例,反思蕴含在案例中的问题解决过程与方法,学习他人的问题解决经验。教师在师范生开展基于案例推理的学习过程中,为其提供支架,给予必要的引导与帮助。

其次,师范生开展小组协作问题解决,参考与借鉴案例中的问题解决经验,小组成员共同探究完成上一阶段确定的设计任务的方法与过程,形成作品制作方案,初步解决问题。在初步形成作品制作方案后,小组成员与教师就方案开展讨论与交流,修改与完善方案。在各个小组形成和完善作品制作方案、初步解决问题的过程中,教师监督师范生的学习,并根据需要运用合适的手段给予指导。

最后,教师组织各个小组展示与分享制订的作品制作方案,师生共同对各个小组的方案进行评价,并反馈评价意见。各个小组根据反馈结果修改与完善方案。以上活动可根据实际情况,反复实施。在完成作品制作方案修改与完善后,师生总结与反思作品制作方案制订过程,师范生将期间获得的经验系统抽象化,形成自己的解决问题的知识。

在发展实践中,以上活动依次开展,并根据实际需要进行回溯与循环,对作品制作方案进行迭代,直至形成最终方案。

对于知识要素发展来说,开展以上活动的目的是帮助师范生进一步学习和内化整合技术开展教学的理论知识,借鉴他人整合技术开展教学的经验,形成自己的整合特定技术开展教学的知识;对技能要素发展来说,活动的目的是帮助师范生形成在特定信息技术环境下整合技术开展教学的技能;对心理要素发展来说,活动的目的是让师范生借助于他人和自己的活动,具体形象地感知技术对于教学的功能与价值、可用性和易用性,改变他们对整合技术开展教学的态度与信念等;对于道德要素发展来说,活动目的是让师范生形成将要在特定信息技术环境下进行的合乎道德规范的技术使用行为。

4. 制作作品

首先,教师讲授作品制作的知识与技能,并提供案例向师范生展示真实的作品制作过程及最终作品。师范生在了解作品制作过程与方法、学习作品制作知识和技能的基础上,开展基于案例推理的学习,观摩、分析和评价案例,反思蕴含在案例中的作品制作方法与过程,学习他人的作品制作经验。教师在师范生开展基于案例推理的学习过程中,要提供支架,给予他们必要的引导与帮助,否则他们的收获就会甚微。[1]

其次,师范生以小组为单位根据事先制订的方案制作作品,初步完成作品制作。然后,各个小组与教师就制作完成的作品开展讨论,发现其中可能存在的不足,并根据讨论结果修改完善作品。在各个小组根据方案制作作品的过程中,教师监督他们的学习,并根据需要运用合适的手段给予指导。

最后,当所有小组完成作品制作后,教师组织作品展示与分享。在展示与分享过程中,师生共同对所有作品开展评价,并提供评价意见,然后各个小组根据反馈意见修改与完善作品。以上活动可根据实际情况,循环实施,以便对作品进行迭代。在完成作品修改与完善后,师生总结与反思作品制作过程及结果,师范生将其间获得的制作经验系统和抽象化,形成自己的制作作品的知识和技能。

此阶段包含的活动在发展实践中依次执行,并根据实际需要开展循环。

从设计与制作作品、解决问题的角度,开展"制作作品"活动环节的目的是对"制订制作方案"活动环节提出的建议性作品制作方案进行验证,并最终解决问题。在 TPACK 发展角度,活动的目的有以下方面:对知识要素发展而言,是帮助师范生获得在具体情境中整合技术开展教学的直接经验,以此形成各自的整合技术开展教学的实践性知识;对技能要素发展而言,是培养师范生在特定

---

[1] PARATORE J R, LISA M O, et al. A engaging preservice teachers in integrated study and use of educational media and technology in teaching reading[J]. Teaching and teacher education, 2016,59:247-260.

信息技术环境下开展教学的技能;对心理要素发展而言,是让师范生在实践过程中感知技术在教学中的功能与价值、可用性和易用性,进一步改变他们对整合技术开展教学的态度与信念等;对道德要素发展而言,是让师范生在特定信息技术环境下验证他们认为合乎道德规范的技术使用行为。

5. 评价设计

首先,师生共同对师范生完成的作品制作方案和作品开展评价。师范生针对特定教学问题,制订作品制作方案的过程是他们对于如何整合技术开展教学的设想过程,而作品制作过程是师范生对自己提出的设想进行检验和实现的过程。其中包含着他们在什么时间、运用什么技术以及如何应用技术开展教学的认识,是他们整合技术开展教学的知识、技能、心理和道德的具体表现。对作品制作方案以及作品的制作过程及结果开展评价,能够比较全面地评价师范生TPACK水平,检验发展效果。在对师范生完成的作品制作方案以及作品进行评价的同时,教师组织师范生参加TPACK水平测量,以检验他们整合技术开展教学的知识、技能、心理和道德水平。教师综合作品制作方案及作品评价和TPACK水平测量结果,形成TPACK发展效果的最终评价结论。

其次,在对作品制作方案和作品进行评价以及TPACK水平测量期间,师生共同总结与反思作品设计与制作过程,师范生将期间获得经验系统抽象化,使它们可以迁移到其他情境当中。

在设计与制作作品、解决问题维度,开展以上活动的目的是检查师范生是否完成问题解决。在TPACK发展维度,开展以上活动的目的包括:在知识要素发展方面,是促使师范生将整合特定技术开展教学的经验升华为可迁移的一般性知识,更新已有的整合技术开展教学的知识结构;在技能要素发展方面,是促使师范生将在特定信息技术环境下开展教学的技能转化为能够迁移到其他教学情境中的技能;在心理要素发展方面,是促使师范生反思在各个阶段所感知的技术在教学中的功能与价值、可用性和易用性,巩固整合技术开展教学的态度与信念;在道德要素发展方面,是进一步促使师范生理解整合技术开展教学要遵循的道德规范,并强化遵循规范应用技术开展教学的意识和行为。

4.3.4 实施条件

提出的师范生TPACK发展实践模式的操作程序是以设计型学习与基于案例推理的学习两种教学形式为基础的。无论是以设计型学习,还是以基于案例推理的学习开展教学,都需要具备一定的条件。

学者 Papanikolaou 等认为,如果教师教育者要采用设计型学习来帮助师范生发展 TPACK,他们需要考虑五方面因素:工作环境(working environment)、资源系统(resource system)、行为格式(activity format)、课程脚本(curriculum script)和时间经济(time economy)。[①] 学者冯锐认为开展基于案例推理的学习,必须具备四个条件:具体问题和任务、支持案例推理的学习工具、脚手架以及资源。[②] 对比以上因素,虽然表述不同,但它们都传达出相同的信息:开展设计型学习和基于案例推理的学习均有一定的环境和资源要求。环境和资源是 Papanikolaou 等提出的五个影响因素中的两个,在冯锐提出的四个因素中,支持案例推理的学习工具可以看作是学习环境的组成部分,而支持案例推理的脚手架和学习资源可视为资源的一部分。因此,实施本节提出的师范生 TPACK 发展实践模式至少存在两个制约因素:环境和资源。

此外,4.2 节对已有师范生 TPACK 发展实践的特征进行了分析,结果表明,各个师范生 TPACK 发展实践的教学对象、教学环境、教学内容和教师等教学要素都表现出一些共同的特征。反观这些特征,它们也是师范生 TPACK 发展实践对这些教学要素的一种内在要求。

综合理论层面制约师范生 TPACK 发展实践模式实施的因素,以及师范生 TPACK 发展实践对教学要素的要求。本节将从环境、资源、课程和教师与学生四个方面说明实施实践模式应具备的条件。

1. 环境

影响师范生 TPACK 发展的环境既有宏观层面的国家、社会环境,也有中观层面的学校环境,还有微观层面的课堂教学环境。这里所说的环境是指支持开展师范生 TPACK 发展实践的课堂教学环境。

首先,师范生 TPACK 发展实践模式的操作程序是基于设计型学习和基于案例推理的学习两种教学形式构建的。设计型学习要求学习者以小组协作方式设计与制作作品,解决问题,分享与评价作品,反思问题解决经验,形成属于

[①] PAPANIKOLAOU et al. Learning design as a vehicle for developing TPACK in blended teacher training on technology enhanced learning[J]. International journal of educational technology in higher education ,2017,6:14-34.

[②] 冯锐.基于案例推理的经验学习[M].上海:华东师范大学出版社,2011:143-144.

自己的解决问题的知识。① 课堂教学环境要为以上活动开展提供场所与工具。基于案例推理的学习要求学习者在提取、阐释、反思、分享案例中的问题解决经验的基础上,解决自己的问题。② 课堂教学环境要为学习者提供用于经验阐释、反思、归纳、交流的学习工具,以支持学习者收集和分析信息,预测结果,检验假设和寻求问题解决方法等。

其次,已有师范生 TPACK 发展实践所处的环境特征分析表明,课堂教学环境必须是一个技术集成的环境,它们要能够支持师生进行整合技术开展教学的理论知识讲授或学习,以及进行与整合技术开展教学相关的实践。

以上两点是实践模式对教学环境的要求。

2. 课程

正如已有研究文献表明的那样,当前师范生 TPACK 发展主要通过课程教学来实现。许多发展实践都构建与发展目标一致的 TPACK 发展课程。课程中既包含整合技术开展教学的理论知识,也包含实践内容。本节构建的实践模式的功能目标是为实现师范生整合技术开展教学的知识、技能、心理和道德的发展提供一种实践方案。因此,在课程内容中,需要包含能够帮助师范生提升整合技术开展教学的知识和技能水平,形成整合技术开展教学的心理和道德的理论知识与实践内容。

3. 资源

无论是在设计型学习还是基于案例推理的学习中,师生开展教学与学习活动都是为了解决问题,因此开展以上两种形式的教学必须有具体的需要解决的问题。本节构建的实践模式是基于这两种教学形式的,同样也有这方面的要求。在开展 TPACK 发展实践之前,教师要围绕发展目标,根据教学内容,提出在实践过程中要解决的具体问题,形成问题库,将它作为教学资源的一部分。

基于案例中的问题解决经验,制定作品制作方案和进行作品制作是本节构建的实践模式操作程序中的重要活动。其间,案例扮演着不可或缺的角色。教师在开展发展实践之前,需要准备一定数量与要解决问题相关的案例,供师范

---

① TONDEUR J, BRAAK J V, SANG G Y, et al. Preparing pre-service teachers to integrate technology in education: a synthesis of qualitative evidence[J]. Computers & education, 2012, 59: 134-144.

② 冯锐. 基于案例推理的经验学习[M]. 上海:华东师范大学出版社, 2011:143-144.

生开展案例推理时使用。与要解决问题相关的案例是资源的另一个组成部分。

除此之外,教师也需要准备与整合技术开展教学相关的文献资料、教案、课件等教学资源,对课程内容进行拓展,以备师范生查阅,自主学习解决问题所需的知识与技能。它们是实施实践模式所需资源的第三个组成部分。

4. 教师与学生

教师是师范生 TPACK 发展实践的具体实施者。根据已有经验,教师需要具备一般的技术知识与技能,对应用技术开展教学的利与弊有深刻的认识,对整合技术开展教学持积极态度,具有整合技术开展教学的知识与技能,并且能遵循道德规范合理地使用技术开展教学。教师也是整合技术开展教学的实践者,能够给师范生示范如何整合技术开展教学,并且指导和辅助师范生整合技术开展教学,以及评价师范生整合技术开展教学的行为等。以上这些都是教师应用本节构建的模式开展师范生 TPACK 发展实践应该具备的能力。

受各种因素的制约,师范生 TPACK 发展通常需要实施系列化的发展课程来实现。[①] 在这种环境下,各种 TPACK 发展实践都会有各自的侧重点,对师范生的先导性知识与技能等也会有不同的要求。在知识要素方面,本节构建的实践模式主要是为了实现四种复合型知识的发展。因此,实施该模式要求师范生具备一定的学科内容知识、教学法知识和技术知识。

4.3.5 评价方式

师范生 TPACK 发展既涉及整合技术开展教学的知识水平提升,也包括实践技能培养,同时还有心理改变和道德形成。多维发展目标注定实践模式要使用多元化评价方法来评价发展效果。借鉴已有师范生 TPACK 发展效果评价经验,实践模式采用以下评价思路进行发展效果评价。

首先,采用量化评价和质性评价相结合的方法进行发展效果评价。在量化评价方面,使用量表测量法进行 TPACK 水平测量;在质性评价方面,借助于访谈法、问卷调查法、绩效评价法或观察法等来评价师范生 TPACK 水平。

其次,采用自我评价、同伴评价和教师或专家评价相结合的方法进行发展效果评价。师范生 TPACK 水平测量采用自我评价,绩效评价采用自我评价、同

---

① 张静.促进 TPACK 发展的设计型教师教育课程:缘起、模式及启示[J].远程教育杂志,2013,5:83-88.

伴评价和教师或专家评价相结合的方法,而访谈、问卷调查和观察应该让教师或专家来执行。

最后,采用形成性评价和终结性评价相结合的方法进行发展效果评价。既要对师范生 TPACK 发展过程进行评价,也要对发展结果进行评价,综合形成性和终结性评价结果形成评价结论。

第 5 章
师范生 TPACK 发展实践模式有效性验证

5.1 师范生 TPACK 发展实践研究设计

经过以"三通两平台"为标志的教育信息化工程的建设,我国中小学学校信息化教育基础设施得到极大改善,推进"教育资源公共服务平台"和"教育管理服务平台"与教育教学的深度融合,创新教育教学模式和学习方式,实现教育现代化成为我国今后教育信息化的工作重心。[1] 作为未来中小学教师的师范生在即将到来的教学工作中面临这样的挑战:如何有效整合"教育资源公共服务平台"和"教育管理服务平台"开展教育教学活动。师范教育阶段的教师教育者应该帮助师范生解决他们面临的难题,使他们快速成长为符合教育信息化要求的合格教师。

"教育资源公共服务平台"和"教育管理服务平台"是一种整合 Web 2.0、云计算服务等技术的网络服务平台。[2] 培养师范生整合"教育资源公共服务平台"和"教育管理服务平台"开展教育教学活动的能力可以以培养他们整合 Web 2.0 技术开展教学的能力为切入点。

基于以上原因,同时综合考虑实践条件,本书选择师范生整合 Web 2.0 技术开展教学的知识、技能、心理和道德的发展作为实践内容。

5.1.1 研究问题

师范生 TPACK 发展实践拟通过准实验研究回答以下三个问题:①师范生

---

[1] 张文波.中小学教育信息化发展新阶段问题的现状及对策研究[J].中国电化教育,2014,5:40-43.

[2] 祝智庭,管珏琪.网络学习空间人人通"建设框架[J].中国电化教育,2013,10:1-7.

TPACK 发展实践模式是否具有可操作性？②依据实践模式开展教学，是否能够有效提高师范生 TPACK 水平？③在教学内容、教学环境和师范生 TPACK 初始水平相近的条件下，依据实践模式开展的教学与以教师讲授为主的教学对师范生 TPACK 发展的促进效果是否存在差异？

5.1.2 研究过程

围绕以上三个问题，研究采用分组对比实验设计。实验组按照构建的实践模式开展教学，对照组采用教师讲授为主的方式开展教学。实验开始前，向实验组和对照组的所有师范生介绍实验目的与实验过程，并组织开展 TPACK 水平前测。尔后，实验组和对照组以各自的教学方式开展教学和学习活动。教学结束后，再次测量师范生的 TPACK 水平，并对师范生在学习过程中完成的教学制品进行评价，以及教学效果开展问卷调查。最后，针对获得的实验数据开展以下分析：①实验组师范生 TPACK 水平前后测结果差异性分析。②对照组师范生 TPACK 水平前后测结果差异性分析。③实验组和对照组师范生前测、后测结果差异性分析以及前后测结果协方差分析。④问卷调查结果质性分析。最终综合以上四项分析结果形成研究结论，回答三个研究问题。以上研究过程如图 5-1 所示。

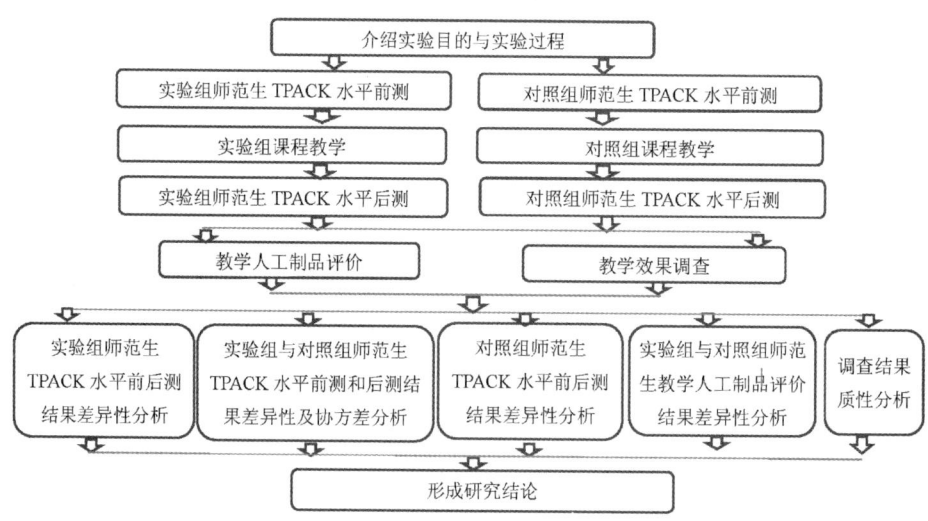

图 5-1　发展实践的研究过程

5.1.3 研究工具

研究使用以下工具：TPACK 水平测量量表、教学人工制品评价量规和 TPACK 发展效果调查问卷。

1. TPACK 水平测量量表

由于当前没有成熟的专门针对教师整合 Web 2.0 技术开展教学的知识、技能、心理和道德水平测量的量表。为此，本书参照其他相关量表编制了满足研究需求的 TPACK 水平测量量表。

参照量表编制流程，TPACK 水平测量量表编制分五个步骤完成。[①]

1）文献整理与数据收集

通过分析文献发现，在现有 TPACK 水平测量量表中，Chai 量表[②]、Lee 和 Tsai 量表[③]以及 Archambault 和 Crippen 量表[④]的测量内容涉及教师整合 Web 2.0 技术开展教学的知识、心理和道德。它们均为李克特量表，测量内容及相关试题的数量见表 5-1。

表 5-1 与整合 Web 2.0 技术开展教学相关的测量量表

量表名称	知识要素							心理要素	道德要素
	CK	PK	TK	PCK	TCK	TPK	TPCK		
Chai 量表	5	9	4			6	10		4
Lee 和 Tsai 量表			11		5		8	6	
Archambault 和 Crippen 量表	3	3	3	4	3	4	4		

[①] 邱政浩. 量化研究与统计分析：SPSS 视窗版数据分析范例解析[M]. 重庆：重庆大学出版社, 2009: 279.

[②] CHAI C S, KOH J H L, HO H N J, et al. Examining preservice teachers' perceived knowledge of TPACK and cyberwellness through structural equation modeling[J]. Australasian journal of educational technology, 2012, 28: 1000-1019.

[③] LEE M H, TSAI C C. Exploring teachers' perceived self efficacy and technological pedagogical content knowledge with respect to educational use of the World Wide Web[J]. Instrctional science, 2010, 38(1): 1-21.

[④] ARCHAMBAULT L, CRIPPEN K. Examining TPACK among K-12 online distance educators in the United States[J]. Contemporary issues in technology and teacher education, 2009, 9(1): 71-88.

在发展实践中,拟开展师范生整合 Web 2.0 技术开展教学的知识、心理和道德水平测量,其中知识要素包含七种知识。如表 5-1 所示,以上三个量表均只覆盖部分测量内容,不能完全满足研究需求。

2)编写测量试题

TPACK 水平测量量表测量试题通过改编 Chai 量表、Lee 和 Tsai 量表和 Archambault 和 Crippen 量表中的测量试题形成。试题编写过程中的特殊情况说明如下:

第一,由于以上三个量表中与知识水平测量相关的试题都是借鉴与参考 Schmidt 量表中的测量试题形成的,因此,在改编以上三个量表中的试题,形成 TPACK 水平测量量表的试题时,也借鉴和参考 Schmidt 量表中的试题。

第二,由于 Chai 量表、Lee 和 Tsai 量表中不包含 PCK 的测量试题,Schmidt 和 Crippen 量表中的 PCK 测量试题是针对数学、文学、科学和社会科学的,Archambault 和 Crippen 量表中的 PCK 测量试题源于有关学者对学科教学法知识的解释,因此,在编写 TPACK 水平测量量表 PCK 的测量试题时,在借鉴 Archambault 和 Crippen 量表中相关试题的同时,也参考国内外学者对 PCK 的解释。

第三,TPACK 道德要素最初由学者 Yurdakul 提出,并在其编制的测量量表中设计相关试题对其进行测量。在编写 TPACK 道德要素测量试题时,同时借鉴参考了 Yurdakul 量表、Chai 和 Tsai 量表中与道德要素相关的测量试题。

第四,整合技术开展教学的心理涉及态度、信念、意愿、意图和自我效果感等多方面的内容,而构建的实践模式在心理层面的主要发展目标是改变师范生对整合技术开展教学的态度与信念。因此,测量试题也围绕此目标编写,相关试题主要来自 Lee 量表。

综合 Chai 和 Tsai 量表、Lee 量表、Archambault 和 Crippen 量表、Schmidt 量表及 Yurdakul 量表的测量试题,TPACK 水平测量量表的初始测量试题编制见表 5-2。

表 5-2 TPACK 水平测量量表的初始测量试题

试题编号	测量试题
TK	
TK1	我知道各种 Web 资源(如各种可以通过网络获取的论文、视频、电子书、课件、在线课程等)
TK2	我能使用浏览器通过网址或网页中的超链接访问网站

第 5 章 师范生 TPACK 发展实践模式有效性验证

续表

试题编号	测量试题
TK	
TK3	我能从网页中拷贝信息到其他软件(如 Word)、下载文件或打印网页内容
TK4	我能使用搜索引擎并通过关键字在网络中搜索信息
TK5	我知道各种 Web 工具(如论坛(BBS)、博客(Blog)、维基(Wiki))
TK6	我能通过 Web 工具为他人提供信息或回答别人的问题,阅读他人发布的信息,并管理我的个人信息
TK7	我能通过 Web 工具和他人开展一对一或一对多交流
TK8	我能自行解决 Web 资源和工具使用过程中碰到的问题
CK	
CK1	对所教科目,我拥有足够的知识
CK2	我能够像专家教师一样思考所教科目的内容
CK3	我能够深入理解所教科目的内容
CK4	我自信对我所教科目的内容有深刻的了解
PK	
PK1	我知道如何评价学生的学习
PK2	我能根据学生的学习状况调整我的教学
PK3	我能针对不同的学习者调整我的教学方式
PK4	我能使用多种方法评价学生的学习
PK5	我能使用多种教学方法开展教学
PK6	我知道如何组织和维持课堂管理
PCK	
PCK1	我知道学生要学习哪些重要的课程知识
PCK2	我知道学生对特定课程知识的常见理解和误解
PCK3	我能选择合适的教材和其他材料开展教学
PCK4	我能选择合适的方法讲解特定主题的课程知识

续表

试题编号	测量试题
PCK	
PCK5	我知道我所教课程的学科性质
PCK6	我能合理安排所教课程中不同知识之间的顺序
TCK	
TCK1	我知道 Web 资源能为课程提供不同的材料,使课程内容更丰富
TCK2	我知道如何为课程内容搜索 Web 资源
TCK3	我知道如何从 Web 资源中选择适合课程的资源
TCK4	我能够为课程内容搜索相关的 Web 资源
TCK5	我能够在网络中搜索不同材料并将它们集成到课程中
TCK6	我能够通过 Web 发布课程内容
TPK	
TPK1	我知道如何设计基于 Web 技术的教学活动
TPK2	我知道如何设计基于 Web 技术的激发学生学习动机的行为
TPK3	我知道如何使用 Web 技术开展形式多样的教学
TPK4	我知道如何设计基于 Web 技术的支持学生协作学习的行为
TPK5	我知道如何借助 Web 技术评价学生的学习
TPK6	我知道学生开展基于 Web 技术的学习可能存在的问题,并且能够计划用相关技术解决这些问题
TPK7	我知道如何向学生解释使用 Web 技术的细节
TPCK	
TPCK1	我能使用整合 Web 资源与工具、课程内容和教学方法的教学策略开展教学
TPCK2	我能在教学中使用适合课程的 Web 资源或工具改进教学方法
TPCK3	我能在教学中使用适合课程的 Web 资源或工具帮助学生理解、思考和学习
TPCK4	我能在教学中用不同的方法使用同一 Web 资源或工具来支持不同的教学行为

第5章 师范生 TPACK 发展实践模式有效性验证

续表

试题编号	测量试题
TPCK	
TPCK5	我能在教学中使用适合课程的 Web 资源或工具来改进教学内容、教学方法和学习内容
TPCK6	我可以通过调整课程内容以便充分利用 Web 资源或工具的教学特性实现重要的教学目标
TPCK7	我能选择用 Web 资源和工具支持教学的内容作为教学内容
心理要素	
A1	Web 技术能真正地被应用到教学实践中
A2	Web 技术特性能帮助教学
A3	Web 技术能提高教学效果
A4	基于 Web 技术的教学能够提高学生的学习动机
A5	基于 Web 的教学是教育的未来趋势
道德要素	
B1	我知道 Web 技术使用的法规和伦理
B2	我能够引导学生安全地使用 Web 技术
B3	我能开展教学活动引导学生遵循相关法规和伦理合理地使用 Web 技术
B4	我能教给学生 Web 技术安全、法规和伦理的知识
B5	我能够在教学中遵循法规和道德规范使用 Web 技术
B6	我的 Web 技术使用行为能在道德方面作为学生的示范

3) 量表试测

为检验测量试题的合理性,参照已有量表的体制,将试题转换为五点式李克特量表。量表中的每道试题都是让被测人员根据自身情况从"非常不同意""不同意""既不同意也不反对""同意"和"非常同意"五个选项中选择一个选项对试题进行作答。在数据统计时,五个选项分别量化为 1、2、3、4 和 5。此外,量表还包括 3 道填空题和 9 道选择题用于收集被测人员的信息。形成的 TPACK 水平测量初始量表,具体请参阅附录 5。

试测人员是 S 师范大学选修 2016—2017 年度第一学期教师教育课程《网络教学理论与实践》的师范本科生,他们在完成课程学习后参加测试。参与量表试测的师范本科生共 115 名,来自 9 个学科:英语(28 人)、数学(16 人)、生物(13 人)、文学(14 人)、信息技术(11 人)、化学(12 人)、历史(8 人)、食品(9 人)、马列(4 人)。其中二年级师范生 61 名,三年级师范生 53 名;男生 23 名,女生 92 人。

4)项目分析

项目分析是通过质的分析或量的分析,对测量试题的适切性进行评估。质的分析着重于从测量试题的内容和形式检验适切性,而量的分析着重于从试题的难度与鉴别度等方面检验适切性。考虑到量表中的测量试题改编自其他量表,且被改编的量表在测量中表现出较高的信度和效度,因此,对量表测量试题的分析主要采用量的分析。分析工具是 SPSS,分析内容包括以下三项:

(1)描述统计检测

描述统计检测是利用量表中各试题测量结果的平均数、标准差和偏态等数据来进行趋势分析。[①] 如果测量题目得分出现平均数过高或过低、较小的标准差以及严重的偏态,那就意味着测量试题可能存在鉴别度不高的问题。

将 115 份 55 道试题的测量结果导入 SPSS,进行均值、标准差以及偏态统计分析。统计结果表明,试题得分均值介于 2.96 与 4.37 之间,标准差介于 0.51 与 0.97 之间。所有试题得分均值的平均值为 3.61,标准差为 0.32。

对于统计得到的均值、标准差与偏态值,进行以下几项检验:①以所有试题得分均值的平均值加减 1.5 个标准差为标准(3.13~4.09),检验所有测量试题的得分均值,发现编号为 TK2、TK3、TK4、A2、A4、CK2、TPK6 和 TPK7 的试题的得分均值出现偏离,即得分均值大于 4.09 或小于 3.13。②以 0.6 为标准检验标准差,发现编号为 TK4、PK2、PK3 和 PCK3 的试题的标准差小于该值。③以 0.9 为标准检验偏态的绝对值,发现编号为 TK3、TK4、PK3、PCK4 和 PCK6 的试题的值出现偏离。以上试题可能存在鉴别度不高的问题。

(2)极端组比较

为进一步检验试题的鉴别度,以 20% 的比例,将得分最高与最低的两极端

[①] 邱政浩. 量化研究与统计分析:SPSS 视窗版数据分析范例解析[M]. 重庆:重庆大学出版社,2009:302-310.

第5章 师范生TPACK发展实践模式有效性验证

者进行归类分组,检验各题目测量结果平均数在这两极端受测者中是否存在显著性差异。检测结果表明,编号为TK3、TK4、A5的试题测量结果的差异未达到显著性水平,编号为PK2、PCK3、A4的试题测量结果的差异性水平未达到异常显著。

(3)同质性检验

同质性检验是通过分析试题内部的同质性或因素负荷来检验试题之间的相关性,从而检查问题设置的合理性。通过信度检查来进行同质性检验。

将55道试题的115份测量数据开展信度分析,结果表明,内部一致性系数信度值为0.952,量表中的测试题具有较高的同质性。各试题的同质性检验以相关系数低于0.3或因素负荷量低于0.45为标准,这两项指标不合格的试题有TK3、TK4、A5和B6,试题A2仅有因素负荷小于0.3。以上试题显现出与量表中的其他试题不同质。

综合以上三项分析,以下试题至少存在一项指标未达到设计要求,见表5-3。

表5-3 项目分析中存在问题的试题

试题编号	均值	标准差	偏态	极端组 t 检验	相关性	因素负荷
TK2	*					
TK3	*		*	*	*	*
TK4	*	*	*	*	*	*
CK2	*					
PK2		*				
PK3		*	*	*		
PK4			*			
PCK3		*	*	*		
PCK4			*			
PCK6			*			
TPK6	*					
TPK7	*					
A2	*					*

续表

试题编号	均值	标准差	偏态	极端组 t 检验	相关性	因素负荷
A4	*			*		
A5				*	*	*
B6					*	*

注：*代表该试题在相应指标中未达到设计要求。

5）建立正式量表

项目分析结果显示，量表中的部分试题可能设计不合理，需要进行调整。为此，首先对量表中各部分的测量试题开展探索性因素分析，综合项目分析和因素分析结果删除试题，调整量表。完成量表调整后，进行可靠性分析，检验量表的内在信度，检查整份量表及各组成部分的可靠性和稳定性。

探索性因素分析采用主成分分析法提取公因素，配合最大变异法进行直交转轴，提取特征值大于 1 的主成分为公因素。当因素分析结果出现多个公因素时，则删除部分试题进行降维。删除题目时，优先删除在项目分析时发现有问题的试题，其次删除公因子共同度小于 0.2 或因素负荷值小于 0.45 的试题。

(1) 结构效度验证

对量表开展探索性因素分析，量表的结构效度 KMO 值需满足一定条件。根据 Kaiser 提出的标准，当 KMO＞0.6 时，可以进行因素分析，而当 KMO＜0.5 时，则不宜于作因素分析。初始量表的整体 KMO 值为 0.803，其中知识要素七种知识、心理要素和道德要素各部分的 KMO 值见表 5-4。

表 5-4　9 个测量项目的结构效度 KMO 值

知识要素								心理要素	道德要素
TK	CK	PK	PCK	TCK	TPK	TPCK		
0.846	0.788	0.758	0.739	0.806	0.906	0.902	0.733	0.704

如上表所示，每个维度的 KMO＞0.7，适合作因素分析。

(2) TK 测量试题因素分析

在初步编制的量表中，用于测量 TK 水平的试题总共 8 道。探索性因素分析结果显示，可以从中提取出两个主成分因子。主成分因子一包括试题 TK1、TK2、TK5、TK6、TK7 和 TK8，主成分因子二包括试题 TK3 和 TK4。要从中提取一个主成分因子,需要删除试题进行降维。

项目分析结果显示,在测量 TK 水平的试题中,T2、T3 和 T4 三道题均有设计指标不符合要求,优先考虑删除。相关性分析结果显示,TK3 与除 TK4 之外的其他试题的相关系数均低于 0.3,TK4 与 TK1、TK5、TK7 和 TK8 的相关系数低于 0.3,因此,首先考虑删除试题 TK3,进行降维。删除试题 TK3 后,进行第二次因素探索性分析,共提取两个主成分因子,需继续删除试题。删除试题 TK4 后,进行第三次探索性因素分析,共提取一个主成分因子,满足分析要求。降维之后的 TK 水平测量试题的结构效度 KMO 值为 0.872,能解释 56.3% 变异量。各试题的因素负荷值和共同度见表 5-5。

表 5-5 TK 测量试题的因素负荷值和共同度

试题编号	因素负荷值	共同度
TK7	0.812	0.659
TK6	0.803	0.645
TK5	0.798	0.636
TK8	0.696	0.485
TK1	0.691	0.477
TK2	0.690	0.476

(3) CK 测量试题因素分析

初始量表有 4 道试题用于 CK 水平测量。探索性因素分析能够从中提取出一个主成分因子,该因子可以解释 65.3% 的变异量。各试题的因素负荷值和共同度见表 5-6。

表 5-6 CK 测量试题的因素负荷值和共同度

试题编号	因素负荷值	共同度
CK4	0.839	0.705
CK3	0.814	0.663
CK2	0.792	0.627
CK1	0.785	0.616

项目分析结果显示,编号为 CK2 试题的测量结果均值出现异常,但相关性检验结果显示,该试题与其他三道试题的相关系数均大于 0.3,且与其他试题存

在显著差异。考虑到后面还要进行整个量表探索性因素分析,暂时将其保留在量表中。

(4) PK 测量试题因素分析

用于 PK 水平测量的试题有 6 道。探索性因素分析能够从中提取一个主成分因子。但是,注意到编号为 PK3 的试题在项目分析中出现三个异常指标。因此,将其删除后进行第二次因素分析。探索结果依旧提取出一个主成分因子,主成分因子能够解释 53.9% 的变异量。各试题的因素负荷值和共同度见表 5-7。

表 5-7 PK 测量试题的因素负荷值和共同度

试题编号	因素负荷值	共同度
PK4	0.836	0.700
PK5	0.778	0.605
PK1	0.758	0.575
PK6	0.701	0.491
PK2	0.571	0.427

(5) PCK 测量试题因素分析

量表中有 6 道试题用于测量 PCK 水平。探索性因素分析能够从中提取出两个主成分因子,主成分因子一包含试题 PCK2、PCK3 和 PCK4,主成分因子二包含试题 PCK1、PCK5 和 PCK6。要提取一个主成分因子,需要删除试题进行降维。试题 PCK3 在项目分析中有三项指标不符合设计要求,首先予以删除。删除试题 PCK3 后再次进行因素分析,结果显示,结构效度 KMO 为 0.772,共提取出一个主成分因子,满足分析要求。各试题因素负荷值和共同度见表 5-8。

表 5-8 PCK 测量试题的负荷值和共同度

试题编号	因素负荷值	共同度
PCK4	0.815	0.664
PCK5	0.788	0.621
PCK1	0.692	0.479
PCK6	0.647	0.418
PCK2	0.634	0.402

第5章 师范生 TPACK 发展实践模式有效性验证

(6)TCK 测量试题因素分析

共有 6 道试题用于 TCK 水平测量。探索性因素分析结果显示,共提取出一个主成分因素。由于在项目分析中未发现这部分试题设计指标异常,且各试题的相关系数均大于 0.3,所以保留所有试题。各试题因素负荷值和共同度见表 5-9。

表 5-9 TCK 测量试题的因素负荷值和共同度

试题编号	因素负荷值	共同度
TCK2	0.829	0.688
TCK3	0.803	0.645
TCK5	0.792	0.627
TCK4	0.735	0.541
TCK1	0.702	0.493
TCK6	0.640	0.409

(7)TPK 测量试题因素分析

共有 7 道试题用于测量 TPK 水平。探索性因素分析结果中共包含了一个主成分因子。虽然试题 TPK6 和 TPK7 的测量结果均值产生偏离,但是它们与其他试题有较高的相关性(相关系数均大于 0.3),因此对这两道试题不予以删除。7 道试题的因素负荷值和共同度见表 5-10。

表 5-10 TPK 测量试题的因素负荷值和共同度

试题编号	因素负荷值	共同度
TPK4	0.879	0.773
TPK5	0.865	0.748
TPK2	0.855	0.730
TPK3	0.832	0.692
TPK1	0.806	0.650
TPK7	0.783	0.614
TPK6	0.728	0.530

(8) TPCK 测量试题因素分析

TPCK 水平测量试题的探索性因素分析结果中包含一个主成分因子,且试题间的相关性较高,全部予以保留。7 道试题的因素负荷值和共同度见表 5-11。

表 5-11 TPCK 测量试题的因素负荷值和共同度

试题编号	因素负荷值	共同度
TPCK6	0.819	0.670
TPCK4	0.805	0.648
TPCK3	0.800	0.640
TPCK2	0.798	0.637
TPCK1	0.792	0.627
TPCK5	0.781	0.611
TPCK7	0.773	0.598

(9) 心理要素测量试题因素分析

心理要素测量试题探索性分析结果中有两个主成分因子,主成分因子一包含试题 A1、A2、A3 和 A4,主成分因子二中包含试题 A5。项目分析结果显示,试题 A5 有三项指标产生偏离,予以删除。第二次因素分析结果中只包含一个主成分因子,各试题因素负荷值和共同度见表 5-12。

表 5-12 心理要素测量试题的因素负荷值和共同度

试题编号	因素负荷值	共同度
A2	0.822	0.676
A3	0.791	0.625
A1	0.788	0.622
A4	0.710	0.503

(10) 道德要素测量试题因素分析

用于道德要素水平测量的 6 道试题探索性因素分析结果中包含一个主成分因素,满足分析要求,所有试题予以保留。各试题因素负荷值和共同度见表 5-13。

第5章 师范生TPACK发展实践模式有效性验证

表5-13 道德要素测量试题的因素负荷值和共同度

试题编号	因素负荷值	共同度
B3	0.669	0.548
B2	0.638	0.507
B4	0.624	0.489
B1	0.602	0.462
B5	0.575	0.430
B6	0.542	0.424

(11) 所有保留试题因素分析

综合项目分析与探索性因素分析结论,试题 TK3、TK4、PK3、PCK3 和 A5 从试测量表中删除。为进一步检验量表的理论结构,对剩下的试题进行探索性因素分析。分析结果显示,量表结构效度 KMO 值为 0.836,高度适合作因素分析。探索性因素分析能够提取出 12 个主成分因子,它们能够解释 70.49% 的变异量。要形成能够对知识要素七种知识、道德要素和心理要素测量的量表需要进行降维处理。

综合项目分析结果,在多次尝试的基础上,最终依次删除试题 PK2→TCK1→TCK6→TCK2→TPK7→TK2→TPK6→B6 后,探索性因素分析形成了包含九个主成分因子的测量量表。量表整体结构效度 KMO 值为 0.840,其中各试题的因素负荷值和共同度见表 5-14。

表5-14 量表测量试题的因素负荷值和共同度

	因素负荷值									共同度
	1	2	3	4	5	6	7	8	9	
TPCK6	0.767									0.744
TPCK5	0.716									0.695
TPCK4	0.698									0.686
TPCK2	0.695									0.663
TPCK7	0.692									0.674
TPCK1	0.579									0.634

续表

	因素负荷值									共同度
	1	2	3	4	5	6	7	8	9	
TPCK3	0.560									0.671
TPK3		0.796								0.838
TPK4		0.764								0.823
TPK2		0.732								0.731
TPK5		0.675								0.720
TPK1		0.623								0.712
TK6			0.728							0.660
TK5			0.688							0.689
TK1			0.681							0.667
TK7			0.647							0.670
TK8			0.490							0.717
A2				0.763						0.682
A1				0.736						0.630
A3				0.687						0.611
A4				0.642						0.657
CK4					0.766					0.728
CK3					0.737					0.747
CK2					0.736					0.673
CK1					0.684					0.634
PK4						0.847				0.800
PK1						0.584				0.567
PK6						0.538				0.613
PK5						0.529				0.552
PCK4							0.715			0.750

第5章 师范生TPACK发展实践模式有效性验证

续表

	因素负荷值									共同度
	1	2	3	4	5	6	7	8	9	
PCK5							0.703			0.622
PCK2							0.615			0.526
PCK6							0.534			0.618
PCK1							0.478			0.489
TCK4								0.723		0.823
TCK3								0.510		0.739
TCK5								0.491		0.689
B1									0.817	0.726
B2									0.730	0.598
B3									0.625	0.560
B4									0.574	0.491
B5									0.458	0.470

注：为更清晰地显示分析结果，表中数据隐藏了小于0.45的因素负荷值。

为检验保留试题形成的量表的有效性，笔者进一步分析量表整体和九个部分测量试题的信度，信度值见表5-15。

表5-15 **量表信度值**

知识要素							心理要素	道德要素	整体
TK	CK	PK	PCK	TCK	TPK	TPCK			
0.828	0.820	0.693	0.763	0.799	0.916	0.902	0.781	0.634	0.946

结构效度和信度检验表明，通过探索性因素分析形成的量表具有较好的效度与信度，将其作为师范生TPACK水平测量的最终量表。最终的TPACK水平测量量表请参阅附录6。

2. 教学人工制品评价量规

对师范生TPACK技能要素的评价，通过教学人工制品评价来完成。美国学者 Mark 等开发一种技术整合观察量规（technology integration rubric），用于评价教师教学计划或教学实践中的技术使用状况。该量规从课程目标与技术（curriculum goals & gechnologies）、教学策略与技术（instructional strategies & technologies）、技术选择（technology selection(s)）和适合度（fit）四个维度，考查教师在课程计划或教学实践中所采用的技术与教学目标和教学策略等的匹配程度，以此评判教师是否选择合适的技术开展教学，判断他们应用技术开展教学的能力。量规的四个评价维度均有四个评价等级，数据统计时依次将四个评价等级从高到低量化为 4、3、2、1。此量规在美国多所中小学教师的教学计划评价中表现出良好的效度与信度。[①] 技术整合观察量规请参阅附录 3。

3. 调查问卷

在发展实践中，开展问卷调查的目的有两个：一是调查课程学习结果，为评价 TPACK 发展效果提供佐证材料；二是了解师范生对课程教学所采用教学方式的看法与建议，为修正和完善实践模式提供依据。因此，调查问卷包括了两个维度的内容：

维度一：课程学习结果调查

问题 1：完成课程学习后，您有哪些收获？

问题 2：您认为如果使用 Web 2.0 技术进行教学，会给教学带来哪些影响？

问题 3：您是否会在未来教学中使用 Web 2.0 技术？您将在哪些教学环节或活动中使用此技术？

问题 4：您认为哪些因素会影响您使用 Web 2.0 技术开展教学？

维度二：对教学方式的看法与建议

问题 5：您认为课程教学存在哪些不足？

5.1.4　数据采集方案

在师范生 TPACK 发展实践中采用量化和质性评价相结合的方法，进行发展效果评价，检验教学效果，验证实践模式的教学有效性。量化评价通过师范生 TPACK 水平测量及教学人工制品评价进行，而质性评价通过问卷调查进行。数据采集方案见表 5-16。

[①] HARRIS J B, GRANDGENETT N, HOFER M. Testing a TPACK-based technology integration assessment rubric[J]. Teacher education faculty proceedings & presentations, 2010.

第5章 师范生 TPACK 发展实践模式有效性验证

表 5-16 实验数据采集方案

采集方法	收集工具	采集时间 实验前	采集时间 实验中	采集时间 实验后	评价的 TPACK 要素
TPACK 水平测量	测量量表	√		√	知识要素 心理要素 道德要素
教学方案评价	技术整合观察量规		√	√	技能要素
问卷调查	调查问卷			√	知识要素 心理要素 道德要素 技能要素

如表 5-16 所示,师范生 TPACK 知识要素、心理要素和道德要素水平测量安排在教学实验开始前和结束后;用于评价师范生 TPACK 技能要素的教学方案评价安排在教学实验过程中及结束后;在教学结束后,开展问卷调查,考查师范生 TPACK 知识、心理、道德和技能要素水平,以及对课程教学方式的看法。

5.1.5 教学实验设计

1. 实验对象

实验对象是 S 师范大学选修 2016—2017 年度第二学期教师教育课程《网络教学理论与实践》的二年级师范生,实验组 37 人,对照组 47 人。其中,实验组有男生 12 名,女生 25 名。他们来自数学(12 人)、汉语言文学(15 人)、新闻(4 人)和历史(6 人)四个专业。对照组共有男生 16 人,女生 31 人。他们来自英语(20 人)、地理(7 人)、物理(5 人)、化学(9 人)和生物(6 人)五个专业。

S 师范大学的教学计划显示,教学对象已经修读过《计算机应用基础》《中学教育学基础》和《教师职业道德》等课程,没有中小学实习和见习经历。他们具有一定的学科知识(CK)、技术知识(TK)和教学法知识(PK),同时也具有一定的教师职业道德方面的知识。这与模式实施对于学生的要求是一致的。为减少其他课程教学对实验的影响,此次研究选择的实验对象除实验课程外,没有选修其他信息技术和教育学方面的课程。实验前的预调查显示,实验组和对照组师范生的 TPACK 水平总体上相近。

2. 教学目标与教学内容

教学实验的教学目标是促进师范生 TPACK 发展,具体包括以下四项:①提升师范生整合 Web 2.0 技术开展教学的知识水平;②帮助师范生形成整合 Web 2.0 技术开展教学的心理;③培养师范生整合 Web 2.0 技术开展教学的技能;④帮助师范生产生遵循道德规范使用 Web 2.0 技术进行教学的意识,形成遵循道德规范使用 Web 2.0 技术进行教学的行为。

根据已有经验,开展师范生 TPACK 发展实践需要构建发展课程。因此,在进行实验前,同样根据实践需要重构了实验课程的教学内容及其组织结构。重构后的课程内容包括五个主题的理论知识:Web 2.0 技术、网络教学与 TPACK,网络教学概述,网络教学资源处理,网络教学活动设计以及网络课程设计与制作。各主题包含的教学内容及对应的 TPACK 构成要素见表 5-17。

表 5-17 教学内容及对应的 TPACK 要素

主题编号	教学主题	教学内容	TPACK 要素
主题一	Web 2.0 技术、网络教学与 TPACK	Web 2.0 技术简介,网络教学的内涵、特征,Web 2.0 技术与网络教学的关系,TPACK 内涵及其与网络教学的关系	知识要素、技能要素、心理要素和道德要素
主题二	网络教学概述	网络教学方法与过程,网络教学系统,网络教学中的伦理道德	知识要素、心理要素和道德要素
主题三	网络教学资源处理	网络教学资源概述,网络教学资源收集与整理,网络教学资源制作,网络教学资源发布	知识要素中的 TCK、CK 和 TK,心理要素、技能要素和道德要素
主题四	网络教学活动设计	网络教学活动概述,网络教学活动的设计	知识要素中的 TPK、PK 和 TK,心理要素、技能要素和道德要素
主题五	网络课程设计与制作	网络课程的概念,网络课程制作过程,网络课程制作工具	知识要素、心理要素、技能要素和道德要素

第5章 师范生TPACK发展实践模式有效性验证

除以上理论知识之外,教学内容中还设置实践项目:师范生自选教学主题,以小组为单位撰写一份应用Web 2.0技术进行教学的方案,并依据方案制作一个微型网络课程。其中,微型网络课程的制作要求师范生使用开源网络教学系统Moodle来进行。

3. 教学过程

实验组和对照组均采用"课堂教学为主,网络教学为辅"的混合式教学。在课堂教学方面,教师每周在固定的时间和多媒体教室进行两小时面授教学。面授教学时,实验组按照操作程序组织教学活动,教学对象根据要求开展设计与制作活动。对照组依照传统教学模式组织教学,即教师讲解教学内容,教学对象听讲和练习,完成课后作业。在网络教学方面,教师依托S师范大学的Blackboard网络教学系统发布网络教学资源,组织网络讨论与交流。两个组的所有教学对象都要根据要求,在课外参与网络教学活动。教学实验总共持续14周。

实验组的教学围绕一个设计任务组织教学和学习活动。依据课程内容,拟定的设计任务是设计与制作一个微型网络课程,教学与学习活动安排见表5-18。

表5-18 实验组教学和学习活动安排

周 次	教学活动	学习活动	教学主题
第1~2周	介绍Web 2.0技术、网络教学、TPACK概念及彼此间的关系,布置设计任务	学习与理解TPACK,理解设计任务	主题一
第3~4周	介绍网络教学的理论知识:方法与过程,与网络教学相关的法规、伦理道德和行为准则等	学习网络教学的理论知识,观摩网络教学案例,撰写观摩心得,选择微型网络课程的教学主题	主题二
第5~6周	介绍网络教学资源处理的知识与技能:资源收集、整理、制作与发布的方法、过程及工具	学习网络教学资源处理的知识与技能,网络教学方案分析与评价,网络课程教学方案设计	主题三
第7周	网络课程教学方案展示与评价		

续表

周次	教学活动	学习活动	教学主题
第8~9周	介绍网络教学活动设计的知识及技能:活动类型及其支持工具	学习网络教学活动设计的知识及技能,修改完善网络课程教学方案,制作网络课程的教学资源	主题四
第10~12周	介绍网络课程制作的知识与技能:制作方法、过程与工具	学习网络课程制作的知识与技能,网络课程案例观摩、分析与评价,制作网络课程	主题五
第13周	网络课程展示、评价与完善		
第14周	教学效果评价	学习总结	全部主题

实验组更详细的教学和学习活动安排请参阅附录8。

对照组教学过程的总体安排是教师在课堂上依次讲解五个教学主题的内容,并在每个主题讲授结束后布置需要开展的练习;教学对象根据教师要求完成练习。所有内容教学结束后,教学对象选择教学主题,撰写教学方案,完成一个微型网络课程的制作,师生共同评价网络课程的教学方案及作品。各周活动安排见表5-19。

表5-19 对照组教学和学习活动安排

周次	教学活动	学习活动	教学主题
第1~2周	介绍Web 2.0技术、网络教学、TPACK及彼此间的关系	学习与理解TPACK	主题一
第3~4周	介绍网络教学的理论知识:方法与过程,与网络教学相关的法律法规、伦理道德和行为准则等	学习网络教学的理论知识;观摩网络教学案例;撰写观摩心得	主题二
第5~7周	介绍网络教学资源处理的知识与技能:资源收集、整理、制作与发布的方法、过程及工具	学习网络教学资源处理的知识与技能	主题三
第8~9周	介绍网络教学活动设计的知识及技能:活动类型及其支持工具	学习网络教学活动设计的知识及技能	主题四

第5章 师范生 TPACK 发展实践模式有效性验证

续表

周次	教学活动	学习活动	教学主题
第 10~12 周	介绍网络课程制作的知识与技能：制作方法、过程及工具	学习网络课程制作的知识与技能；撰写网络课程教学方案；制作网络课程	主题五
第 13 周	网络课程展示与评价		
第 14 周	教学效果评价	学习总结	全部主题

在开展以上实验组和对照组的教学和学习活动的同时，笔者通过 S 师范大学的 Blackboard 网络教学系统提供网络教学方案和网络课程案例供师范生观摩与分析；发布教案及其他相关资源支持师范生课后自主学习；组织网络讨论与交流，解决师范生在学习中碰到的疑难问题。

4．教学资源

在教学实验开展前，笔者通过 S 师范大学的 Blackboard 平台发布以下三种资源：

（1）网络教学方案

36 份网络教学方案被用于教学实验。有来自 9 个不同专业的师范生参加教学实验。为此，笔者为每个专业的师范生准备了 4 份网络教学方案。网络教学方案取自于国际互联网。

（2）网络课程

选择国内外 6 个网络教学平台的 24 门网络课程作为教学资源的一部分。

（3）文献资料

共收集了 58 份与网络教学、教学设计、网络课程设计与制作和 TPACK 相关的文献或视频教程供师范生查阅，支持他们课外自主学习。

5．教师

教学实验由笔者与两名助研硕士共同完成。笔者负责所有教学活动的组织与实施，两位助研硕士主要承担答疑工作，指导和辅导师范生学习。在此之前，笔者与两位助研硕士曾共同完成过一次《网络教学理论与实践》课程的教学。

5.2 师范生 TPACK 发展实践实验数据分析

5.2.1 TPACK 水平测量结果分析

1. 测量结果信度与效度分析

分别在教学实验的第 2 周和第 14 周对实验组和对照组师范生 TPACK 知识要素、心理要素和道德要素的水平进行测量,测量结果的结构效度 KMO 值和信度值如表 5-20。如表 5-20 中数据所示,实验组和对照组师范生 TPACK 水平前后测结果均具有较高的信度和效度。

表 5-20 实验组和对照组师范生 TPACK 水平测量结果的信度和效度

		实验组前测	实验组后测	对照组前测	对照组后测
TK	KMO	0.84	0.82	0.86	0.89
	信度	0.83	0.79	0.75	0.80
CK	KMO	0.79	0.75	0.81	0.87
	信度	0.82	0.81	0.85	0.88
PK	KMO	0.74	0.76	0.80	0.79
	信度	0.79	0.75	0.80	0.78
TCK	KMO	0.78	0.85	0.80	0.85
	信度	0.81	0.81	0.83	0.87
TPK	KMO	0.91	0.86	0.90	0.92
	信度	0.91	0.88	0.90	0.90
PCK	KMO	0.77	0.73	0.80	0.83
	信度	0.76	0.77	0.79	0.72
TPCK	KMO	0.87	0.83	0.88	0.88
	信度	0.87	0.85	0.90	0.88
心理要素	KMO	0.83	0.89	0.85	0.80
	信度	0.75	0.76	0.82	0.84

第5章 师范生 TPACK 发展实践模式有效性验证

续表

		实验组前测	实验组后测	对照组前测	对照组后测
道德要素	KMO	0.78	0.75	0.84	0.82
	信度	0.76	0.77	0.79	0.72
整体	KMO	0.87	0.90	0.90	0.92
	信度	0.90	0.93	0.92	0.91

2. 实验组师范生 TPACK 水平测量结果分析

（1）TPACK 水平前测结果分析

实验组 37 名师范生 TPACK 知识要素七种知识、心理要素和道德要素水平实验前测量结果统计见表 5-21。

表 5-21　实验组师范生 TPACK 水平前测结果统计

	TK	CK	PK	PCK	TCK	TPK	TPCK	心理要素	道德要素
均值	3.87	3.50	3.82	3.76	4.11	3.43	3.69	3.52	3.43
标准差	0.67	0.65	0.49	0.45	0.49	0.68	0.36	0.45	0.56

实验开始前，实验组师范生 TPACK 知识要素七种知识水平测量结果的均值的平均值为 3.74，处于中等水平。其中 TK、PK 和 TCK 水平测量结果的均值相对较高，CK 和 TPK 水平测量结果的均值低于平均值，其他两种知识水平测量结果的均值与平均值接近。标准差显示，实验组师范生的 TK、CK 和 TPK 水平个体差异较大。心理要素和道德要素水平测量结果的均值分别是 3.52 和 3.43，同样处于中等水平；标准差分别为 0.45 和 0.56，实验组师范生整合技术开展教学的心理与道德水平差异较小。

（2）TPACK 水平后测结果分析

实验组 37 名师范生 TPACK 水平实验后测量结果统计见表 5-22。

表 5-22　实验组师范生 TPACK 水平后测结果统计

	TK	CK	PK	PCK	TCK	TPK	TPCK	心理要素	道德要素
均值	3.93	3.56	3.77	3.99	4.17	3.78	3.87	3.72	3.65
标准差	0.60	0.64	0.46	0.46	0.45	0.65	0.56	0.63	0.68

实验结束后，实验组师范生 TPACK 知识要素七种知识水平测量结果的均

值的平均值为 3.87。其中 TK、PK 和 TCK 水平测量结果的均值处于较高水平，而 CK 水平测量结果的均值依然较低。标准差显示，TK、CK 和 TPK 水平的个体差异仍然较大，TPACK 水平的个体差异有所增加。心理要素和道德要素水平测量结果的均值分别为 3.72 和 3.65。

(3) TPACK 水平前后测结果对比分析

对比分析实验组师范生 TPACK 知识要素七种知识水平前测和后测结果的均值，除 PK 外，其他知识测量结果的均值在教学实验结束后都有提高；七种知识水平测量结果的均值的平均值也相应增加；心理要素和道德要素水平测量结果的均值也有一定提高。

将实验前后知识要素水平测量结果的均值以 95% 置信区间开展配对样本 t 检验，结果见表 5-23。

表 5-23 实验组师范生 TPACK 知识要素水平前后测结果均值配对样本 t 检验

	成对差分					t	df	Sig.（双侧）
	均值	标准差	均值的标准误	差分的 95% 置信区间				
				下限	上限			
前测—后测	-0.14	0.14	0.05	-0.25	-0.004	-2.52	6	0.045

检验结果显示，P 值为 0.045，小于 0.05，表明实验组师范生 TPACK 知识要素水平实验前后测量结果整体上存在显著差异。

将知识要素七种知识、心理要素和道德要素水平实验前后的测量结果开展配对样本 t 检验，各项目的 P 值见表 5-24。

表 5-24 实验组师范生 TPACK 水平前后测结果配对样本 t 检验

	CK	PK	TK	PCK	TCK	TPK	TPACK	心理要素	道德要素
Sig（双侧）	0.60	0.72	0.71	0.04	0.61	0.03	0.09	0.04	0.35

如表 5-23 所示，知识要素中的 PCK 和 TPK 的 P 值分别为 0.04 和 0.03，小于 0.05，TPCK 的 P 值为 0.09，比较接近于 0.05。检验结果表明，实验组师范生的 PCK 和 TPK 水平前后测结果存在显著差异，TPACK 水平前后测结果比较接近于有显著差异。心理要素的 P 值为 0.04，表明实验组师范生 TPACK 心理要素水平前后测结果的差异达到显著水平。道德要素的 P 值为 0.35，大于 0.05，表明实验组师范生 TPACK 道德要素水平的变化没有达到统计学意义上的显著

第5章 师范生TPACK发展实践模式有效性验证

水平。

3. 对照组师范生TPACK水平测量结果分析

（1）TPACK水平前测结果分析

对照组47名师范生TPACK知识要素七种知识、心理要素和道德要素水平实验前的测量结果统计见表5-25。

表5-25 对照组师范生TPACK水平前测结果统计

	TK	CK	PK	PCK	TCK	TPK	TPCK	心理要素	道德要素
均值	3.80	3.12	3.71	3.90	3.80	3.35	3.60	3.38	3.34
标准差	0.51	0.59	0.44	0.47	0.37	0.66	0.56	0.47	0.42

对照组师范生知识要素七种知识水平前测结果的均值的平均值为3.62，整体上也处于中等水平。如表5-25所示，TK、PK、TCK和PCK水平测量结果的均值高于平均值，TPCK水平测量结果的均值与平均值接近，CK和TPK水平测量结果的均值明显低于平均值。标准差显示，对照组师范生CK和TPK水平个体之间存在较大差异。对照组师范生TPACK心理要素和道德要素水平测量结果的均值分别为3.70和3.66，同样处于中等水平，个体差异较小。

（2）TPACK水平后测结果分析

对照组47名师范生TPACK知识要素七种知识、心理要素和道德要素水平实验后的测量结果统计见表5-26。

表5-26 对照组师范生TPACK水平后测结果统计

	TK	CK	PK	TCK	PCK	TPK	TPCK	心理要素	道德要素
均值	3.81	3.17	3.66	3.92	3.79	3.33	3.59	3.51	3.47
标准差	0.52	0.57	0.45	0.45	0.36	0.66	0.56	0.53	0.61

在教学实验结束后，对照组师范生TPACK知识要素七种知识水平测量结果的均值的平均值为3.61。TK、PK、TCK和PCK水平测量结果的均值高于平均值，TPCK水平测量结果的均值与平均值接近，CK和TPK水平测量结果的均值依然低于平均值。心理要素和道德要素水平测量结果的均值有一定程度增加。

（3）TPACK水平前后测结果对比分析

对比分析表5-25和5-26中对照组师范生TPACK知识要素七种知识水

平前测和后测结果的均值,两组均值的平均值非常接近,TK、CK、PCK 和 TCK 水平实验后的测量结果的均值高于实验前的均值,而 PK、TPK 及 TPCK 水平测量结果的均值则出现小幅下降。将两组均值开展配对样本 t 检测,结果见表 5-27。

表 5-27 对照组师范生 TPACK 知识要素水平前后测结果均值配对样本 t 检验

	成对差分					t	df	Sig.（双侧）
	均值	标准差	均值的标准误	差分的95%置信区间				
				下限	上限			
前测-后测	0.01	0.02	0.01	-0.01	0.02	0.99	6	0.36

t 检验结果显示,p 值 0.36,明显大于 0.05,表明两组均值没有统计学上意义上的显著差异。将 47 名师范生实验前后的 TPACK 知识要素七种知识、道德要素及心理要素水平测量结果开展配对样本 t 检验,结果见表 5-28。

表 5-28 对照组师范生 TPACK 水平前后测结果配对样本 t 检验

	CK	PK	TK	PCK	TCK	TPK	TPCK	心理要素	道德要素
Sig(双侧)	0.99	0.59	0.97	0.95	0.89	0.90	0.91	0.47	0.65

如表 5-28 所示,知识要素七种知识的 P 值均明显大于 0.05,表明对照组 47 名师范生 TPACK 知识要素七种知识水平实验前后的测量结果无显著差异。统计结果中出现的 PK、TPK 和 TPCK 水平测量结果的均值实验后低于实验前可以视为这三种知识的水平在未产生显著变化的情况下,由于测量误差或测量过程中的偶然因素产生的测量结果正常波动。这种状况并不意味着对照组师范生这三种知识水平的下降。知识要素水平前测和后测结果对比分析表明,对照组师范生知识要素水平无论是整体,还是单种知识在实验后均未产生显著变化。检验结果也显示,虽然对照组师范生 TPACK 心理要素和道德要素水平测量结果的均值较实验前出现一定程度增长,但 P 值分别为 0.47 和 0.65,均大于 0.05,表明 47 名师范生这两个项目实验前后的测量结果无统计学意义上的显著差异。

4. 实验组和对照组师范生 TPACK 水平测量结果对比分析

(1) TPACK 水平前测结果对比分析

对比分析表 5-21 和表 5-25 实验组和对照组师范生 TPACK 知识要素、心理要素和道德要素水平前测结果的均值,实验组师范生 TPACK 知识要素中的 TK、CK、PK、TCK 和 TPCK 水平测量结果的均值高于对照组,PCK 低于对照组,七种知识水平测量结果的均值的平均值高于对照组。心理要素和道德要素水平测量结果的均值同样也稍高于对照组。

将两组知识要素水平前测结果的均值开展配对样本 t 检验,结果见表 5-29。

表 5-29 师范生 TPACK 知识要素水平前测结果均值配对样本 t 检验

	成对差分					t	df	Sig.(双侧)
	均值	标准差	均值的标准误	差分的95%置信区间				
				下限	上限			
实验组-对照组	0.13	0.17	0.06	-0.03	0.29	1.98	6	0.09

t 检验结果显示,两组均值无显著性差异($P=0.09>0.05$)。

将实验组 37 名和对照组 47 名师范生 TPACK 知识要素七种知识、心理要素及道德要素水平测量结果开展独立样本 t 检验,各项目检验结果 P 值见表 5-30。

表 5-30 实验组与对照组师范生 TPACK 水平前测结果独立样本 t 检验

	CK	PK	TK	PCK	TCK	TPK	TPCK	心理要素	道德要素
Sig(双侧)	0.025	0.37	0.75	0.65	0.075	0.68	0.56	0.69	0.72

如表 5-30 所示,实验开始前,实验组和对照组师范生的 CK 水平有显著差异($P=0.025<0.05$),TCK 水平差异比较显著($P=0.075$,接近于 0.05),而其他项目的 P 值均明显大于 0.05,表明在实验前,实验组和对照组师范生这些项目的水平无显著差异。

(2)TPACK 水平后测结果对比分析

对比表 5-22 和 5-26 实验组和对照组师范生 TPACK 知识要素、心理要素和道德要素水平后测结果的均值,实验组师范生 TPACK 知识要素七种知识水平测量结果的均值及其平均值均高于对照组,其中 PCK 水平由先前低于对照组,变为高于对照组。将两组测量结果的均值开展配对样本 t 检验,结果见表 5-31。

表 5-31 两组师范生 TPACK 知识要素后测结果均值配对样本 t 检验

	成对差分					t	df	Sig.（双侧）
	均值	标准差	均值的标准误	差分的95%置信区间 下限	差分的95%置信区间 上限			
实验组-对照组	0.26	0.15	0.06	0.11	0.40	4.37	6	0.005

如表 5-31 显示，两组数据差异极其显著（$P=0.005<0.01$），表明教学实验结束后，实验组和对照组师范生 TPACK 知识要素水平整体上有异常显著差异。

将实验组和对照组师范生 TPACK 知识要素七种知识、心理要素和道德要素水平测量结果开展独立样本 t 检验，结果见表 5-32。

表 5-32 实验组与对照组师范生 TPACK 水平后测结果独立样本 t 检验

	TK	CK	PK	PCK	TCK	TPK	TPCK	心理要素	道德要素
Sig（双侧）	0.35	0.008	0.34	0.051	0.022	0.006	0.041	0.032	0.15

表 5-32 显示，知识要素中的 CK、TCK、TPK 和 TPCK 的检验 P 值均低于 0.05，表明实验组和对照组师范生以上四种知识水平的后测结果有显著差异。其中实验前检验结果有显著差异的 CK（$P=0.025<0.05$），检验结果变为差异极其显著（$P=0.008<0.01$）；接近于有显著差异的 TCK（$P=0.075>0.05$）检验结果也转变为差异显著（$P=0.022<0.05$）。PCK 的 P 值为 0.051，非常接近于 0.05，可以视为达到有显著性差异水平。心理要素检验 P 值为 0.032，小于 0.05，表明教学实验结束后，两组测量结果有显著差异。道德要素检验 P 值为 0.15，表明教学实验结束后，两组师范生该项目的测量结果无统计学上的显著差异。

5. TPACK 水平前后测结果协方差分析

实验期间师范生 TPACK 发展必然会受已有水平的影响。考虑到实验组和对照组师范生实验前的 TPACK 水平虽然相近，但存在一定差异，进一步对实验组和对照组师范生 TPACK 知识要素、心理要素和道德要素水平的前后测结果进行了协方差分析。

协方差分析以教学方式为自变量，教学结束后的知识要素、心理要素和道德要素水平为因变量，教学开始前的知识要素、心理要素和道德要素水平为协变量。分析结果见表 5-33。

表 5-33 实验组与对照组师范生 TPACK 水平前后测结果协方差分析

	CK	PK	TK	PCK	TCK	TPK	TPCK	心理要素	道德要素
实验组后测估值	3.62	3.77	3.90	4.00	4.16	3.80	3.88	3.75	3.70
对照组后测估值	3.12	3.67	3.84	3.81	3.93	3.32	3.59	3.66	3.52
Sig(双侧)	0.002	0.36	0.65	0.08	0.049	0.006	0.05	0.043	0.18

如表 5-33 所示,将实验组和对照组师范生 TPACK 知识要素、心理要素和道德要素水平前测结果转化为相同后,实验组师范生 TPACK 知识要素七种知识、心理要素和道德要素水平后测结果均值的估值都高于对照组。实验结束后,两组师范生的 CK、TCK、TPK 和 TPCK 水平测量结果有显著差异,PCK 水平接近于有显著性差异。其中,CK 和 TPK 水平测量结果的差异极其显著,这说明实验组和对照组采用的教学方式对以上五种知识的发展产生不同的影响。而心理要素的检验 P 值为 0.043,表明两者有显著差异,而道德要素的检验 P 值为 0.18,大于 0.05,两者无显著差异。

以上分析结果和实验组与对照组师范生 TPACK 水平前后测结果对比分析结论基本一致。

5.2.2 教学人工制品评价结果分析

在发展实践中,师范生以小组为单位完成两种教学作品制作:网络教学方案和微型网络课程。考虑到制作微型网络课程的目的是对教学方案的可行性进行验证,而且发展实践也没有让学生将网络课程应用到真实教学当中,因此教学作品评价选择对师范生完成的教学方案进行评价。

1. 实验组师范生完成的教学方案评价结果分析

实验组 37 名师范生被分为 11 个学习小组,每组成员 3~4 人,小组成员所学专业相同或相近。每个小组各自撰写、修改与完善教学方案,共完成 11 份教学方案。教学方案评价共进行两次,第一次在教学实验第 7 周教学方案展示与分享期间,第二次在教学实验第 14 周教学效果评价期间。

教学方案评价采用教师评价、小组自评和同伴互评相结合的方式。开展评价时,依据 Mark 量规从四个维度分别对 11 份教学方案进行评价,各个小组成员同样依据 Mark 量规对自己及由教师随机分配的其他三个小组的教学方案进行评价。所有师范生在对教学方案进行评价的同时,也要对评价的教学方案提出修改意见。依据以上方法,每个小组完成的教学方案共得到 7 份评价结果及修改意见。其中,教师评价 3 份,自评 1 份,同伴评价 3 份。各个小组的教学方案四个维度的评价得分以教师评价平均分占 50%、同伴评价平均分占 30% 和小组自评分占 20% 的比例进行计算。11 个教学方案四个维度评价结果的均值见表 5-34。

表 5-34　实验组师范生完成的教学方案评价结果

	第一次评价			第二次评价			差值
	最小值	最大值	均值 ± 标准差	最小值	最大值	均值 ± 标准差	
课程目标与技术	1.57	2.57	2.23 ± 0.27	2.30	3.17	2.63 ± 0.29	0.40
教学策略与技术	1.47	2.47	2.21 ± 0.29	2.20	3.37	2.68 ± 0.30	0.47
技术选择	1.40	2.63	2.19 ± 0.36	1.90	3.07	2.53 ± 0.34	0.34
适合度	1.67	2.57	2.18 ± 0.26	2.01	3.07	2.62 ± 0.29	0.44

如表 5-34 所示,实验组师范生完成的 11 个教学方案四个维度第一次评价得分的均值介于 2.18 到 2.23 之间。统计结果表明,11 个课程目标与技术维度评价得分中,超过 2.5 的有 1 个,技术选择评价得分超过 2.5 的有 2 个,适合度评价得分超过 2.5 的有 1 个。以上两组数据表明,实验组师范生第一次完成的教学方案中的技术整合水平整体上较低。

实验组师范生完成的 11 个教学方案四个维度第二次评价得分的均值较第一次评价都有一定提高,均大于 2.50。其中,有 6 个教学方案的课程目标和技术维度的得分超过 2.5,最高值为 3.17;有 8 个教学方案的教学策略与技术维度的评分大于 2.5,该项目的最高评分为 3.37;有 6 个教学方案的技术选择维度得分超过 2.5,该维度最高得分为 3.07;而适合度维度的最高得分为 3.07,共有 8 个教学方案的得分超过 2.5。11 个教学方案四个维度两次评价得分对比如图 5-2 所示。

第 5 章　师范生 TPACK 发展实践模式有效性验证

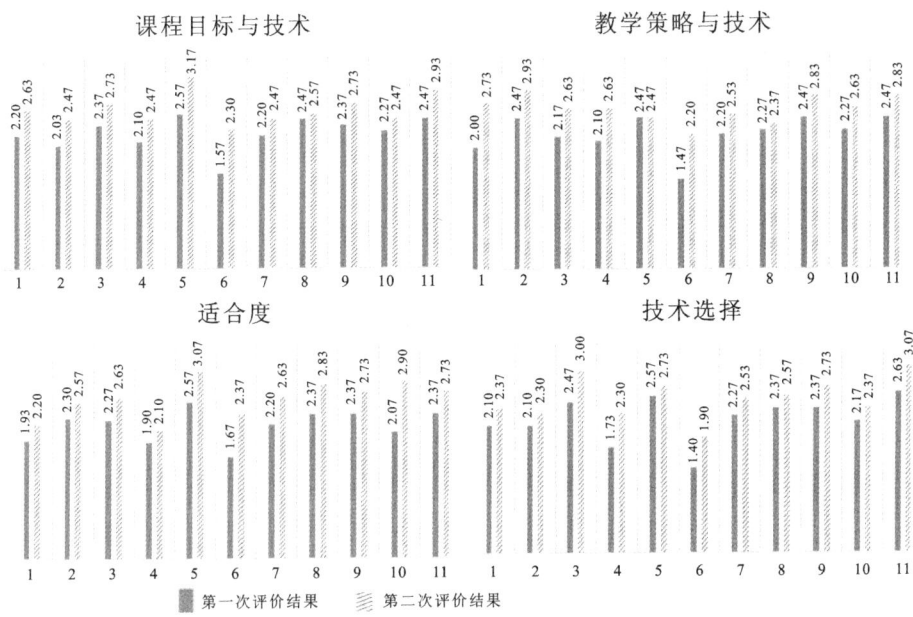

图 5-2　实验组师范生完成的教学方案两次评价结果对比图

如图 5-2 所示,11 个学习小组完成的教学方案四个维度第二次评价得分较第一次评价都出现了一定程度的提高。将 11 个教学方案两次评价得分开展配对样本 t 检验,检验结果见表 5-35。

表 5-35　实验组师范生完成的教学方案两次评价结果配对样本 t 检验

	课程目标与技术	教学策略与技术	技术选择	适合度
Sig(双侧)	0.000	0.000	0.000	0.000

检验结果显示,四个评价维度的 P 值均小于 0.01,表明这两次评价结果差异性极其显著。

综合 11 个教学方案四个维度两次评价得分对比分析、配对样本 t 检验以及均值对比分析结果,实验组师范生第二次完成的教学方案中的技术整合状况总体上优于第一次。

2. 对照组师范生完成的教学方案评价结果分析

对照组同样以学习小组为单位撰写网络教学方案和制作微型网络课程。学习小组产生方式与实验组相同,47 名师范生被分配到 15 个学习小组中。对照组师范生选择网络课程教学主题、撰写教学方案与制作微型网络课程安排在教学实验的第 10～13 周。教学方案第一次评价安排在第 11 周,第二次评价在第 14 周进行。各个学习小组在第 12～13 周根据反馈意见对教学方案进行修改与完善。教学方案评价同样采用实验组使用的方式。对照组 15 个教学方案两次评价得分统计见表 5-36。

表 5-36 对照组师范生完成的教学方案评价结果

	第一次评价			第二次评价			差值
	最小值	最大值	均值±标准差	最小值	最大值	均值±标准差	
课程目标与技术	1.80	3.07	2.42±0.42	2.00	2.90	2.44±0.27	0.02
教学策略与技术	1.87	3.10	2.38±0.36	2.10	3.00	2.68±0.30	0.30
技术选择	1.73	2.83	2.30±0.32	1.93	2.73	2.37±0.21	0.07
适合度	1.83	2.73	2.26±0.26	2.00	2.57	2.34±0.17	0.08

如表 5-36 所示,对照组完成的 15 个教学方案四个维度第一次评价结果的均值介于 2.26 到 2.42 之间。统计结果表明,15 个课程目标与技术维度评价得分中,超过 2.5 的有 7 个,教学策略与技术维度评价得分超过 2.5 的有 4 个,技术选择维度评价得分超过 2.5 的有 4 个,适合度维度评价得分超过 2.5 的有 3 个。

实验组完成的 15 个教学方案四个维度第二次评价结果的均值较第一次评价结果都有一定的提高。其中,有 8 个教学方案的课程目标和技术维度的评价得分超过 2.5,有 7 个教学方案的教学策略与技术的评价得分大于 2.5,5 个教学方案的技术选择维度评价得分超过 2.5,有 3 个教学方案的适合度评价得分超过 2.5。15 个教学方案四个维度两次评价得分对比如图 5-3 所示。

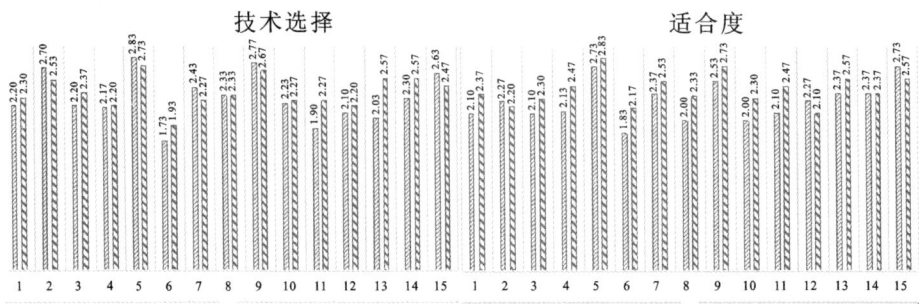

第5章 师范生TPACK发展实践模式有效性验证

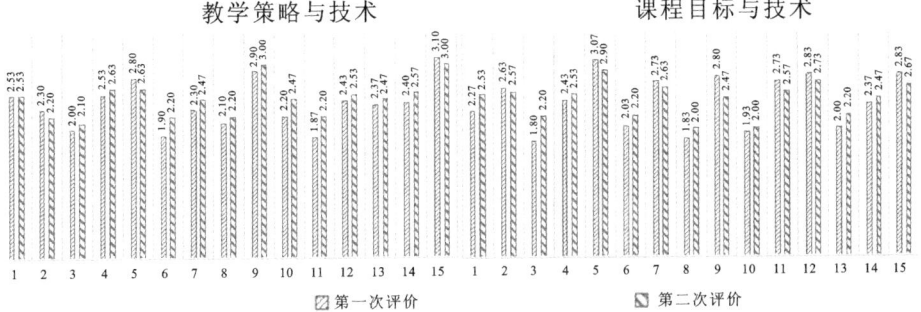

图5-3 对照组师范生完成的教学方案两次评价结果对比图

将15个教学方案的两次评价得分开展配对样本 t 检验,检验结果见表5-37。

表5-37 对照组教学方案两次评价结果配对样本 t 检验结果

	课程目标与技术	教学策略与技术	技术选择	适合度
Sig(双侧)	0.620	0.020	0.183	0.062

如表6-37所示,教学策略与技术维度的检验 P 值为0.020,小于0.05,两次评价结果有显著性差异。适合度维度的检验 P 值为0.062,接近于0.05,两次评价得分的差异接近于统计学上的显著性水平。而其他两个维度的检验 P 值明显大于0.05,表明两次评价结果无显著差异。

综合15个教学方案两次评价得分数值变化以及配对样本 t 检验结果,在经过修改与完善后,对照组师范生第二次完成的教学方案中的技术与教学目标和教学策略的契合度有一定提高。

3. 实验组和对照组师范生完成的教学方案评价结果对比分析

为进一步检验实验组和对照组使用的教学方式是否对师范生TPACK发展产生了不同的影响,笔者对比分析了实验组和对照组师范生两次完成的教学方案的评价结果,见表5-38。

表5-38 实验组与对照组师范生完成的教学方案两次评价结果对比表

评价项目	第一次评价结果		第二次评价结果	
	实验组	对照组	实验组	对照组
课程目标与技术	2.23	2.42	2.63	2.44
技术选择	2.19	2.30	2.53	2.37

续表

评价项目	第一次评价结果		第二次评价结果	
	实验组	对照组	实验组	对照组
适合度	2.18	2.26	2.62	2.34
教学策略与技术	2.21	2.38	2.68	2.68

如表5-38所示,对照组师范生完成的教学方案四个维度的第一次评价得分的均值都高于实验组师范生完成的教学方案评价得分的均值。这种差异可能是由于他们撰写教学方案时间的不同引起的。根据教学安排,实验组师范生在教学实验的第5~6周第一次撰写教学方案。在此之前,他们只完成五个教学主题中的两个主题的学习,而对照组师范生在教学实验的第11~12周第一次撰写教学方案,已经完成四个教学主题的学习。学习内容上的差异导致教学方案中技术与其他教学要素契合度的不同。

对照组师范生完成的教学方案四个维度的第二次评价得分的均值虽然较第一次有所提高,但是都低于实验组师范生完成的教学方案第二次评价得分的均值。这表明,经过修改完善,实验组师范生完成的教学方案中的技术与教学目标和教学策略的契合度更受到教师与师范生的认可。

对实验组和对照组师范生完成的教学方案的两次评价得分进行独立样本t检验,检验结果如表5-39。

表5-39 实验组与对照组师范生完成的教学方案两次评价结果t检验

评价项目	第一次评价得分检验	第二次评价得分检验
课程目标与技术	0.20	0.08
技术选择	0.44	0.16
适合度	0.46	0.01
教学策略与技术	0.21	0.10

如表5-39所示,虽然对照组师范生完成的教学方案四个维度第一次评价得分的均值高于实验组,但两组评价得分并没有统计学上意义上的显著差异。第二次评价得分在适合度维度表现出显著差异;课程目标与技术维度的差异接近于显著性水平;其他两个维度的检验P值均大于0.05,表明相关数据没有统计学上的显著差异。

第 5 章　师范生 TPACK 发展实践模式有效性验证

5.2.3　调查结果分析

教学实验结束后,对实验组师范生开展问卷调查,了解他们的学习状况及对课程教学方式的看法。37 名师范生全部参加调查。

调查结果分析使用质性分析软件 Nvivo11 Pro,采用学者 Strauss 和 Corbin 提出的"开放式编码→轴心式编码→选择式编码"三步编码方法,分四步进行:①对调查问卷每一道题的 37 份答案进行自由编码,形成开放式编码;②对开放式编码进行归纳和概括,将意义相同或相近的编码进行合并,形成轴心式编码;③对轴心式编码进行抽象,形成选择式编码;④利用 Nvivo 软件对编码结果进行可视化。①

1. 问题"完成课程学习后,您有哪些收获?"调查结果分析

调查结果质性分析总共产生 77 个开放式编码,它们被合并到 11 个主题当中,11 个主题被归属到 4 个类属之中。三级编码的层次结构图如图 5-4 所示。

图 5-4　问题一调查结果编码层次结构图

注:由于开放式编码数量较多,没有在图中全部呈现,下同。

将师范生报告的学习收获总体概括为四方面:网络教学的知识、心理、技能

---

① STRAUSS A, CORBIN J. Basics of qualitative research: techniques and procedures for producing grounded theory[M]. London: Sage, 1998: 58-61.

(或能力)和道德。这种概括与师范生 TPACK 发展实践目标是一致的。如图 5-4 所示,网络教学技能类属下共有 7 个主题。根据此类属里面的编码,完成课程学习后,师范生获得的技能包括:教学设计、网络教学组织与管理、网络教学平台使用和网络教学资源制作等。师范生获得的网络教学方面的知识包括:网络教学的概念与发展历史、网络教学过程与方法以及网络教学的意义等。在 6 份调查问卷中,师范生表达了他们对于网络教学的看法或态度。如有师范生认为网络教学是未来教学的一种趋势、要在未来的教学中将 Web 2.0 技术应用到课堂教学当中等。在 77 个开放式编码中,只有 2 个编码点中的信息包含 Web 2.0 技术使用道德与法律方面的内容。

2. 问题"您认为如果使用 Web 2.0 技术进行教学,会给教学带来哪些影响?"调查结果分析

质性分析共产生了 89 个开放式编码,这些编码被合并在 14 个主题当中,14 个主题被归属到 5 个类属中。三级编码的层次结构图如图 5-5 所示。

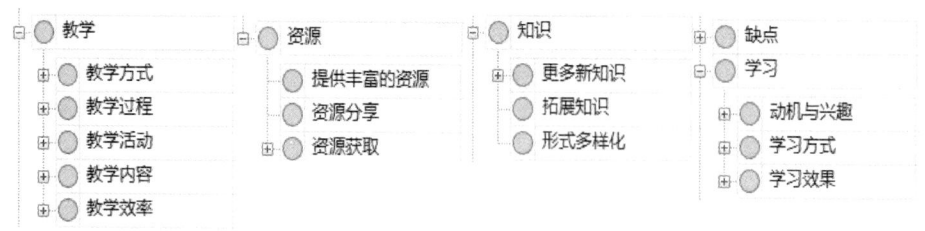

图 5-5 问题二调查结果编码层次结构图

如图 5-5 所示,被调查师范生认为 Web 2.0 技术在教学中的应用会对教师教学、学生学习、知识获取和资源利用等产生积极影响,同时也存在一些缺点。

在教师教学方面,有 8 个开放式编码点认为丰富的 Web 2.0 工具能够使教学方式变得灵活多样,可以改变现有的课堂教学方式;25 个开放式编码点认为基于 Web 2.0 技术的网络环境可以使教学变得更方便快捷和更简单;9 个开放式编码点认为可以利用 Web 2.0 技术来组织更加丰富的教学活动,让教学更有针对性;7 个开放式编码点认为 Web 2.0 技术一方面能够丰富课程教学内容,另一方面也可以用数字化的形式表征课程内容,使教学变得更有趣;9 个开放式编码点认为 Web 2.0 技术可以使教学变得更高效。

在学生学习方面,有 10 个开放式编码点认为使用 Web 2.0 技术开展教学是一种"新颖"的教学方式,能够吸引学生,激发他们的学习兴趣;5 个开放式编码点认为 Web 2.0 技术可以改变学生的学习方式,让他们"随时""随地""按自

己的方式"进行学习;4个开放式编码点认为在教学中使用Web 2.0技术,可以帮助学生"提高学习效率""锻炼思维"和"理解知识"等。

在知识获取方面,有5个开放式编码点认为Web资源能够提供形式多样、丰富的知识,使得"知识不再主要来自教师",方便学生进行"知识拓展";有7个开放式编码点认为Web 2.0技术能够提供丰富的教学和学习资源,而且它们"非常容易获取和分享""对教学和学习都有帮助"。

除此之外,有7个开放式编码点认为Web 2.0技术在教学中的应用也存在缺点,如"教学过程中有干扰""学生不听课""会增加学习任务"等。

3. 问题"您是否会在未来教学中使用Web 2.0技术?您将在哪些教学环节或活动中使用Web 2.0技术?"调查结果分析

对于是否会在未来教学中使用Web 2.0技术,参与调查的37名师范生有28名给出正面回应,表示"使用Web 2.0技术进行教学有很多好处",会在教学中"使用熟悉的、合适的工具帮助教学"等;6人给出中立回应,表示是否会使用Web 2.0技术开展教学视具体情况而定,比如"学校有没有这方面的要求""是否有技术使用环境"等;3人明确表示他们不会在教学中使用Web 2.0技术,原因是"太麻烦""对技术不熟悉"和"会增加工作量"等。

除3位对使用Web 2.0技术开展教学持反对态度的师范生外,其他人都对"会在哪些教学环节或活动中使用Web 2.0技术"进行了回应。这部分调查结果质性分析共产生73个开放式编码,人均2.2个。根据编码结果,师范生总体上将使用Web 2.0技术支持教师教学活动、学生学习活动以及师生互动活动。三级编码的层次结构图如图5-6所示。

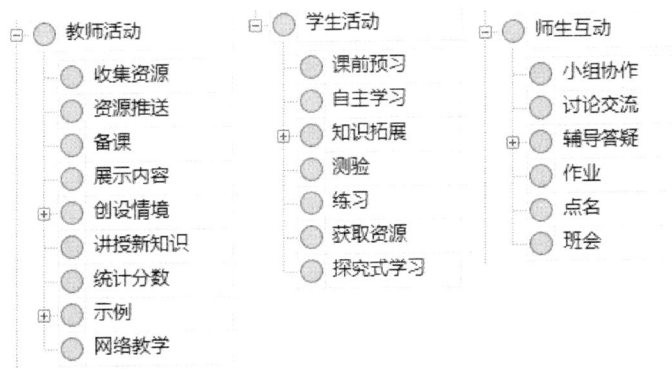

图5-6 问题三调查结果编码层次结构图

根据统计,共有39个开放式编码点的信息涉及用Web 2.0技术支持教师教学活动,包括:收集教学资源(6个)、推送教学资源(3个)、备课(2个)、展示教学内容(13个)、讲授新知识(7个)、创设教学情境(4个)、统计考试分数(1个)、示例(2个)以及开展网络教学(1个)。有21个开放式编码点的内容提及用Web 2.0技术支持学生学习活动,包括:课前预习(3个),课外或课内自主学习(3个),课外知识拓展(6个)、测验(1个)或练习(5个)、获取资源(2个)以及开展探究式学习(1个)。也有师范生认为可以使用Web 2.0技术来进行以下活动:学生开展小组协作学习(3个)、师生之间讨论交流(2个)、教师对学生进行辅导与答疑(3个)、作业布置、递交、批改和展示(3个)以及班级点名(1个)或开班会(1个);相关编码共有13个。

4.问题"您认为哪些因素会影响您使用Web 2.0技术开展教学?"调查结果分析

实验组37名师范生对此问题都进行回应。质性分析共产生72个开放式编码。经过轴心式编码和选择式编码,笔者将师范生报告的影响他们使用Web 2.0技术开展教学的因素归结为两类:内在因素和外在因素。内在因素是指师范生自身的因素,共有36个开放式编码点的内容描述此类的因素。外在因素是指师范生自身之外的其他因素,也有36个开放式编码点的内容描述了这类因素。编码结果的层次结构图如图5-7所示。

图5-7 问题四调查结果编码层次结构图

师范生报告的影响他们使用Web 2.0技术开展教学的内在因素有知识、心理、技能、经验和教学理念五种。在36个开放式编码中,有10个编码点的内容显示,师范生不使用Web 2.0技术开展教学是因为"没有足够的知识",14个编码点传达的信息是因为"Web 2.0技术使用不熟练"或是"没有这方面的技能"等,3个编码点传达的信息是因为"没有使用过Web 2.0技术进行教学",另外3个编码点描述的信息是使用Web 2.0技术进行教学"太复杂""太麻烦"和"费时间",最后6个编码点传达的信息是"使用Web 2.0技术教学的理念不成熟"

第5章 师范生 TPACK 发展实践模式有效性验证

"传统教学根深蒂固,不容易改变"等。

除自身因素之外,师范生认为国家政策、社会氛围、学校要求和家长对使用技术进行教学的态度或看法也会影响他们使用 Web 2.0 技术开展教学,有 4 个开放式编码点的内容描述这些因素。1 名师范生表示如果要使用 Web 2.0 技术开展教学,他会考虑费用支出。22 个开放式编码点传达的信息是"没有可以使用的网络环境""网络环境不稳定"或是"没有充足的资源"等。2 个开放式编码点描述的信息与课程内容相关,认为 Web 2.0 技术"只适用于一些学科内容的教学"。学生也是师范生认为影响他们采用 Web 2.0 技术开展教学的一个因素,共有 7 个开放式编码点对此进行描述,如"学生是不是有使用 Web 2.0 技术的技能""学生是否接受"等。

5. 问题"您认为课程教学存在哪些不足?"调查结果分析

质性分析共产生 78 个开放式编码,经过轴心式编码和选择式编码,将师范生反映的教学中存在的不足归结为四方面:课后作业、教学过程、教学环境与教学内容。三级编码的层次结构图如图 5-8 所示。

图 5-8 问题五调查结果编码层次结构图

有师范生认为在课程教学中,存在"作业太多""作业要求不明确"以及"作业前面少,后面太多"等方面的不足,相关开放式编码点共有 18 个。有 40 个开放式编码点的内容反映课程教学过程存在的不足,部分师范生认为课堂教学缺少"示例"和"实践内容演示",也有师范生认为课程教学"进度太快"和"缺少老师与学生之间的互动交流"。其中反映最多的是课堂教学缺少实践内容演示和师生交流互动,分别有 15 个和 14 个开放式编码。有 7 个开放式编码点的内容反映教学使用的网络环境不稳定,如"网络经常连不上"等。8 个开放式编码点反映的不足与教学内容相关,主要是"课程内容太多"。

除反映课程教学中存在的不足之外,也有部分师范生表达对课程教学的认同,共有 5 个开放式编码点的内容表达了这方面的信息,如"没问题,学习到了好多新东西""这门课这样讲挺好的"等。

5.3 师范生 TPACK 发展实践实验结论与分析

5.3.1 研究结论

1. 实践模式是否具有可操作性?

在师范生 TPACK 发展实践中,参照实践模式的操作程序、实施条件以及评价方式,在实验组依次开展以下教学和学习活动:

第一,参照实践模式操作程序第一和第二个环节中的活动,确定 TPACK 发展目标,并组建教学团队;构建包含理论知识和实践内容的 TPACK 发展课程,并拟定师范生在学习过程中要通过设计与制作活动解决的问题;基于 S 师范大学的信息化教学条件,搭建满足实践需求的混合式教学环境,并利用 Blackboard 网络教学系统发布文献资料、教程、教学设计案例、网络课程案例等教学资源。

第二,参照实践模式操作程序第二个环节中的活动,在讲授整合 Web 2.0 技术开展教学的基本知识的基础上,布置两项实践内容:撰写一份网络教学方案和制作一个微型网络课程。师范生学习整合 Web 2.0 技术开展教学的基本知识,理解要完成的设计与制作任务,并根据要求组建学习小组。

第三,参照实践模式操作程序第三个环节中的活动循环,师范生观摩、分析与评价案例,撰写使用 Web 2.0 技术开展教学的方案,并在分享和评价的基础上,对教学方案进行修正与完善。在师范生撰写与完善教学方案期间,教师组织和管理师范生的学习活动,并通过讲授在 Web 2.0 技术环境下开展教学的理论知识、评价师范生完成的教学方案、提供教学方案评价标准、示范或解答疑难问题等教学活动来指导和辅导师范生学习,帮助他们顺利完成教学方案撰写。

第四,参照实践模式操作程序第四个环节中的活动循环,师范生制作和完善微型网络课程,教师通过讲授理论知识、评价作品、示范或解答疑难问题等活动来指导和辅导师范生学习,帮助他们顺利完成网络课程制作。

第五,参照实践模式操作程序第五个环节中的活动,在师范生最终完成教学方案撰写和微型网络课程制作后,师生共同对教学方案和微型网络课程进行评价,以及开展师范生 TPACK 水平测量,检验教学和学习效果。在开展评价的基础上,师生一起反思教学和学习过程与结果。

以上教学和学习活动的顺利实施,在一定程度上说明构建的实践模式具有可操作性。

第5章 师范生 TPACK 发展实践模式有效性验证

2. 依据实践模式开展教学,是否能够有效提高师范生 TPACK 水平?

实验组 37 名师范生 TPACK 水平实验前和实验后测量结果的均值显示,在实验结束后,知识要素七种知识除 PK 外,其他知识水平测量结果的均值都有提高,心理要素和道德要素水平测量结果的均值也有一定提高。知识要素七种知识水平实验前后测量结果的均值配对样本 t 检验结果表明,师范生 TPACK 知识要素水平实验前后整体上有显著差异。知识要素、心理要素和道德要素水平测量结果配对样本 t 检验结果显示,知识要素中的 PCK 和 TPK 水平前后测结果差异性显著,TPCK 水平前后测结果的差异性接近于显著水平;心理要素水平前后测结果的差异性达到显著水平;道德要素水平后测结果的均值大于前测,但没有统计学意义上的显著差异。据此,在统计学意义上,实验组师范生实验后的 TPACK 知识要素水平整体上高于实验前的水平,其中 PCK、TPK 和 TPCK 三种知识的水平有显著提高,整合 Web 2.0 技术开展教学的心理也有明显改变。

实验组师范生完成的 11 个教学方案两次评价结果显示:教学方案的四个评价维度第二次评分得分的均值高于第一次评价,两次评价结果差异性极其显著($P<0.01$)。评价结果表明,第二次评价的教学方案中的技术与教学目标、教学策略契合度更高。这在一定程度上表明,随着教学和学习的推进,实验组师范生选择合适的 Web 2.0 技术表征教学内容、开展教学活动和达成教学目标的能力在提高。

问卷调查结果质性分析显示,在完成课程学习后,实验组师范生自认为他们获得了一定的整合 Web 2.0 技术开展教学的知识和技能,知道了相关的法规和技术使用规范。结合知识要素和道德要素水平测量以及教学方案评价结果,我们可以认为他们整合 Web 2.0 技术开展教学的知识、技能和道德得到一定提升。在受调查的 37 名师范生中,28 人对使用 Web 2.0 技术开展教学持积极态度,6 人持中立态度,只有 3 人持反对态度,而且部分师范生表达了整合 Web 2.0 技术开展教学的意愿。这些数据在一定程度上表明,在课程教学结束后,大部分师范生具有整合 Web 2.0 技术开展教学的积极心理。此外,师范生人均列举了 2.2 个使用 Web 2.0 技术来支持教学、学习或师生互动活动。表明他们知道 Web 2.0 技术可以被应用于哪些教学与学习活动当中,也知道如何将它们应用到这些活动当中,他们具有整合 Web 2.0 技术开展教学的知识和技能。

综合以上三方面信息,实验组的教学实践在一定程度上提高了师范生 TPACK 知识要素的水平,尤其是 PCK、TPK 和 TPCK 三种知识的水平,改变了师范生整合 Web 2.0 技术开展教学的心理,培养了他们使用 Web 2.0 技术开展教学的技能,同时也加强了师范生遵循法规和道德规范使用 Web 2.0 技术开展教学的意识。

3. 在教学内容、教学环境和师范生 TPACK 初始水平相近的条件下,依据实践模式开展的教学与以教师讲授为主的教学对师范生 TPACK 发展的促进效果是否存在差异?

实验组和对照组的实验数据统计分析显示:①教学实验结束后,实验组师范生 TPACK 知识要素七种知识水平测量结果的均值有 6 个出现不同程度提高,整体上与实验前有统计学意义上的显著差异;而且 PCK、TPK 和 TPCK 三种知识的水平出现统计学意义上的显著变化。心理要素和道德要素水平实验后的测量结果均值较实验前也有提高,且心理要素水平实验前后的测量结果存在显著差异。②对照组师范生实验前后的 TPACK 知识要素水平无论是整体上,还是单种知识均没有统计学意义的显著差异,心理要素和道德要素水平实验前后也无显著差异。③教学开始前,虽然实验组和对照组师范生 TPACK 知识要素中 CK 和 TCK 两种知识的水平存在一定差异,然而整体上没有统计学意义上的显著差异;在教学结束后,两组师范生 TPACK 知识要素水平整体上表现出差异显著,CK、TCK、TPK 和 TPCK 四种知识水平的测量结果有统计学意义上的显著差异,原本有差异的 CK 和 TCK 两种知识水平的差异性进一步扩大。心理要素水平前测结果无显著差异,后测结果显著不同,道德要素水平的前后测结果均无显著性差异。表明,实验组和对照组的教学实践对师范生 TPACK 发展产生了不同影响。两组师范生 TPACK 水平测量结果协方差分析结果也验证了这种影响。④教学方案评价结果均值分析显示,实验组师范生最终完成的教学方案四个维度评价得分的均值高于对照组师范生最终完成的教学方案评价得分。

基于以上四条证据,在师范生 TPACK 发展实践中,实验组的教学方式更有效地促进师范生 TPACK 水平的提高。

5.3.2 研究结论分析

1. 发展实践为何能促进师范生 TPACK 发展?

(1) 不同组别师范生的教学参与度和学习投入有差异

为分析研究结论,笔者在课后进行了访谈,结果表明,公共选修课在部分师范生眼中扮演着"凑学分"的角色,因此,深入参与课程学习的意愿较低。对照组超过半数接受访谈的师范生表示:在课堂教学中,他们即使到课,也会在课堂上做一些"与课程无关的事情";在课外"也不会花太多时间完成教师布置的练习或参与讨论与交流"。多数受访的实验组师范生认为:来自课堂"展示和汇报的压力"以及承担的"小组任务"促使他们课内认真听讲,课外投入更多的时间开展自主学习、讨论与交流。实验组和对照组师范生的教学参与度和学习投入的差异在其他统计数据中也有体现:课堂教学考勤记录显示,实验组较对照组有更高的课堂出勤率(实验组平均出勤率为92%,对照组为73%);Blackboard网络教学系统中实验组网络教学资源浏览、下载以及论坛发帖和回复的人均次数明显高于对照组。众所周知,深度参与教学活动是师范生 TPACK 有效发展的前提和基础,因此,两种教学方式导致的师范生不同的教学参与度和学习投入是实验组和对照组师范生 TPACK 发展效果差异的主要原因。

(2) 不同组别师范生的角色定位不同,问题求解路径迥异

虽然所有师范生都是学习者,但是实验组师范生既是学习者又是设计者,而对照组师范生只是学习者。两组师范生的角色定位不同。不同的角色定位不仅影响了他们的教学参与积极性和学习投入度,也影响了他们的问题求解经历。在问题求解过程中,实验组师范生经历了一次以设计者的身份整合技术解决真实教学问题的历程。通过选择设计主题,案例观摩,开展教学设计、制作、展示与评价作品等多种学习活动,实验组师范生有效地缩减了理论与实践、学习与应用之间的距离,实现了理论知识学习与应用的有机融合。而对照组师范生只是在课堂听讲、完成作业的基础上,最后才进行"网络课程开发",这无疑将知识、技能学习与应用分割成两个阶段,没有形成与 TPACK 知识属性相匹配的求解经历。所以,两组师范生学习的课程内容和开展的实践项目虽然相似,但不同的问题求解经历导致他们不同的 TPACK 发展效果。

(3) 教学活动整体安排不同,教学评价环节差异

实验组教学安排是一个完整的问题解决过程,通过"选择问题→准备问题

解决环境→形成问题初步解决方案→完善问题解决方案→初步实施问题解决方案→形成作品、完成问题解决→展示、分享、评价与完善作品"等活动安排,为师范生提供了一个在真实的问题情境中深刻理解技术、学科内容与教学法知识三者如何相互加强或抑制的机会,加强了技术知识、学科内容知识和教学法知识之间的融合,从而促进了实验组师范生TPACK的有效发展。对照组教学安排总体上是"教师在课堂上讲解不同主题内容,学生在课后完成作业,最后设计与开发一个小型网络课程"。这种教学过程安排,限制了对照组师范生TPACK的有效发展。

在教学评价方面,实验组既采取了实验前后对师范生TPACK水平的测量评价,也进行过程性评价;既有学生自评、同伴互评,也有教师对学生的评价;既包括定量评价,又包括定性评价。因此,教学效果较好。对照组只是采取实验前后对师范生TPACK水平的测量评价和教师对学生的作业与作品的评价。相对单一的评价方式使得师生之间深层次互动交流较少、过程性监督缺失,这也影响了对照组师范生TPACK水平的发展。因此,两种教学方式在教学活动整体安排和教学评价等环节的差异是产生两组师范生TPACK发展效果差异的原因。

2. 发展实践存在的不足

通过对问题"您认为课程教学存在哪些不足?"调查结果质性分析,结合实践过程,发展实践存在以下四方面不足:

(1)课程教学内容多,教学进度快

师范生TPACK发展实践包含四个维度的发展目标。为实现目标,笔者在发展课程中既安排理论知识模块,同时也设置实践内容。其中理论知识模块包括Web 2.0技术与网络教学的关系、使用Web 2.0技术表征与传递教学内容、设计Web 2.0技术支持的教学与学习活动以及网络课程设计等教学内容。实践内容则包括教学方案设计、微型网络课程制作、案例分析与评价以及作品展示、分享与评价等。发展实践包含比较多的教学内容,同时受教学时数限制,课程教学进度相对较快。

(2)理论知识学习与实践活动脱节

在发展实践中,课程中的理论知识由教师在每周两小时的课堂教学中讲授,而实践内容则是由教师提供教程、案例等,师范生在课外自主完成,并在师范生碰到学习问题时给予他们必要的指导或辅导。这种教学安排无意中形成了一种"教师负责讲授理论知识,师范生负责完成实践内容"的局面,缺乏教师引导师范生将理论知识进行内化,形成个体实践技能的中间教学环节,导致理论知识学习与实践活动衔接不紧密。

(3)缺乏深层次的师生互动

在发展实践中,师生互动主要发生在教师组织和管理师范生开展实践活动、教师解答师范生提出的疑难问题以及师生评价教学方案和微型网络课程过程中。从互动性质上看,以上三种互动中的第一种互动属于常规性的教学管理,第二种互动属于个体问题解答,而第三种互动属于学习效果的形成性或终结性评价。从互动效果上看,这些互动均没有将师范生引导到知识内化、探寻问题解决方法或是抽象实践经验等深层次学习活动中。它们都属于一般性的浅层次互动。

(4)网络教学环境不稳定

依据教学安排,师范生在发展实践中,要通过网络环境进行课外自主学习、小组协作交流、观摩分析案例、收集制作微型网络课程所需的资源、制作网络课程和展示分享作品等活动,但受多种因素影响,依托 S 师范大学校园网构建的网络教学环境经常出现不能正常访问的情况,在一定程度上影响了上述活动开展。

第 6 章

研究总结与展望

6.1 研究总结

6.1.1 研究结论

本书围绕"师范生 TPACK 发展的内容有哪些""师范生 TPACK 发展的实践过程应该有哪些活动环节""师范生 TPACK 发展实践模式五个构成要素具体是什么样的"和"依据模式进行发展实践,能否有效提升师范生 TPACK 水平"四个问题,开展理论研究与实践,主要形成了以下四个研究结论:

第一,在对现有 10 个国内外 TPACK 定义进行综合分析的基础上,解析了 TPACK 构成要素,认为 TPACK 最早是一个用于表征教师整合技术开展教学需要具备哪些知识的知识框架,但随着此概念的发展变化,其内涵也产生了改变,逐渐演变成为一个包含整合技术开展教学的知识、技能、心理与道德四个内在要素,以及与整合技术开展教学相关的文化、物理与技术环境、教师人际关系和学生特征四个外在因素的框架。其中,整合技术开展教学的知识包含技术知识(TK)、学科内容知识(CK)、教学法知识(PK)、学科教学知识(PCK)、整合技术的学科内容知识(TCK)、整合技术的教学法知识(TPK)和整合技术的学科教学知识(TPCK)。整合技术开展教学的技能包括应用技术表征和传递学科内容、开展教学评价、辅助学生学习和教学管理的技能,以及设计与实施技术支持的教学过程和活动的技能等。整合技术开展教学的心理包括整合技术开展教学的态度、信念、意愿、意图和自我效能感等。整合技术开展教学的道德包括与整合技术开展教学相关的道德意识、道德规范和道德行为。TPACK发展是四个内在要素的发展,即提升整合技术开展教学的知识水平、培养整合技术开展教学的技能、形成整合技术开展教学的心理和遵循道德规范应用技术进行教学的意识与行为。

第二,基于教师专业知识理论、技术接受模型、教师职业道德和信息道德培养思想,分别分析了师范生整合技术开展教学的知识、技能、心理与道德发展的实践过程,并在探讨它们共同特征的基础上,描述了师范生TPACK发展的实践过程。认为在宏观上可以使用由整合技术开展教学的理论知识学习、理论知识理解与内化、进行与整合技术开展教学相关的实践、实践经验总结与升华和反思五个活动环节构成的活动循环来实现师范生TPACK发展。

第三,在归纳总结国内外已有师范生TPACK发展实践特征的基础上,综合使用归纳法和演绎法,构建了师范生TPACK发展实践模式。形成的实践模式以"设计型学习"和"基于案例推理的学习"的理论观点为理论基础,以实现师范生整合技术开展教学的知识、技能、心理和道德的发展为功能目标,以包含"定义问题""准备开展设计""制订制作方案""制作作品"和"评价设计"五个活动环节的活动循环为操作程序,用量化评价和质性评价、教师评价和学生评价以及形成性评价和总结性评价相结合的方法来评价发展效果。此外,实践模式的实施需要在信息技术环境下进行,需要包括案例库、问题库等教学资源的支持,并且要求教师具有整合技术开展教学的能力,师范生具有一定的教学法知识、技术知识和学科内容知识。

第四,以S师范大学二年级师范生整合Web 2.0技术开展教学的知识、心理、技能和道德发展为例,通过师范生TPACK发展实践,验证了实践模式的可操作性和有效性。

综合TPACK水平测量结果、教学方案评价结果和问卷调查结果质性分析结论,发展实践得到以下结论:①实践模式具有可操作性。②依据模式开展教学,能显著提升师范生整合Web 2.0技术开展教学的知识水平,尤其是PCK、TPK和TPCK的水平;能够培养师范生设计整合Web 2.0技术开展教学的方案的能力;能显著改变师范生对整合Web 2.0技术开展教学的态度,让他们产生整合Web 2.0技术开展教学的意愿;也能在一定程度提高师范生遵循道德规范使用 Web 2.0 技术进行教学的意识。而且,依据实践模式开展的教学较教师讲授为主的教学有更好的效果。实践模式具有教学有效性。③发展实践没有实现师范生整合 Web 2.0 技术开展教学的道德水平的显著变化,同时师范生反映教学存在"理论知识学习和实践活动脱节"与"师生缺乏深层次互动"等方面的问题。

6.1.2 研究创新点

首先,本书通过对 TPACK 构成要素解析,将 TPACK 视为是由整合技术开展教学的知识、技能、心理和道德四个内在要素和与整合技术开展教学相关的文化、物理与技术环境、教师人际关系和学生特征四个外在因素构成的框架,并且认为 TPACK 发展是四个内在要素的发展。在此视野下开展师范生 TPACK 发展实践模式的理论研究和进行师范生 TPACK 发展实践,一定程度上突破了当前多数研究将 TPACK 作为一种知识框架的做法,深化了 TPACK 内涵和结构的理解。此外,在确定 TPACK 四个内在要素时,尝试将它们与我国中小学教师教育技术能力标准的四个能力维度建立一定联系,这种理解促进了概念的本土化,从而使得提出的师范生 TPACK 发展实践模式更符合我国国情。

其次,基于教师专业知识理论、技术接受模型和教师职业道德与信息道德培养思想,在宏观层面讨论了师范生 TPACK 发展实践的一般过程,说明实践过程的主要活动环节。以设计型学习和基于案例推理的学习的理论观点为依据,说明师范生 TPACK 实践模式的功能目标、理论基础、操作程序、实施条件与评价方式,在微观层面演绎了一种具体的师范生 TPACK 发展实践方案。本书既揭示了师范生 TPACK 发展实践的一般过程,同时也提出一种可操作的师范生 TPACK 发展实践方法。综合多种理论,同时从宏观和微观两个视角讨论师范生整合技术开展教学的知识、技能、心理和道德的发展实践过程,较当前多数研究从单一理论视角在微观或宏观层面讨论这一过程有一定创新。

最后,以通过理论分析得到的整合技术开展教学的知识、技能、心理与道德发展的实践过程以及设计型学习和基于案例推理的学习的理论观点为依据,演绎师范生 TPACK 发展实践模式的五个要素。在进行理论演绎的同时,借鉴与参考已有师范生 TPACK 发展实践的经验。构建的师范生 TPACK 发展实践模式既有一定的普遍性,也具有较好的可操作性。综合采用归纳法和演绎法构建师范生 TPACK 发展实践模式与当前多数研究通过理论演绎来构建模式也有一定区别。

6.2 研究不足与展望

6.2.1 研究不足

回顾研究过程与结论,本书存在以下三方面研究不足:

第一,基于文献分析,本书解析了 TPACK 构成要素,归纳总结了国内外师范生 TPACK 发展实践的特征,并将它们作为构建师范生 TPACK 发展实践模式的重要依据。可能会因为文献资料不完备,而导致研究结论存在缺陷。

第二,以 S 师范大学二年级师范生整合 Web 2.0 技术开展教学的知识、技能、心理和道德发展为例,检验了实践模式的可操作性和有效性。受研究条件限制,准实验研究仅限于同一所学校的同一年级师范生,同时也只针对一种技术类型的 TPACK。形成的实验结论是否能够推广到其他情境当中,还有待于进一步验证。此外,本书虽然通过分组对比实验,验证了在教学内容、教学环境和师范生 TPACK 初始水平相近的条件下,依据实践模式开展教学对师范生 TPACK 发展有促进效果,且比以教师讲授为主的教学更有效,检验了实践模式的有效性,但是没有设计实验验证 TPACK 不同构成要素之间的相关性是否会影响发展效果,这在一定程度上影响实验结论的说服力。

第三,虽然采用量化评价和质性评价相结合的方法进行师范生 TPACK 发展效果评价,但受评价方法和工具的限制,只对师范生完成的教学方案进行了评价和进行 TPACK 水平测量,没有对他们整合技术开展教学的行为开展评价。对师范生 TPACK 发展效果的评价可能存在不充分的问题。

6.2.2 研究展望

基于对研究不足的认识,后期拟在以下三个方面继续开展研究,以深化本书的研究结论。

第一,进一步收集和分析文献,完善对 TPACK 构成要素的理解。

第二,针对不同师范生群体,在不同的信息技术环境下开展 TPACK 发展实践,评价发展效果,验证 TPACK 不同构成要素之间的相关性是否会影响发展效果,并进一步检验本书构建的实践模式的可操作性、有效性和通用性,对其进行修正与完善。

第三,开展TPACK量化评价和质性评价方法研究,尤其是不同信息技术环境下师范生整合技术开展教学的行为的评价方法研究和师范生整合技术开展教学的心理和道德水平测量方法研究,寻求更有效的师范生TPACK发展效果评价方法。

附录

附录1 师范生 TPACK 发展实践文献研读记录样例

项目	记录内容	备注
记录人	XXX	
文献编号	001	
学生	化学专业师范生,学习过教育技术、教育学原理,有教学经历和一般技术的使用技能	
教学目的	提高七种知识的水平,能够设计整合技术的学科教学作品	
教学内容	理论知识:技术工具介绍及其教学的利弊 实践内容:使用技术进行化学知识教学	
教学方法	指导思想:建构主义理论 教学/学习活动:面对面教学,设计课程教学计划,技术在学科教学中的应用练习,观摩与反思案例,讨论交流,设计展示作品,作品分享,讨论,撰写反思	
教学环境	多媒体教室(设备连接校园网)	
教学反馈	TPACK 水平测量、访谈	
教师	未提及	
其他	无	

附录2 师范生TPACK发展实践文献研读记录结果汇总表（节选）

记录项目	描述项目	描述内容	文献编号	备注
学生	所学专业与参与人数	化学(24人)	001	
		数学(31人,27人)	002,003	
		科学(34人)	004	
	学习过的课程	专业课程	003	
		普通教育学课程	001,004	
		学科教学课程	002	
		教育技术课程	001	
	前导知识	教学经历	001	
		一般技术知识	001	
教学目标	知识目标	提高七种知识的水平	001,002,003,004	
	技能目标	课程教学计划、教学微视频制作、在线课程、设计整合技术的课程。	001,002,004	
	心理目标	激发动机,教学、社会和认知表现	003	
教学内容	理论知识	技术工具介绍	001,002,003,004	
		技术在教学中利和弊	001	
	实践内容	设计课程计划、海报制作,在线课程	001,002,003,004	

续表

记录项目	描述项目	描述内容	文献编号	备注
教学方法	教学指导思想(方法)	建构主义	001	
		基于案例的学习	004	
		设计型学习	001,003,002	
	教学/学习活动	反思	001,004	
		讨论	001,003	
		设计	001,002,003,004	
		展示	001,002,003,004	
		观摩	004	
		评价	004	
		专家支持	004	
		监督与检查	002,004	
		自学	004	
		教学	001,002	
教学环境	多媒体教室		001.002	
	网络环境		001.004	
教学反馈	测量量表	运用李克特量表测量七种知识的水平	001,002,003,004	
	课程教学计划评价		002	
	课堂观察		003	
	个案分析		001	
	访谈		001,002	
	形成性评价		003,004	
	终结性评价		001,004	
	自我评价		003	
	反思记录		001	
	问卷调查		001	

续表

记录项目	描述项目	描述内容	文献编号	备注
教师	技术能力		002	
	教学和教育技术应用能力		002	
	专业学习的能力		002	
	教与学的信念		002	
其他	发展障碍 时间		003	
	发展障碍 缺少知识和技能		004	
	发展障碍 态度		002	
	学生期望 清晰的任务要求和目标		004	
	学生期望 具体实践机会		003	

附录3 Mark·H技术集成评价量规

标准	4	3	2	1
课程目标与技术（课程层面的技术使用）	课程教学计划中选择使用的技术非常符合一个或多个教学目标	课程教学计划中选择使用的技术符合一个或多个教学目标	课程教学计划中选择使用的技术部分符合一个或多个教学目标	课程教学计划中选择使用的技术不符合任何教学目标

续表

标准	4	3	2	1
教学策略与技术（教学与学习层面的技术使用）	课程教学计划中选择使用的技术完美的支持教学策略	课程教学计划中选择使用的技术支持教学策略	课程教学计划中选择使用的技术最低限度的支持教学策略	课程教学计划中选择使用的技术不支持教学策略
技术选择（技术与教学目标和教学策略的配合度）	对于给定的课程目标和教学策略而言，技术选择是可仿效的	对于给定的课程目标和教学策略而言，技术选择是合适的，但不是可仿效的	对于给定的课程目标和教学策略而言，技术选择只是部分的合适	对于给定的课程目标和教学策略而言，技术选择是不合适的
适合度（内容、教学法和技术配合度）	在教学计划中，内容、教学策略和技术三者间非常适合	在教学计划中，内容、教学策略和技术三者间比较适合	在教学计划中，内容、教学策略和技术三者间只是部分适合	在教学计划中，内容、教学策略和技术三者间不适合

附录4 量表项目检测数据表

试题编号	均值	标准差	偏态	极端组 t 检验	相关性	因素负荷
TK1	3.7105	0.79516	−0.398	−6.047	0.557	0.562
TK2	4.0965	0.76389	−1.014	−4.819	0.508	0.51
TK3	4.2193	0.67521	−1.173	−1.581	0.163	0.168
TK4	4.3684	0.55276	−0.099	−1.967	0.201	0.175
TK5	3.807	0.84011	−0.532	−7.657	0.579	0.591

续表

试题编号	均值	标准差	偏态	极端组 t 检验	相关性	因素负荷
TK6	3.8421	0.75935	-0.59	-5.441	0.53	0.536
TK7	3.7807	0.81749	-0.464	-5.722	0.609	0.609
TK8	3.1842	0.89804	0.074	-5.865	0.478	0.474
CK1	3.2018	0.80022	-0.277	-5.84	0.538	0.532
CK2	2.9474	0.9202	-0.033	-5.018	0.435	0.437
CK3	3.3333	0.76038	-0.278	-6.936	0.533	0.535
CK4	3.2719	0.81235	-0.137	-5.24	0.501	0.508
PK1	3.5789	0.71513	-0.505	-6.294	0.51	0.539
PK2	3.8421	0.50797	-1.082	-3.673	0.418	0.416
PK3	3.7982	0.56724	-0.595	-2.338	0.386	0.396
PK4	3.7105	0.70049	-1.103	-4.332	0.444	0.478
PK5	3.7895	0.64456	-0.581	-5.18	0.514	0.535
PK6	3.5	0.73171	-0.414	-5.039	0.485	0.505
PCK1	4.0526	0.63583	-0.884	-5.337	0.528	0.529
PCK2	3.9825	0.67813	-0.499	-7.353	0.636	0.64
PCK3	3.7719	0.69173	-0.807	-7.87	0.7	0.724
PCK4	3.9561	0.62952	-0.834	-5.736	0.542	0.541
PCK5	3.9123	0.64577	-0.72	-6.131	0.622	0.624
PCK6	3.2544	0.97592	-0.01	-9.154	0.623	0.658
TCK1	3.807	0.60787	-0.842	-3.58	0.379	0.382
TCK2	3.5175	0.64124	0.036	-3.143	0.341	0.352
TCK3	3.7807	0.59137	-0.949	-3.38	0.376	0.377
TCK4	3.614	0.71034	-0.941	-5.149	0.517	0.534
TCK5	3.8333	0.62282	-1.437	-3.497	0.406	0.411
TCK6	3.7544	0.64577	-1.124	-4.168	0.466	0.485

续表

试题编号	均值	标准差	偏态	极端组 t 检验	相关性	因素负荷
TPK1	3.2982	0.87168	-0.134	-8.493	0.705	0.737
TPK2	3.2193	0.85971	-0.101	-7.964	0.662	0.7
TPK3	3.4123	0.87047	-0.258	-7.09	0.632	0.676
TPK4	3.2281	0.86254	-0.125	-9.556	0.71	0.744
TPK5	3.2632	0.84196	-0.261	-9.048	0.69	0.729
TPK6	3.0439	0.87634	-0.166	-6.602	0.562	0.588
TPK7	3.0789	0.84293	-0.061	-9.03	0.622	0.657
TPCK1	3.3684	0.84417	-0.25	-9.999	0.677	0.713
TPCK2	3.5088	0.71946	-0.684	-8.185	0.626	0.656
TPCK3	3.6491	0.65151	-0.866	-8.033	0.692	0.728
TPCK4	3.4386	0.71686	-0.294	-8.649	0.659	0.688
TPCK5	3.4649	0.82204	-0.567	-8.072	0.614	0.639
TPCK6	3.5439	0.76587	-0.451	-7.903	0.651	0.678
TPCK7	3.5263	0.74324	-0.552	-7.701	0.623	0.649
A1	3.9123	0.78212	-0.748	-4.933	0.438	0.422
A2	4.114	0.67521	-0.843	-3.826	0.32	0.29
A3	3.9825	0.67813	-0.499	-4.415	0.394	0.382
A4	4.1228	0.68019	-0.5	-3.14	0.377	0.366
A5	3.5351	0.76632	0.18	-1.4	0.071	0.056
B1	3.2368	0.9529	0.006	-5.752	0.412	0.401
B2	3.4649	0.86403	-0.225	-5.591	0.346	0.336
B3	3.4737	0.78943	-0.296	-7.118	0.502	0.505
B4	3.4737	0.78943	-0.406	-4.816	0.379	0.373
B5	3.5439	0.87381	-0.096	-5.83	0.394	0.391
B6	3.5526	0.8834	-0.006	-4.426	0.283	0.268

附录 5　师范生 TPACK 水平测量量表(试测量表)

亲爱的同学,您们好!

为配合 S 师范大学公共选修课《网络教学理论与实践》课程教学改革,我们想了解您们作为未来教师当前拥有的整合 Web 2.0 开展教学的知识状况,因此设计了这份问卷,并开展调查。您们的回答将直接影响我们的后续研究,敬请您根据个人真实情况作出回答。我们承诺本次调查的结果仅应用于相关研究,决不透露您个人信息。

此次调查中的 Web 2.0 技术是指万维网,它是一种建立在国际互联网中的一种网络服务。我们日常学习和生活中在网络环境下开展的许多活动(如网络信息浏览、网络购物、网络社交活动、网络学习等)都建立在此种服务的基础上。

谢谢合作! 祝学习进步,生活愉快!

第一部分:基本信息调查

1. 您所在的学院是_____。
2. 您学习的专业是_____。
3. 您的性别是(　　)。
   ○男　　　　○女
4. 您就读的年级是(　　)。
   ○大一　　○大二　　○大三　　○大四
5. 您的 QQ 号是_____。
6. 您是否选修过或正在修读《现代教育技术》课程或其他类似的教育技术类课程?
   ○选修过　　○正在修读　　○否
7. 您是否修读过或正在修读《××教学法》(如初中物理教学法)课程或其他类似课程(如教育学等)?
   ○是　　　　○否
8. 您是否修读过或正在修读与网络远程教育相关的课程(如网络远程教

育、网络教学理论与实践等)?

○选修过　　　○正在修读　　　○否

9. 您开展微格教学的次数是(　　　)。

○0次　　○1到5次之间　　○6到10次之间　　○10次以上

10. 您在中小学见习的时长为(　　　)。(注:见习是指在中小学课堂中听课,协助教师开展教学等,但不进行实际的教学活动)

○没有参加过见习　○半学期以下　○半学期到一学期之间　○一个学期以上

11. 您在中小学实习的时长为(　　　)。(注:实习是指在中小学中进行实际的教学活动)。

○没有参加过实习　○半学期以下　○半学期到一学期之间　○一个学期以上

12. 您参加网络学习的经历是(　　　)。

○没有参加过

○只进行过零散内容的学习,没有完整地完成过1门课程学习

○完成1~2门课程学习

○完成3~4门课程学习

○完成5~6门课程学习

○完成7门课程及以上课程学习

第二部分:应用Web 2.0技术开展教学的知识、技能、态度与道德调查

请您以未来教师的身份根据自身当前状况对以下题目表述的内容进行同意程度判断,并选择相应的选项。"强烈反对""不同意""既不同意也不反对""同意""非常同意"表示对题目表述内容的认同度依次递增,如果您对您的回答不确定或中立,请选择"既不同意也不反对"。

在参与调查时,请您假设您是一名教师正开展一门专业课程的教学,回答问卷中的问题。

TK	强烈反对	反对	既不同意也不反对	同意	非常同意
TK1	我知道各种 Web 资源(如各种可以通过网络获取的论文、视频、电子书、课件、在线课程等)					
TK2	我能使用浏览器通过网址或网页中的超链接访问网站。					
TK3	我能从网页中拷贝信息到其他软件(如 Word)、下载文件或打印网页内容					
TK4	我能使用搜索引擎并通过关键字在网络中搜索信息					
TK5	我知道各种 Web 工具(如论坛(BBS)、博客(Blog)、维基(Wiki))					
TK6	我能通过 Web 工具为他人提供信息或回答别人的问题,能阅读他人发布的信息,并能管理我的个人信息					
TK7	我能通过 Web 工具和他人开展一对一或一对多交流					
TK8	我能自行解决 Web 资源和工具使用过程中碰到的问题					

CK	强烈反对	反对	既不同意也不反对	同意	非常同意
CK1	对所教科目,我拥有足够的知识					
CK2	我能够像专家教师一样思考所教科目的内容					
CK3	我能够深入理解所教科目的内容					
CK4	我自信对我所教科目的内容有深刻的了解					

续表

PK	强烈反对	反对	既不同意也不反对	同意	非常同意
PK1 我知道如何评价学生的学习					
PK2 我能根据学生的学习状况调整我的教学					
PK3 我能针对不同的学习者调整我的教学方式					
PK4 我能使用多种方法评价学生的学习					
PK5 我能使用多种教学方法开展教学					
PK6 我知道如何组织和维持课堂管理					

PCK	强烈反对	反对	既不同意也不反对	同意	非常同意
PCK1 我知道学生要学习哪些重要的课程知识					
PCK2 我知道学生对特定课程知识的常见理解和误解					
PCK3 我能选择适合教材和其他材料开展教学					
PCK4 我能选择合适的方法讲解特定主题的课程知识					
PCK5 我知道我所教课程的学科性质					
PCK6 我能合理安排所教课程中不同知识之间的顺序					

TCK	强烈反对	反对	既不同意也不反对	同意	非常同意
TCK1 我知道Web资源能为课程提供不同的材料,使课程内容更丰富					
TCK2 我知道如何为课程内容搜索Web资源					
TCK3 我知道如何从Web资源中选择出适合课程的资源					

续表

	TCK	强烈反对	反对	既不同意也不反对	同意	非常同意
TCK4	我能够为课程内容搜寻相关的 Web 资源					
TCK5	我能够在网络中搜寻不同材料并将它们集成到课程内容中					
TCK6	我能够通过 Web 发布课程内容					
	TPK	强烈反对	反对	既不同意也不反对	同意	非常同意
TPK1	我知道如何设计基于 Web 技术的教学活动					
TPK2	我知道如何设计基于 Web 技术的激发学生学习动机的行为					
TPK3	我知道如何使用 Web 技术开展形式多样的教学					
TPK4	我知道如何设计基于 Web 技术的支持学生协作学习的行为					
TPK5	我知道如何借助 Web 技术评价学生的学习					
TPK6	我知道学生开展基于 Web 技术的学习可能存在的问题,并且能够计划用相关技术解决这些问题					
TPK7	我知道如何向学生解释使用 Web 技术的细节					
	TPCK	强烈反对	反对	既不同意也不反对	同意	非常同意
TPCK1	我能使用整合 Web 资源与工具、课程内容和教学方法的教学策略开展教学					
TPCK2	我能在教学中使用适合课程的 Web 资源或工具改进教学方法					
TPCK3	我能在教学中使用适合课程的 Web 资源或工具帮助学生理解、思考和学习					

续表

TPCK		强烈反对	反对	既不同意也不反对	同意	非常同意
TPCK4	我能在教学中用不同的方法使用同一Web资源或工具来支持不同的教学行为					
TPCK5	我能在教学中使用适合课程的Web资源或工具来改进教学内容、教学方法和学习内容					
TPCK6	我可以通过调整课程内容以便于充分利用Web资源或工具的教学特性实现重要的教学目标					
TPCK7	我能选择可以用Web资源和工具支持教学的内容作为教学内容					
心理		强烈反对	反对	既不同意也不反对	同意	非常同意
A1	Web技术能真正地被应用到教学实践中					
A2	Web技术特性能帮助教学					
A3	Web技术能提高教学效果					
A4	基于Web技术的教学能够提高学生的学习动机					
A5	基于Web的教学是教育的未来趋势					
道德		强烈反对	反对	既不同意也不反对	同意	非常同意
B1	我知道Web技术使用的法规和伦理					
B2	我能够引导学生安全的使用Web技术					
B3	我能开展教学活动引导学生遵循法规和伦理使用Web技术					
B4	我能教给学生Web技术安全、法规和伦理的知识					
B5	我能够在教学中遵循法规和道德规范使用Web技术					
B6	我的Web技术使用行为在道德方面可以作为学生的示范					

附录6　师范生TPACK水平测量量表(正式量表)

亲爱的同学,您们好!

为配合S师范大学公共选修课《网络教学理论与实践》课程教学改革,我们想了解您们作为未来教师当前拥有的整合Web 2.0开展教学的知识状况,因此设计了这份问卷,并开展调查。您们的回答将直接影响我们的后续研究,敬请您根据个人真实情况作出回答。我们承诺本次调查的结果仅应用于相关研究,决不透露您的个人信息。

此次调查中的Web 2.0技术是指万维网,它是一种建立在国际互联网中的一种网络服务。我们日常学习和生活中在网络环境下开展的许多活动(如网络信息浏览、网络购物、网络社交活动、网络学习等)都建立在此种服务的基础上。

谢谢合作! 祝学习进步,生活愉快!

第一部分:基本信息调查

1. 您所在的学院是_____。
2. 您学习的专业是_____。
3. 您的性别是(　　)。
   ○男　　　○女
4. 您就读的年级是(　　)。
   ○大一　　○大二　　○大三　　○大四
5. 您的QQ号是_____。
6. 您是否选修过或正在修读《现代教育技术》课程或其他类似的教育技术类课程?
   ○选修过　　○正在修读　　○否
7. 您是否修读过或正在修读《X教学法》(如初中物理教学法)课程或其他类似课程(如教育学等)?
   ○是　　　　○否
8. 您是否修读过或正在修读与网络远程教育相关的课程(如网络远程教育、网络教学理论与实践等)?
   ○选修过　　○正在修读　　○否
9. 您开展微格教学的次数是(　　)。

○0次 　○1~5次　 ○6~10次　 ○10次以上

10. 您在中小学见习的时长为(　　)。(注:见习是指在中小学课堂中听课,协助教师开展教学等,但不进行实际的教学活动)

○没有参加过见习　○半学期以下　○半学期到一学期之间　○一个学期以上

11. 您在中小学实习的时长为(　　)。(注:实习是指在中小学中进行实际的教学活动)。

○没有参加过实习　○半学期以下　○半学期到一学期之间　○一个学期以上

12. 您参加网络学习的经历是(　　)。

○没有参加过

○只进行过零散内容的学习,没有完整地完成过1门课程学习

○完成1~2门课程学习

○完成3~4门课程学习

○完成5~6门课程学习

○完成7门课程及以上课程学习

第二部分:应用Web 2.0技术开展教学的知识、技能、态度与道德调查

请您以未来教师的身份根据自身当前状况对以下题目表述的内容进行同意程度判断,并选择相应的选项。"强烈反对""不同意""既不同意也不反对""同意""非常同意"表示对题目表述内容的认同度依次递增,如果您对您的回答不确定或中立,请选择"既不同意也不反对"。

在参与调查时,请您假设您是一名教师正开展一门专业课程的教学,回答问卷中的问题。

	CK	强烈反对	反对	既不同意也不反对	同意	非常同意
TK1	我知道各种Web资源(如各种可以通过网络获取的论文、视频、电子书、课件、在线课程等)					
TK5	我知道各种Web工具(如论坛(BBS)、博客(Blog)、维基(Wiki))					

续表

TK		强烈反对	反对	既不同意也不反对	同意	非常同意
TK6	我能通过 Web 工具为他人提供信息或回答别人的问题,能阅读他人发布的信息,并能管理我的个人信息					
TK7	我能通过 Web 工具和他人开展一对一或一对多交流					
TK8	我能自行解决 Web 资源和工具使用过程中碰到的问题					

CK		强烈反对	反对	既不同意也不反对	同意	非常同意
CK1	对所教科目,我拥有足够的知识					
CK2	我能够像专家教师一样思考所教科目的内容					
CK3	我能够深入理解所教科目的内容					
CK4	我自信对我所教科目内容有深刻的了解					

PK		强烈反对	反对	既不同意也不反对	同意	非常同意
PK1	我知道如何评价学生的学习					
PK4	我能使用多种方法评价学生的学习					
PK5	我能使用多种教学方法开展教学					
PK6	我知道如何组织和维持课堂管理					

PCK		强烈反对	反对	既不同意也不反对	同意	非常同意
PCK1	我知道学生要学习哪些重要的课程知识					
PCK2	我知道学生对特定课程知识的常见理解和误解					
PCK4	我能选择合适的方法讲解特定主题的课程知识					

续表

	PCK	强烈反对	反对	既不同意也不反对	同意	非常同意
PCK5	我知道我所教课程的学科性质					
PCK6	我能合理安排所教课程中不同知识之间的顺序					

	TCK	强烈反对	反对	既不同意也不反对	同意	非常同意
TCK3	我知道如何从 Web 资源中选择出适合课程的内容					
TCK4	我能够为课程内容搜寻相关的 Web 资源					
TCK5	我能够在网络中搜寻不同材料并将它们集成到课程内容中					

	TPK	强烈反对	反对	既不同意也不反对	同意	非常同意
TPK1	我知道如何设计基于 Web 技术的教学活动					
TPK2	我知道如何设计基于 Web 技术的激发学生学习动机的行为					
TPK3	我知道如何使用 Web 技术开展形式多样的教学					
TPK4	我知道如何设计基于 Web 技术的支持学生协作学习的行为					
TPK5	我知道如何借助 Web 技术评价学生的学习					

	TPCK	强烈反对	反对	既不同意也不反对	同意	非常同意
TPCK1	我能使用整合 Web 资源与工具、课程内容和教学方法的教学策略开展教学					
TPCK2	我能在教学中使用适合课程的 Web 资源或工具改进教学方法					

续表

TPCK	强烈反对	反对	既不同意也不反对	同意	非常同意
TPCK3	我能在教学中使用适合课程的 Web 资源或工具帮助学生理解、思考和学习				
TPCK4	我能在教学中用不同的方法使用同一 Web 资源或工具来支持不同的教学行为				
TPCK5	我能在教学中使用适合课程的 Web 资源或工具来改进教学内容、教学方法和学习内容				
TPCK6	我可以通过调整课程内容以便于充分利用 Web 资源或工具的教学特性实现重要的教学目标				
TPCK7	我能选择可以用 Web 资源和工具支持教学的内容作为教学内容				

心理	强烈反对	反对	既不同意也不反对	同意	非常同意
A1	Web 技术能真正地被应用到教学实践中				
A2	Web 技术特性能帮助教学				
A3	Web 技术能提高教学效果				
A4	基于 Web 技术的教学能够提高学生的学习动机				

道德	强烈反对	反对	既不同意也不反对	同意	非常同意
B1	我知道 Web 技术使用的法规和伦理				
B2	我能够引导学生安全的使用 Web 技术				
B3	我能开展教学活动引导学生遵循法规和伦理使用 Web 技术				
B4	我能教给学生 Web 技术安全、法规和伦理的知识				
B5	我能够在教学中遵循法规和道德规范使用 Web 技术				

附录7 调查问卷

亲爱的同学,您们好!

为配合S师范大学公共选修课《网络教学理论与实践》课程教学改革,我们想了解课程教学效果,因此设计了这份问卷,并开展调查。您们的回答将直接影响我们后期如何开展教学,敬请您根据个人真实情况作出回答。我们承诺本次调查结果仅应用于相关研究,决不透露您的个人信息。

谢谢合作!祝学习进步,生活愉快!

一、《网络教学理论与实践》课程学习结果调查

问题1:完成课程学习后,您有哪些收获?

问题2:您认为如果使用Web 2.0技术进行教学,会给教学带来哪些影响?

问题3:您是否会在未来教学中使用Web 2.0技术?您将在哪些教学环节或活动中使用此技术?

问题4:您认为哪些因素会影响您使用Web 2.0技术开展教学?

二、对教学形式的看法

问题5:您认为课程《网络教学理论与实践》的教学存在哪些不足?

附录8　师范生TPACK发展实践五个教学主题的教学和学习活动安排

教学和学习活动安排——教学主题一

教学环节	教学活动	学习活动
课前准备	使用 Blackboard 发布教学资源：电子教材，教学课件，与网络教学、Web 技术和 TPACK 相关的文献资料。	
课堂教学	一、讲授新知识 　1. Web 2.0 技术 　　（1）Web 2.0 概念与特点 　　（2）Web 工具概述 　　（3）Web 资源概述 　2. 网络教学 　　（1）网络教学的定义、特点 　　（2）网络教学的发展阶段 　3. TPACK 　　（1）TPACK 的内涵 　　（2）TPACK 的结构 　4. Web 2.0 技术、网络教学和 TPACK 的关系 　5. 信息道德规范与技术使用准则：CC 协议 二、布置设计或实践任务 　1. 学生自选教学主题，撰写一份使用 Web 2.0 技术进行教学的方案，并制作能够支持教学的微型网络课程； 　2. 师范生参加 TPACK 水平测量	1. 课内学习理论知识 2. 理解设计任务
课后实践	在线发布 TPACK 水平测量量表	参加 TPACK 水平测量

教学和学习活动安排——教学主题二

教学环节	教学活动	学习活动
课前准备	使用 Blackboard 发布教学资源:电子教材,教学课件,与网络教学相关的文献资料,网络教学案例(网易云课堂、学堂在线、可汗学院、重庆大学 SPOC 教学平台等)	注册网络教学平台账号

课堂教学	一、讲授新知识
	  1. 网络教学的发展阶段
	    (1)在线教学
	    (2)混合式教学
	    (3)智慧教学
	    (4)移动学习
	  2. 网络课程和网络教学系统
	  3. 网络教学相关的法规、伦理道德和行为准则
	    (1)国外的法规、伦理道德和行为准则
	    (2)国内的法规、伦理道德和行为准则
	二、布置设计与实践任务
	  学生观摩与分析网络教学案例,撰写观摩心得;在此基础上选择网络课程的教学主题
		1. 课内学习网络教学的理论知识
		2. 理解实践任务

课后实践	指导与辅导学生分析网络教学案例。	每个学生登录四个网络教学平台,观摩与分析教学过程与活动以及教学使用的 Web 资源与工具,对比分析它们的相似点与差异。各学习小组在讨论交流的基础上撰写观摩心得,并通过 Blackboard 发布心得,与同伴分享
	与学生讨论网络课程的教学主题。	各学习小组通过讨论协商,确定微型网络课程的教学主题

教学和学习活动安排——教学主题三

教学环节	教学活动	学习活动
课前准备	使用 Blackboard 发布教学资源:电子教材,教学课件,与教学设计相关的文献资料,网络教学资源案例,网络教学方案案例,网络教学资源处理软件及使用教程	收集网络教学方案案例
课堂教学	一、讲授新知识 　1. 网络教学资源的类型 　　(1) 媒体资源(素材、课件、案例、试题库等) 　　(2) 课程资源 　　(3) 学术资源 　2. 网络教学资源处理方法与工具 　　(1) 媒体资源处理的方法与工具 　　(2) 课程资源处理的方法与工具 　　(3) 学术资源处理的方法与工具 二、布置设计与实践任务 　1. 学生使用教师提供的资源,复习如何进行教学设计,观摩、分析与评价教师提供的或自己获取的网络教学方案,针对选定的教学主题,撰写一份网络教学方案 　2. 练习网络教学资源处理工具的使用技能	1. 课内学习网络教学资源的理论知识 2. 课内学习网络教学资源处理技能
课后实践	提供网络教学方案案例,指导与辅导学生分析案例;与学生开展讨论与交流,帮助他们解决在撰写网络教学方案期间出现的问题	从内容与结构两方面,每个学生分析教师提供的或自己获取的网络教学方案,理解教学方案撰写的方法,深入理解针对特定教学主题,开展网络教学的过程。各学习小组在讨论交流的基础上撰写选定教学主题的网络教学方案,并通过 Blackboard 发布方案,与同伴分享
	提供教程,解决疑难问题	使用教师提供的教程与工具,练习网络教学资源处理工具使用技能

教学和学习活动安排——教学主题四

教学环节	教学活动	学习活动
课前准备	使用 Blackboard 发布教学资源:电子教材,教学课件,网络教学案例,支持开展网络教学的 Web 工具及使用教程	收集网络教学案例
课堂教学	一、讲授新知识 　1.网络教学和学习活动类型 　　(1)教学活动类型 　　(2)学习活动类型 　　(3)师生互动类型 　2.支持开展教学与学习活动的 Web 工具 　　(1)论坛、博客、Wiki 　　(2)社交网络 　　(3)网络教学系统 二、布置设计与实践任务 　1.收集、整理与制作教学资源,为制作微型网络课程做准备 　2.练习 Web 工具使用技能	1.课内学习网络教学活动设计的理论知识 2.课内学习使用 Web 工具开展教学与学习活动的技能
课后实践	指导与辅导学生处理网络课程的教学资源,帮助他们解决碰到的疑难问题	收集、整理与制作网络课程的教学资源
	提供教程,解决疑难问题	使用教师提供的教程与工具,练习使用 Web 工具开展教学、学习或师生互动活动

教学和学习活动安排——教学主题五

教学环节	教学活动	学习活动
课前准备	使用 Blackboard 发布教学资源：电子教材，教学课件，网络课程案例，Moodle 网络教学系统及其使用教程	安装 Moodle 网络教学系统
课堂教学	一、讲授新知识 　1. 网络课程概述 　　（1）网络课程的定义 　　（2）网络课程的结构 　2. 网络课程设计与制作 　　（1）网络课程设计原则 　　（2）网络课程设计与制作流程 　3. Moodle 网络教学系统 　　（1）功能与结构 　　（2）使用 Moodle 发布教学资源 　　（3）使用 Moodle 实施教学与学习活动 二、布置设计与实践任务 　使用 Moodle 网络教学系统制作网络课程	1. 课内学习网络课程制作的理论知识 2. 课内学习使用 Moodle 网络教学系统制作网络课程的技能
课后实践	指导与辅导学生制作网络课程，帮助他们解决碰到的疑难问题	使用 Moodle 网络教学系统发布教学资源，组织教学活动，制作微型网络课程
	提供教程，解决疑难问题	使用教师提供的教程与工具，练习使用 Moodle 网络教学系统的技能